JN101749

人物叢書

新装版

橘嘉智子

たちばなのかちこ

勝浦令子

日本歴史学会編集

吉川弘文館

国宝　如意輪観音菩薩像（観心寺蔵）

もと嘉智子御願の講堂に安置されていた「綵色如意輪菩薩像」で，嘉智子の施入と推定されている．一木造の彫像は鮮やかな色彩が施されており，女性的な観音像として表現されている．

美貌の皇后と伝えられる嘉智子を彷彿とさせる．

嵯峨天皇皇后陵（宮内庁書陵部桃山陵墓監区事務所提供）

嵯峨天皇皇后陵の所在地は京都市右京区嵯峨鳥居本深谷町．嘉智子は深谷山に葬られたが，山陵の不造営を遺令していた．しかし『延喜式』では，太皇太后橘氏の「嵯峨陵」として，山城国葛野郡に東西六町，南二町，北五町の兆域が設定されていた．

はしがき

橘嘉智子は平安初期の皇后の中でも最も注目すべき人物である。祖父橘奈良麻呂が、天平宝字元年（七五七）に起こした政変計画で罪人となったことから、停滞気味となっていた橘氏に生まれ、幼くして父清友も亡くした。しかしよい人柄や指導力と天性の美貌に恵まれ、また高祖母県犬養橘三千代や曽祖母藤原多比能に繋がる藤原氏の人脈もあって、桓武天皇皇子の賀美能親王に嫁し、親王が嵯峨天皇として即位した後に夫人を経て、多くのキサキたちを配した嵯峨後宮の頂点である皇后となった。嵯峨天皇の寵愛を受けて、二男五女を儲け、その中でも仁明天皇および淳和天皇皇后正子内親王の母后として、嵯峨天皇の生前および崩御後も大きな影響力を発揮した。

政治的には、伊予親王事件や平城太上天皇・薬子の変などの政変を、嵯峨天皇の配偶者の立場から経験したが、嵯峨太上天皇崩御直後である、承和九年（八四二）に起きた承和の変においては、太皇太后として自ら重要な鍵を握る役割を果たした。

嘉智子が皇后となった時期は、皇后制が大きく変質していく重要な時期とされている。当時の王権の婚姻政策、後宮と皇后の関係、天皇祭祀における皇后の役割、立后儀式、皇后受賀儀礼、皇后宮および皇后宮職、母后に対する朝覲行幸など、皇后をめぐる環境にさまざまな変化があったとされており、これらを検討した研究、また王権の皇位継承にかかわる承和の変に関する研究が蓄積されている。

また嘉智子は、県犬養橘三千代から始まり、その娘の光明皇后と牟漏女王によって「洛隅内頭」で祭り継がれていた酒解神などの諸神を、「太后氏神」として山城国の円提寺、さらに葛野郡に遷祭して、梅宮社を創建した。いっぽう嵯峨野に尼寺として檀林寺を創建し、河内国の観心寺講堂の造立や如意輪観音菩薩像の造像、法華寺十一面観音菩薩像の造像などにも関与した。また橘氏の教育施設である学館院を創設した。そして恵蕚を五臺山や神異僧への供物奉納のために独自に唐へ派遣し、さらに恵蕚を介して禅僧義空を招聘し、自らも禅を学んだと伝えられている。これにより後世には「檀林皇后」とも称されていった。

このような嘉智子の面は、宗教、美術、文化、教育の研究からも注目されている。また中世以降の嘉智子像に関連した研究もみられる。

嘉智子の人物像を考えるうえで参考となる主要史料は、古代に限定すると『後撰和歌集』に残る嘉智子作と伝える和歌二首、実恵らが唐青龍寺僧に宛てた承和三年五月五日の書状、実恵撰とされる「奉為嵯峨太上太后灌頂文」、また『観心寺勘録縁起資財帳』などがある。また中世の史料ではあるが、十巻本『伊呂波字類抄』「梅宮」に記載された「譜牒男巻下」も、もともとは古代に作成された可能性のある史料と考えられている。

とりわけ多くの情報を提供するのが、嘉智子の生存期を扱った正史である『日本後紀』『続日本後紀』『日本文徳天皇実録』、および『日本後紀』の逸文を知ることができる『日本紀略』『類聚国史』である。その中でも重要な情報と嘉智子像を提供するのが『日本文徳天皇実録』嘉祥三年（八五〇）五月壬午（五日）条に記述されている伝記記事（以下「橘嘉智子伝」）である。この「橘嘉智子伝」は、『日本文徳天皇実録』の編纂者の一人である都良香が執筆した可能性が高い。ただし『続日本後紀』の編纂にかかわった春澄善縄などの影響も色濃い。正史の「伝記」として残された「橘嘉智子伝」や、そのもとになった史料を評価するうえでは、最終的に編纂にあたった都良香の叙述方針と、その背後の藤原基経(もとつね)の意向、また嘉智子を鄧皇后に擬えて顕彰した「時の人」と考えられる春澄善縄の意図と、その背後の藤原良房(よしふさ)の意向として解読することが必要である。さらにこれを踏まえながらも、嘉智子の夢語りなどは、嘉智子の主体的な意図を読み取っていくことが重要である。

本書では、これらの史料を基本に、その他関連する史料を加え、また先行研究を再検討しつつ、まず時系列に沿いながら嘉智子の実像をできる限り明らかにしたい。そのうえで嘉智子没後に、嘉智子創建の檀林寺、梅宮社、学館院などがどのように変化していったのかを追ってみたい。そしてさらに『元亨釈書(げんこうしゃくしょ)』『夢窓国師語録(むそうこくしごろく)』をはじめとする中世・近世の史料を検討して、後世に変容していった嘉智子像についても検討していきたい。

なお本文では叙述上の煩雑さを防ぐため、『日本書紀』以下の六国史、および『日本紀略』と『類聚国史』にみえる正史記事を根拠とする場合は、年月日、あるいは年月により特定することにし、断らない限りこれらの史料名を省略する。そして年齢はすべて数え歳で表記する。また古代の名前の読みは、正確を期することはむずかしいが、複数の候補がある場合は初出でのみ併記し、その後は近年多くの人が採用している読みだけとし、不明な場合は読みを省略する。そして参考文献の副題は初出でのみ表記する。

二〇二二年三月

勝 浦 令 子

目　次

はしがき

第一　家系と出生……一
一　橘　氏……一
二　父橘清友……五
三　母田口氏……一〇
四　嘉智子の誕生と父の死去……一五
第二　嵯峨後宮への道……二三
一　橘氏と後宮……二三
二　嘉智子の法華寺参詣……二九
三　嘉智子と藤原氏……三三

第三　嘉智子の婚姻……四〇
一　賀美能親王との婚姻……四〇
二　夫人嘉智子の誕生……四六
三　嵯峨後宮の構成……五一
第四　皇后嘉智子の誕生……六四
一　二親王・五内親王の母……六四
二　嵯峨天皇の親王と源氏姓男子……六七
三　嵯峨天皇の内親王と源氏姓女子……七三
四　嘉智子の立后……七七
第五　嘉智子期の皇后と皇后宮……九四
一　皇后宮の変化と後宮の成立……九四
二　皇后の儀礼と役割……九八
三　皇后宮職と下部組織の改編……一〇七

第六　皇太后そして太皇太后へ……一一七
一　皇太后時代の嘉智子……一一七
二　太皇太后時代の嘉智子……一二五
第七　太皇太后嘉智子の宗教活動……一三六
一　梅宮社と檀林寺の創建……一三六
二　恵蕚の唐派遣と嘉智子の唐仏教信仰……一四三
三　受灌と受戒……一五一
第八　承和の変と嘉智子……一五六
一　嵯峨太上天皇の崩御と承和の変……一五六
二　嘉智子の選択と判断……一六三
第九　晩年の嘉智子……一七二
一　冷然院還御……一七二
二　観心寺講堂如意輪観音と法華寺十一面観音……一七四

三　嘉智子と教育……一八一
四　嘉智子と禅受容……一八七
第十　嘉智子の崩御とその後……一九五
一　仁明天皇と嘉智子の崩御……一九五
二　嘉智子の葬送と陵墓……二〇五
三　嘉智子崩御後の変化……二一〇
第十一　嘉智子像の変遷……二二三
一　前世転生譚……二二三
二　檀林皇后像の誕生……二二九
三　檀林皇后像の変遷……二三五
天皇家略系図……二四二
橘嘉智子関係略系図……二四四
藤原氏略系図……二四六

略年譜……………………………………二四八
参考文献…………………………………二五八

口絵

国宝　如意輪観音菩薩像
嵯峨天皇皇后陵

挿図

『伊呂波字類抄』の清友関係記事……六
田口氏の墓……一一
橘氏公自署……一七
奈良時代の馬場南遺跡の位置……二〇
栢ノ木遺跡で見つかった井手寺の五重塔跡……二一
清友女子婚姻関係略図……三七
平安時代の内裏……九六
平安時代の大内裏……一一一
平安京条坊図……一二〇

嵯峨野周辺図……一三一
大沢池からみた大覚寺（嵯峨院）と嵯峨陵方面……一三三
梅宮大社　本殿……一三七
『伊呂波字類抄』の梅宮社関係記事……一三八
五臺山と天台山の位置……一四九
十一面観音菩薩像（法華寺蔵）……一八〇
学館院周辺図……一八二
『伊呂波字類抄』の学館院関係記事……一八六
僧形坐像（観心寺蔵）……一九三
僧形坐像（千手寺蔵）……一九三
山城国葛野郡班田図……二三〇
九　相　図……二四〇

挿　表

嵯峨天皇後宮一覧……五四

第一　家系と出生

一　橘　　氏

橘氏のはじまり

橘嘉智子の氏姓と諱(いみな)は、大同(だいどう)四年（八〇九）十二月二十三日の記事に「夫人(ぶにん)正四位下橘朝臣嘉智子」、また弘仁(こうにん)六年（八一五）七月十三日に「夫人従三位橘朝臣諱嘉智子」、そして嘉祥(かしょう)三年（八五〇）五月五日の「橘嘉智子伝」に「姓橘氏。諱嘉智子」とみえる。

このように嘉智子は、のちに源平藤橘と称される名氏の一つである橘氏に生まれた。この橘氏は嘉智子の曽祖父橘諸兄(もろえ)の時に創設された氏であった。諸兄はもと王族であり、葛城(かずらき)王と称していたが、弟の佐為(さい)王とともに、天平(てんぴょう)八年（七三六）十一月十一日に「外家の橘姓」、すなわち彼らの母県犬養橘三千代(あがたのいぬかいのたちばなのみちよ)の「橘姓」を賜り、王族から離れることを聖武(しょうむ)天皇に願い出て、同月十七日に「橘宿禰」を称することが許可された。

この「橘宿禰」姓は、三千代が元明天皇即位後の大嘗祭に伴う和銅元年（七〇八）十一月二十五日の宴で、その功績と忠誠を讃えられ、橘が浮かぶ杯を賜わり、県犬養宿禰姓に橘を加えた県犬養橘宿禰姓を賜与されていたことに由来し、この中の橘の部分だけを継承した新しい氏であった。これにより葛城王は橘諸兄、佐為王は橘佐為となった。

高祖母三千代

嘉智子の高祖母である三千代は、県犬養東人の娘で、諸氏が氏ごとに貢ぐ女性である氏女として、天武朝に阿閇皇女（元明天皇）の宮に出仕しはじめ、阿閇皇女の側近として文武天皇の養育にも関与した可能性が指摘されている。この間に敏達系王族の美努王（三野王）と婚姻関係を結び、葛城王、佐為王、牟漏女王を産んだ。牟漏女王は無漏女王とも記される。しかしその後藤原不比等と再婚し、大宝元年（七〇一）には安宿媛（光明皇后）を産んだ。また生年は不明であるが、『尊卑分脈』に「母同光明皇后」とある多比能も娘の可能性がある。精神の不調をきたしていた実母藤原宮子と接することなく育った首親王（聖武天皇）にとって、三千代が準「母」的な存在であったとみる説もある（義江明子『県犬養橘三千代』）。

養老四年（七二〇）の不比等没後も、内命婦として、さらに光明皇后の母として、大きな政治的影響力をもち、天平五年（七三三）正月十一日に六十九歳で没した。正三位であったが、十二月二十八日に従一位が追贈され、別勅で食封・資人が収公されずに据え置かれ、「県犬養橘宿禰第」という邸宅とともに、実質的に県犬養橘家の存続が保証されていた。

曽祖父橘諸兄

嘉智子の曽祖父諸兄が王族から離脱して橘氏となったのは、諸兄母の三千代に与えられていた恩寵、そして没後も食封・資人が保証された家を継承するためでもあった。ただし藤原房前室となっていた同母妹の牟漏女王は王族に留まった。

諸兄は天平九年（七三七）の疫病による藤原四子の没後、大納言、右大臣、左大臣と昇進し、天平勝宝二年（七五〇）正月十六日には「橘宿禰」姓から「橘朝臣」姓になって、橘氏の地位を確固たるものにしていった。

祖父奈良麻呂の変

嘉智子の祖父奈良麻呂は、諸兄が藤原不比等の娘である多比能との間に儲けた嫡男であった。不比等の娘である光明皇后を母とする阿倍内親王が、天平十年に女性ながら皇太子となっていた。しかし奈良麻呂は天平十七年の頃でも「なお皇嗣立つることなし」と無視し続けていた。阿倍内親王が孝謙天皇として即位した後も、光明皇太后を後ろ盾にした藤原仲麻呂らの政治体制を転覆させることを図り、数年にわたり何度も謀反計画を立てていた。そして天平宝字元年（七五七）正月に諸兄が七十四歳で没した後、七月になって最終的に奈良麻呂は謀反を実行に移そうとした。しかしその直前に発覚して逮捕されてしまった。

奈良麻呂の去就

この橘奈良麻呂の変では、多くの逮捕者が拷問のために死去し、また減刑により流罪となった。ただし死去や処罰された人々の中に奈良麻呂の名はない。これは奈良麻呂が橘嘉智子の祖父であることから、『続日本紀』の記事が後に削除されたと推測して、奈良麻呂も発覚時に獄死したとする説が通説的位置を占めている。『尊卑分脈』「橘氏系図」では「天平勝宝九・七・二」に三十七歳で誅せられたとある。これによれば奈良麻呂は養老五年(七二一)生まれとなる。

しかし奈良麻呂は早くに勘問で答えに詰まり罪に服したと『続日本紀』に記されており、拷問を受けたとしても死にまで至らず、その後も生存し流罪となった可能性を指摘する説もある。特に獄死説と生存説を再検討し、『異本公卿補任』にある「□(六カ)月八日坐レ事之後卒年六十七」を根拠にして、奈良麻呂が六十七歳の延暦(えんりゃく)六年(七八七)まで生存していた可能性を指摘する説がある(古白紋子「橘奈良麻呂獄死説の再検討」)。

二 父橘清友

奈良麻呂の変翌年の誕生

嘉智子の父清友（きよとも）は奈良麻呂の男子の一人で、浄友という表記もある。「橘嘉智子伝」の中にみえる清友の伝記記事（以下「橘清友伝」）によれば、清友は延暦八年（七八九）に三十二歳で没したとある。これから逆算すると誕生したのは、天平宝字二年（七五八）、すなわち奈良麻呂の変の翌年となる。

清友の母

清友の母は十巻本『伊呂波字類抄（いろはじるいしょう）』諸社「梅宮」に「伴宿禰邑等之女」と記されている。これによれば母は大伴氏の出身で、その父である邑等が清友の外祖父、嘉智子にとっては外曽祖父となる。名前の読みは不明であるが、「等」のつく名には藤原不比等や大伴多比等（おおとものたびと）（旅人）などがあり、邑比等の「比」が抜けた可能性も考えられる。ただしこの人物は他の史料にはみえない。

橘氏と大伴氏との結びつきは諸兄の時からみられ、奈良麻呂の変の時に、共謀者の一人として拷問を受けて獄死した大伴古麻呂（こまろ）がいる。また大伴古慈斐（こしび）など左遷された人物が多くいた。

伴邑等と大伴村上

奈良麻呂の変の縁坐で流罪となっていた大伴氏の一人に、日向国に流されていた大伴村上がいたことも注目される。『万葉集』巻十九によれば、村上は古麻呂が天平勝宝四年（七五二）に入唐副使として派遣される時に、大伴古慈斐家で開催された送別の宴に古歌を伝誦し、また巻二十によれば、民部少丞であった天平勝宝六年（七五四）に大伴家持家の正月の賀宴にも参加していた。神護景雲二年（七六八）七月に息子の人益が日向国宮崎郡から祥瑞を献上したことの恩賞として、九月に父村上も反逆者の縁坐を免じられて入京を許されたが、これは称徳天皇が生前に奈良麻呂の変関係者の入京を許可した唯一の例である。その後村上は、宝亀二年（七七一）四月には正六位上から従五位下に叙されていった（吉村武彦「大伴宿禰村上と橘奈良麻呂の変」）。

贈太政大臣正一位橘清友朝臣　母伴宿祢邑等ゝ女
大同四年十月十四贈正五位下弘仁六年七月三日贈大納言従
三位天長十年三月廿五日贈太政大臣正一位鈴野山墓是也
十四町諱於康和八年二月八日官符也

『伊呂波字類抄』の清友関係記事
（大東急記念文庫蔵）

名前の類似性からみて、清友の外祖父の邑等が村上の兄弟などの近親者であった可能性も考えられる。清友は父方の橘氏だけでなく、母方の大伴氏も奈良麻呂の変の影響を受けており、苦難の状況のもとで誕生したと考えられる。

清友の生育環境

清友が幼少期に交野郡の百済王氏の庇護を受けたとする説（渡辺三男「檀林皇后―嵯峨天皇皇后橘嘉智子―」）、また藤原南家の是公の妾となり、自らも桓武朝の尚蔵、従三位にまでなった橘佐為の娘真都我に保護されたと推測する説（伊野近富「橘氏の女性たち」）などがある。真都我は麻都我や真都賀などとも記される。しかし史料的にはどのような場所で、どのように生育していったかは不明である。

幼少期には母方の大伴氏のもとで成長した可能性が高いが、光仁天皇即位後に大伴氏が復権していく中で、次第に生育環境が安定していったと考えられる。

なお清友の母を武蔵守粟田人上の娘とする説（宝賀寿男『古代氏族系譜集成』）がある。粟田人上は和銅七年（七一四）正月に従六位下から従五位下となったことを初見に、その後昇進を重ね、天平四年（七三二）十月に造薬師寺大夫に任じられており、天平十年六月一日の没時に武蔵守従四位下とみえる人物である。しかし管見の限り、清友との関係についての史料的な裏付けを確認できない。なお後述するように、清友は粟田小松泉子と婚姻関係を結んで、氏公(うじきみ)を儲けている。

清友の学識と容姿

「橘清友伝」には、清友は若くして落ち着いて物事に動じず、多くの書物に通じた学識を持っていたとされる。さらに身長が六尺二寸（約一八三・五センチ）で、眉目画のごとしと、容姿に恵まれていたという。

後述するように、嘉智子の容姿が並外れて美しかったことが、父譲りのものであったことを示唆する言説である。

渤海使の予言

また「橘清友伝」によれば、宝亀八年（七七七）に「高麗国使」すなわち渤海使(ぼっかい)が来朝した時、良家の子で顔立ちや体形が人並み外れて大きく姿のよい者が、遺客に応接することになり、これに清友が選ばれたという。この時清友は十九歳であった。渤海大使の史(し)都蒙(ともう)が清友を見て、彼に器量のあることを見定め、通事舎人の山於野上(やまのうえののがみ)に清友について、この少年は何者かと質問をしたという。野上がこれは京洛にいる一介の美しい顔の者であると答えたが、都蒙は人相を見てその運勢を判断する能力に長(た)けており、野上にこの人物の容貌は常とは違い、子孫は大いに高貴となるであろうと語ったという。そして野上が命の長短を問うと、都蒙は三十二歳の時に厄があるが、これを過ぎれば恙ないであろうと述べたという。

清友の娘嘉智子と孫仁明天皇に繋がる予言譚の一つといえる。外国使節が骨相などを見て論評する伝統があったことは、たとえば『懐風藻』に、唐使の劉徳高が大友皇子の「風骨」すなわち風采と骨格を見て論評し、また異夢を見たことを藤原鎌足に伝えさせたとある。唐使だけでなく渤海使なども観相の例があり、この宝亀八年度渤海使のほかに、『日本三代実録』の光孝天皇即位前紀には、嘉祥二年（八四九）に来朝した渤海使の王文矩が時康親王を見て、後に光孝天皇として即位することを予見したとする例がみえる。

渤海使逸話の背景

なお「橘清友伝」に渤海使の観相逸話がみえるのは、「橘嘉智子伝」の編纂者の都良香本人が、貞観十三年（八七二）度の渤海使の掌客使として迎接に関与していたことが背景にあると考えられる。それ以前から良香の祖父桑原秋成、伯父都腹赤なども、渤海使の迎接に従事しており、彼らの口伝、また掌客使の記録である「掌客文記」などで先例を調べる中、約百年前ではあるが、通事舎人山於野上が関与した迎接で、動員されていた青年の観相を渤海使が行った可能性もある。ただしその逸話が清友のものであったか、または観相内容や没年齢から付会したかは不明である（勝浦令子「『日本文徳天皇実録』「橘嘉智子伝」の特質と編纂者」）。

内舎人任用

「橘清友伝」によれば、清友は延暦五年（七八六）に内舎人になったとある。内舎人とは、天皇に近侍する中務省所属の文官で、定員は九〇人とされ、性識聡敏で儀容の整った五位以上の者の子孫、すなわち蔭子孫で二十一歳以上の者が採用された。しかし清友が任官されたのは二十九歳の時であり、渤海使の予言があった時期からかなり時間がたっている。これは父奈良麻呂が罪人とされ、また清友が嫡子ではないことなどが影響しているといえる。そして後述するようにこの年に嘉智子が誕生している。

三　母田口氏

「橘清友伝」によれば、清友は田口氏の女性を娶って、嘉智子を儲けたとする。

田口朝臣の系譜

嘉智子の母の氏である田口朝臣は、『新撰姓氏録』左京皇別によれば、石川朝臣と同祖とあり、蘇我氏系の氏族である。蝙蝠臣が豊御食炊屋姫天皇（推古天皇）の時代に、大和高市郡の田口村に家を構えたので、田口と号したとする。蝙蝠臣は大化元年（六四五）九月三日に古人大兄皇子の謀反の与党として討滅された蘇我田口臣川堀と考えられている。田口の氏の本来の由来は、田口村（橿原市和田町付近）に基づくが、本貫は『大和志料』高市郡条御歳神社の記載から、橿原市畝傍町田中あたりかとされている（佐伯有清『新撰姓氏録の研究』考証篇第一）。

母田口氏の出身地と墓所

ただし母田口氏本人の出身地は、墓所の所在地から河内国交野郡と推測されている。母田口氏の墓所「交野郡小山墓」は、天長十年（八三三）三月二十八日の勅により「守冢一烟」が置かれ、また『延喜式』諸陵寮には、遠墓十二の一つとして、「贈正一位田口氏、同（仁明）天皇外祖母、在河内国交野郡、兆域東西三町、南北五町、守戸二烟」とみえる。この「小山墓」は枚方市田口三丁目に比定されており、残る小山の享の広さは約四坪、高さ約一メートルの土盛とされていた。現在は「仁明天皇外祖母贈正一位田口氏之墓」と記された石碑が建てられている。

田口氏の墓（大阪府枚方市田口）

母田口氏の人柄

嘉智子の母田口氏は、正史記事や『尊卑分脈』などでは、「田口氏」とだけみえ、名前は伝えられていない。俗説として田口姫、あるいは枚方市の浄土宗円通寺の過去帳に所載されている「地蔵菩薩由来記」の春日前などが紹介されているが（渡辺三男「檀林皇后」）、いずれも本来のものとは考えられない。

天長十年三月二十八日に、仁明天皇が外祖母田口氏に正一位を追贈した時、仙人が霊芝を植え育てるようなよい所、香りのよい草の生える苑に、艶やかな女子として育ったとし、位記には、かつて人目を避けることを喜びとしていたが、しとやかな婦人の徳を伸ばし、死後も馥郁たる香りが伝わり、今も存命時と同様に、睦み親しむ者がいると記している。

母田口氏の系譜

なお『枚方市史』第二巻、一九七二年編纂版には記されていないが、一九五一年編纂版には奈良時代の初め田口益人（ますひと）が河内国の山田郷の田口に移り、その子馬養（うまかい）、孫大戸（おおと）の三代にわたり居住したとし、馬養の弟田口親人（おやひと）の娘が嘉智子の母田口氏であるとする説があった。しかしそのもとになる研究には、系譜の根拠となる史料明示がない（音代節雄「万葉歌人田口益人の本貫」）。益人は川堀の孫とされ、養老六年（七二二）十一月二十日に没した人物であるが、馬養の存在は不明である。親人に通じる可能性がある人物としては、田口祖人が正史記事にみえ、宝亀八年（七七七）正月に正六位上から従五位下、内礼正（ないらいのかみ）となり、宝亀十年二月に尾張介となっている。ただし嘉智子母との関係は不明であり、管見の限り古代の史料からこの系譜の真偽を確認できない。また益人の子で従五位上、河内守、大監物（だいけんもつ）の家主（やかぬし）を父とする説（宝賀寿男『古代氏族系譜集成』）もあるが、これも真偽を確認できない。

田口佐波主

田口氏の中で、確実に嘉智子の親族であることが確認できる者に、田口佐波主（さわぬし）がいる。佐波主は承和十四年（八四七）閏三月二十三日に、正四位下神祇伯として没したが、この時に嵯峨太皇太后の「外戚」として、従三位を追贈されている。

この佐波主を母田口氏の父、つまり嘉智子の外祖父とする説（今井啓一「橘氏の獄とその後」）、いっぽう当時の当主で、嘉智子の従兄弟と推定する説（渡辺三男「檀林皇后」）がある。佐波主の没時年齢は不明であるが、天長五年（八二八）正月七日に正六位上から従五位下に叙されたのが初見で、その後承和元年正月に正五位下、承和二年正月に従四位下と、仁明朝に入り昇叙し、承和七年六月に右京大夫に任じられ、承和九年八月に右京大夫のままで武蔵守を兼任している。なお九月に起きた承和の変で嘉智子に密告した阿保（あぼ）親王が十月に没した際には、監護喪事の使者の一員として派遣されている。その後、承和十一年正月に従四位上、承和十三年正月に正四位下、承和十四年二月に神祇伯となった。

この経歴から推測すると、母田口氏の兄弟（嘉智子の伯叔父）、あるいは嘉智子の従兄弟の可能性の方が高い。

田口真仲

また田口氏出身の女性の中に、嘉智子兄の氏公の妻となり、長子橘岑継(みねつぐ)の母となった真仲(まなか)がいた。真仲は真中、岑継は峯継とも記される。『尊卑分脈』「橘氏系図」には、橘岑継の母は田口継丸女とあり、『公卿補任』承和十一年（八四四）条にみえる岑継の尻付(しつけ)には、母は正六位上で備後掾の田口継麿(つぎまろ)女で、従五位下の真中とある。ただし継麿に関する正史記事は残っていない。

そして貞観二年（八六〇）十月二十九日の岑継薨伝記事から、真仲が嘉智子所生の仁明天皇の乳母であったこともわかる。嘉智子が大切な長子正良(まさら)親王の養育を託す乳母の一人を母方親族の中から選んだといえる。真仲は承和八年（八四一）十一月に無位から従五位下に叙位され、また岑継薨伝記事から承和十四年十二月に没したと考えられる。

田口氏の女性たち

なお仁明朝に女官として出仕した田口氏出身女性も散見し、承和五年正月に正五位下から従四位下に叙された田口善子(よしこ)、承和十二年正月に無位から従五位上に叙された田口継子(つぎこ)、承和十三年正月に無位から従五位下に叙され、同年五月二十七日に尚酒(さけのかみ)となった田口全子(またこ)、嘉祥二年（八四九）正月に無位から従五位下に叙された田口美濃子(みのこ)がいた。さらに清和朝にも貞観元年（八五九）十一月二十日に従五位下から従五位上に叙された田口舘(たち)

子がいた。

四　嘉智子の誕生と父の死去

清友の子女たち

清友の子女は、六国史や『尊卑分脈』『公卿補任』で確認できるのは、嘉智子を含めて計六名である。男子は氏公、氏人、弟氏の三名、女子は藤原真夏の室で平雄の母（名前未詳）、藤原三守の室で有統の母安万子（安子）と嘉智子の三名である。

この他に系図上に宗嗣を挙げる説がある（鈴木眞年『百家系図』）。宗嗣は貞観十五年（八七三）八月二十八日に五十八歳で没した橘貞根の卒伝記事に、父で越中守従五位下とある。貞根は幼年から嵯峨太上天皇に近侍し、すこぶる恩幸を蒙り、また仁明天皇の「外戚」とみえるので、宗嗣が嘉智子と近い親族であった可能性はあるが、清友の男子かは不明である。

なお交野に居したとする吉清という人物を系図上に挙げる例もあるが（近藤敏喬『宮廷公家系図集覧』）、管見の限りでは古代の史料による確認ができない。

嘉智子の生年

「橘嘉智子伝」によれば、嘉祥三年（八五〇）に崩御した時の年齢が「年六十五」とあり、逆算すると嘉智子が誕生したのは延暦五年（七八六）となる。また承和十年（八四三）七月十四日に嵯峨太上天皇の一周忌仏事を行ったが、本来の忌日である十五日の干支が壬寅であり、太皇太后の生まれた年の干支である本命の日は避けるべきとして前日に変更された。このことから嘉智子の本命は「寅」である。すなわち、丙寅年に当たる延暦五年に誕生したことを確認できる。

清友子女の出生順

『尊卑分脈』「橘氏系図」では橘氏の上流となった氏公を筆頭に氏人・弟氏・嘉智子・安子（安万子）の順に記されているが、これは必ずしも出生順とはいえない。安万子は弘仁八年（八一七）七月十六日の卒伝記事によれば「皇太后之姉」となっている。

橘氏公

清友の男子の中で中心的存在となった氏公は、承和十四年（八四七）十二月十九日に没するが、その時の薨伝記事（以下「橘氏公伝」）に「年六十五」とあり、逆算すると延暦二年（七八三）誕生になり、延暦五年生まれの嘉智子と三歳の差がある兄となる。

ただしこの「橘氏公伝」では、氏公を「太后弟」としている。また「橘嘉智子伝」にみえる学館院設立の記事に「弟右大臣氏公朝臣」とあり、『伊呂波字類抄』「梅宮」引用の「諜牒男巻下」の学館院関係の記事にも「大后弟之右大臣」とある。このことから「氏公伝」の没年に誤りがあるとみて、「年六十五」を「年六十」あるいは「年五十五」

の誤記と推定し、弟が正しいとする説があり（渡辺三男「檀林皇后」）、この説を採る者もいる。ただし渡辺三男自身は後の論文では「兄の氏公」と記している（渡辺三男「嵯峨天皇の唐風謳歌（10）長孫皇后と嵯峨・檀林の薄葬」）。

いっぽう『公卿補任』承和十四年（八四七）条では「六十五」とみえ、「橘氏公伝」の年齢と同じである。ただし『公卿補任』天長十年（八三三）条の氏公の尻付の中に「同（弘仁）五正—蔵人（年卅）」とあり、蔵人となった弘仁五年（八一四）に三十歳とすれば、誕生は延暦四年（七八五）、没時は六十三歳となるが、やはり嘉智子より一歳年上の兄になる。いずれにしても「弟」の部分のみを正しいとするのは問題であり、おそらく「兄」である可能性が高い。

橘氏人と橘弟氏

「橘氏公伝」では氏公を「清友第七子」としている。また『公卿補任』天長十年条では「清友（元内舎人）三男」、『尊卑分脈』「橘氏系図」でも「三男云々」としている。現在確認できる清友の男子は氏公、氏人、弟氏の三名であるが、これから男子の中でも末子という記述となっている。

橘氏公自署

しかし位階昇進において氏公と氏人、弟氏では氏公が常に先行し、正六位上から従五位下になるうえで、氏公と弟氏では四年の差、氏公と氏人では七年の差がある。その後の昇進も氏公が常に先行し、氏公が五十八歳で従三位の時、弟氏は承和七年（八四〇）四月五日に右京大夫従四位上で没している。また氏公が六十三歳で従二位の時、氏人は承和十二年（八四五）七月四日に神祇伯正四位下で没している。兄弟が出生順に没するとはかぎらないが、没した順は弟氏、氏人、氏公となり、氏公が清友の男子の中で一番遅くまで生きている。いずれにしても年齢的な差は不明ではあるが、三人の兄弟の中で年齢順では三男であったとしても、氏公が最初から嫡子としての立場で出仕したと考えられる。

氏公の母粟田小松泉子

弟氏と氏人の母は不明であるが、氏公の母は『尊卑分脈』「橘氏系図」や『公卿補任』天長十年条の氏公の尻付に粟田小松泉子とみえる。ただし父などの系譜は不明である。また姓は不明であるが粟田朝臣とすれば、大和国添上郡を本拠とする和珥氏系の皇別氏族であり、添上郡は橘氏とゆかりのある山城国相楽郡と接していた。また山城国では愛宕郡上粟田、下粟田郷を中心に分布していた。粟田氏には学問や対外関係の職務で活躍した人物が多くおり、大宝度の遣唐執節使粟田真人などが著名である。

氏公と嘉智子

嘉智子とは同母関係ではない氏公が、嘉智子に重んじられたのは、氏公が清友の嫡子としての立場にあったことともに、前述したように嘉智子母方氏族出身の田口継麿の娘である田口真仲と婚姻関係にあり、真仲が仁明天皇乳母となっていたこと、氏公と真仲との間に生まれた岑継が仁明天皇の乳兄弟であったことも考慮に入れる必要がある。

賀美能親王の誕生

嘉智子が誕生した延暦五年（七八六）に、後に嘉智子が嫁す賀美能（かみの）親王（嵯峨天皇）も、桓（かん）武（む）天皇と皇后藤原乙牟漏（おとむろ）との第二皇子として生まれた。賀美能親王は、神野親王とも表記されるが、『日本後紀』などの正史記事では一貫して賀美能親王とされる。

当時の都である長岡京は、延暦三年十一月に平城京から遷都が行われていたが、延暦五年の段階では、まだ移り住んだ庶民たちの生活が安定しておらず、五月に左右京と東西市の人に賜物が行われるような状況であった。

そしてこの年は、前述したように父清友が二十九歳で内舎人に任官された年でもあった。

父清友の死去

しかし嘉智子が四歳となった延暦八年（七八九）、父清友が病のため三十二歳で没した。「橘清友伝」は、渤海使史都蒙が予言した「卅二に厄有り」のごとくであったと記している。

清友墓所

清友の墓所は山城国相楽郡挊山（かせやま）にあり、天長十年（八三三）三月二十八日には、仁明天皇

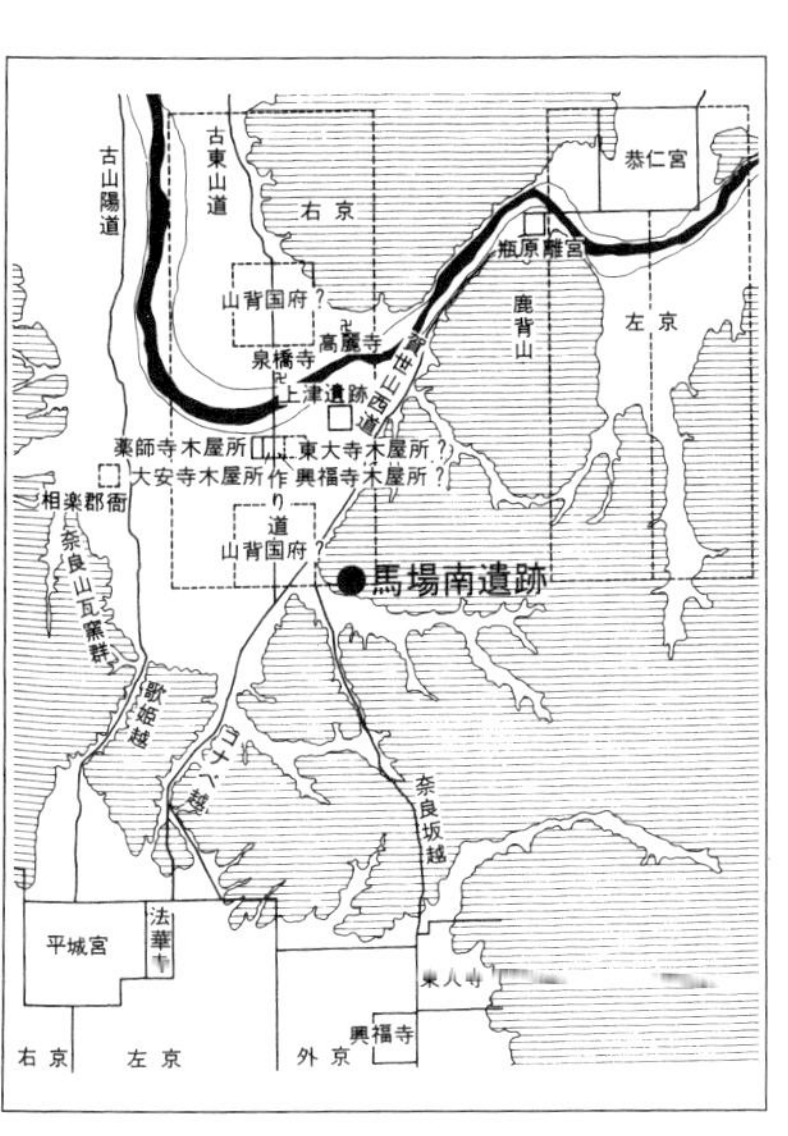

奈良時代の馬場南遺跡の位置
（上田正昭監修・京都府埋蔵文化財調査研究センター編『天平びとの華と祈り―謎の神雄寺』柳原出版，2010年より）

外祖父の墓として、「山城国相楽郡拝山墓」に守冢一烟が置かれた。そして承和八年（八四一）二月八日に、山城国相楽郡山四町が墓地とされていった。

拝山墓は、『延喜式』諸陵寮の遠墓には「加勢山墓」と表記され、「贈太政大臣正一位橘朝臣清友、仁明天皇外祖父、在山城国相楽郡、兆域東西四町、南北六町、守戸一烟」とされている。「加勢山墓」は現在の京都府木津川市鹿背山付近かと推定されている。なお『伊呂波字類抄』「梅宮」には「鈴野山墓」とある。この鈴野山は加勢山の別称であったと考えられるが、詳細は不明である。

この相楽郡には橘諸兄の別荘である「相楽別業」があった。天平十二年（七四〇）五月に、

古今作者

栢ノ木遺跡で見つかった井手寺の五重塔跡
（公益財団法人京都府埋蔵文化財調査研究センター提供）

聖武天皇が平城宮から右大臣諸兄の「相楽別業」に行幸し、宴会の後に無位だった奈良麻呂に従五位下が授けられており、父祖ゆかりの地であった。

そして『万葉集』に関連する歌木簡や、「神雄寺」と記された墨書土器が出土した、京都府木津川市馬場南遺跡は、橘氏と深い関係のある寺と推測されており、相楽別業との関連を指摘する説もある（京都府埋蔵文化財調査研究センター編『天平びとの華と祈り―謎の神雄寺』）。

『尊卑分脈』「橘氏系図」は、清友を「古今作者」と記している。そして『古今和歌集』巻第二、春下の一二五番に「読人しらず」として、次の一首がみえ、「この歌は、ある人の曰く、「橘清友の歌也」と記されている。

蛙なく井手の山ぶきちりにけり花のさかりに逢はましものを

井手は地名で、現在の京都府綴喜郡井手町井手と考えられる。この地には橘諸兄が創建したとされる橘氏の氏寺である井手寺跡が残っている。この一首が清友のものとすれば、生前にこの地を訪れることがあったといえる。

清友の贈位贈官

清友は内舎人の身分で没したが、娘嘉智子や孫仁明天皇の地位上昇とともに、贈位贈官を受けていくことになる。弘仁六年(八一五)七月十三日に皇后父として贈従三位、天長十年(八三三)三月二十八日に天皇外祖父として贈正一位、承和六年(八三九)六月五日に贈太政大臣となる。なお正史記事にはみえないが、『伊呂波字類抄』「梅宮」によれば、大同四年(八〇九)十月十四日に贈正五位下とみえる。これは嘉智子が夫人となったことに連動すると考えられる。

第二　嵯峨後宮への道

一　橘氏と後宮

嘉智子の伯父たち

奈良麻呂の男子は、清友の他に、安麻呂、嶋田麻呂、入居、浄野がいた。出生順では安麻呂が第一子であるが、『尊卑分脈』「橘氏系図」では嶋田麻呂の男子の真材、長谷麻呂、常主、有主の各系統の系譜が主流として継続しており、嶋田麻呂を筆頭に、清友、安麻呂、入居の順に記している。ただし浄野が抜けている。

橘安麻呂

橘安麻呂は奈良麻呂第一子で、天平十一年（七三九）に生まれ、奈良麻呂の変の時は十九歳であった。少納言、内蔵頭などを経て、延暦二十四年（八〇五）には左中弁や常陸、備前、播磨などの国守を歴任していたが、弘仁十二年（八二一）七月十一日の卒伝記事によれば、後述する大同二年（八〇七）十一月に起きた伊予親王事件の時に、「外戚」のために解任されて京に戻っている。

安麻呂は嵯峨朝になり、弘仁十年（八一九）正月に正四位上に叙され、弘仁十二年七月十一日に八十三歳で没する。安麻呂の卒伝記事には、多くの職歴があるものの、品行方正で節操が固いという評は聞かなかったとある。

安麻呂の母は、逆に礼節を守り古事を知る人物とされた従三位大原明娘であった。大原氏は真人姓氏族で、和歌や仏教儀礼など、尊貴な文化的・宗教的活動を紐帯として、大伴氏・藤原南家・京家など聖武系王権を支えた有力氏族と、婚姻を含む親密な関係を歴史的に形成していた（中林隆之「嵯峨王権論―婚姻政策と橘嘉智子の立后を手がかりに―」）。

橘嶋田麻呂

橘嶋田麻呂が初叙された時期は不明であるが、延暦十六年（七九七）二月に従五位下で安殿親王（平城天皇）の春宮亮に任じられている。弘仁八年（八一七）八月一日の橘常子の薨伝記事に、父で正五位下兵部大輔とみえるが、『尊卑分脈』では「従四位下」とある。なお『尊卑分脈』では嶋田麻呂の母は記されていない。大伴古慈斐女とする説（宝賀寿男『古代氏族系譜集成』）について、管見では根拠となる古代の史料の確認ができない。

橘入居

橘入居も生年や母は不明であるが、延暦二年（七八三）正月に正六位上から従五位下に叙位され、同年五月近江介に、その後は中衛少将、遠江守、左少弁、左兵衛佐、播磨守、左京大夫などに任じられた。延暦十九年（八〇〇）二月十日に右中弁従四位下として没したが、卒伝記事によると、しばしば書（建白書）を提出して適切な言上を行い、事は有益なことが多かったという。そして右中弁に取り立てられ、言上した政務内容は大変多く採用され、『删定令』の奏撰にかかわったとある。『删定令格』四五条は延暦十六年六月に施行されている。入居は没する数日前に度者二人を賜与されており、桓武天皇に重用されていたことが知られる。ただし嘉智子が十五歳になった時点で没しており、直接嘉智子の婚姻の力になった可能性は低い。

橘浄野

嘉智子の伯父橘浄野は、清野の表記もある。質素で欲がない性格で、河内国の交野に隠居し出仕はしなかったという。ただし嘉智子の伯父として、高位を授けられ、没時には散位従四位上であった。なお天長六年（八二九）十二月十九日の浄野の卒伝記事では、太皇太后の「叔父」と表現するが、没時に八十歳とみえるので、天平勝宝二年（七五〇）生まれで、清友とは八歳差の兄になり、正確には「伯父」である。これも前述した氏公と同様に、嘉智子との親族関係と齟齬が生じている例である。

従姉妹たちの婚姻

これら嘉智子の伯父たちは、延暦期は実務官人クラスの地位であったが、それぞれの娘が皇室に嫁していた。桓武天皇に嫁したのは嶋田麻呂の娘常子、入居の娘の御井子と田村子であり、桓武天皇の皇子たちの世代では、伊予親王に安麻呂の娘が嫁したと推測される。大伴親王（淳和天皇）に浄野の娘船子、そして賀美能親王（嵯峨天皇）に清友の娘嘉智子が嫁している。また父は不明であるが、嵯峨天皇に橘春子も嫁している。

嶋田麻呂の娘常子

嶋田麻呂の娘常子は、桓武天皇の寵を受け、第八皇女大宅内親王を産み、『一代要記』によれば女御とされている。延暦十五年（七九六）十一月に無位から従五位上となり、延暦十六年二月に位田を支給され、さらに延暦年中に従四位下となった。桓武天皇の崩御後に出家して尼となったが、大同四年（八〇九）七月に大宅内親王の邸宅が火災となった時は、常子に新銭の隆平永宝一〇〇〇貫が賜与されている。その後弘仁六年八月には従三位に叙され、弘仁八年（八一七）八月一日に没した。常子は死体を蓆に包んで埋葬するように遺言したため、納棺はしなかったという。常子は薨伝記事に、「薨時年卅」とあるが、これによれば常子は延暦七年生まれになり、嘉智子より二歳年下となってしまう。さらに常子が十四歳となる延暦二十年に、所生子の大宅内親王が加笄することは不自然であり、「卅」はおそらく「卌」、四十歳あたりの誤伝の可能性がある。

なお大宅内親王は、平城天皇の妃となったが、二人の間に皇子女は生まれず、平城太上天皇・薬子の変を経て、弘仁三年（八一二）に妃を辞退していった。

入居の娘御井子

入居の娘御井子は、延暦二十三年七月に無位から従五位上に叙されており、弘仁六年七月に従四位下、嘉祥二年（八四九）閏十二月に従三位に叙されている。桓武天皇との間に賀楽(から)内親王と菅原(すがわら)内親王の二人を産み、『一代要記』では桓武天皇の女御とされている。

入居の娘田村子

同じ入居の娘田村子は、叙位歴などは不明であるが、貞観十年（八六八）十一月二十三日の桓武天皇皇女の池上(いけのえ)内親王の薨伝記事に、母と記されており、『一代要記』では桓武天皇の女御とされている。

橘安麻呂の娘と伊予親王

前述したように橘安麻呂は伊予親王事件で「外戚」を理由に国司を解任された。この「外戚」を、伊予親王の祖母が橘佐為(さい)の娘真都我であったことを意味するとみる説もあるが（佐伯有義『増補六国史』巻六）、系統からすればかなり疎遠である。他の奈良麻呂系では、入居男子の永継(ながつぐ)が縁坐しているが、「外戚」を理由とされていない。また嶋田麻呂やその男子は縁坐していない。

その点でことさらに「外戚」とあることは、安麻呂の娘の記録はないが、安麻呂自身の母の地位や、他の奈良麻呂男子の娘たちが皇室との婚姻を果たしていることから考えると、第一子の安麻呂の娘が伊予親王に嫁していた可能性も考えられる。

なお天安(てんあん)二年（八五八）五月十五日に没した高枝王(たかえのおう)の薨伝記事によれば、嵯峨天皇が即位後に伊予親王を無罪とし、事件を受けて遠配されていた三人の子が恩赦により入京が許されたとある。この三子は継枝王、高枝王、および吉岡女王とされている（櫻木潤「伊予親王事件の背景―親王の子女と文学を手がかりに―」）。彼らの母は不明であるが、この中には安麻呂の娘を母とする者がいた可能性も考えられる。

浄野の娘船子

浄野の娘船子の生没年は不明であるが、『本朝皇胤紹運録』や『帝王編年記』によれば、淳和天皇の皇女崇子内親王の母とされており、大伴親王時代に嫁していた可能性がある。なお崇子内親王は承和十五年（八四八）五月に無品のまま没している。

皇室との婚姻の背景

このように奈良麻呂の孫である橘氏女子たちの多くが、皇室との婚姻関係を結ぶことができたのは、諸兄・奈良麻呂の系統を橘氏の主流とする意識が皇室にあったためと考えられる。橘諸兄同母弟である佐為の系統からは、娘の古那可智が聖武天皇の夫人となった後は婚姻の例がない。ただし女官としては、佐為の四女真都我が孝謙・称徳天皇の側近から出発し、桓武後宮の尚蔵となり、延暦五年（七八六）に従三位に叙されていた。また真都我は藤原南家の乙麻呂の妻、その後乙麻呂の長子是公の妾となり、真友、雄友、弟友らを産んでいる。また桓武天皇に嫁し伊予親王母となった吉子の実母でもあったとする推定もある。そしてこの真都我が奈良麻呂の孫世代の女子の皇室との婚姻に影響力を持っていたとされる（安田政彦「九世紀の橘氏―嘉智子立后の前後を中心として―」）。

このようにして嘉智子の従姉妹たちは、いずれも天皇や有力親王に嫁しはしたが、所生子があっても内親王だけであり、伯父たちは外戚としての力を発揮するには至らなかった。

二　嘉智子の法華寺参詣

嘉智子の人柄と容姿

「橘嘉智子伝」には嘉智子の人となりは「寛和」とあり、心がゆったりとして穏やかで、やわらぎなごむ人柄であったとみえる。そしてその容姿はきわめて他と異なって優れ、「手は膝に過ぎ、髪は地に委ぬ」とし、観た者は皆驚いたと記している。

髪が地に達するほど並外れた長さだったとはいえ、女性の美しさを表現するうえで、髪を称賛する例は多くある。しかし手が膝下にまで届くほどに長かったとしていることは、きわめて特異な表現である。

『大智度論』巻四には、四天下を統一して正法をもって世を治める転輪聖王や、仏に備わる三十二相の一つに、「正立手摩膝相」がみえる。俯さず、仰がず正しく立つと手が膝を摩（す）るというものである。そしてこのような特徴は、観音菩薩立像などにも作例がみえ、人間離れした存在であることを示唆している。このことは嘉智子のただならぬ高貴さを象徴するものでもあった。

法華寺尼禅雲の予言

「橘嘉智子伝」には、法華寺に名を禅雲という苦行尼がおり、成人女性の髪型とされた結髪にして笄（こうがい）を挿す、いわゆる髪上げをする前の嘉智子を見て、臂（ひじ）を取り、あなたは後に天子と皇后の母になるでしょうと予言したという。そして嘉智子はひそかにこれを記録しておいたとする逸話がみえる。

尼禅雲が嘉智子の臂を取ったという点は、若い頃から手の長さが目立ち、これが菩薩にも擬（なぞら）えられる美しさとされたのかもしれない。そして仏菩薩の加護を予想させるものでもあった。ただしこの逸話は、若い頃の予言が実現し、嘉智子が晩年になった時期に、このことを思い出し、尼の所在を尋ねたが、尼はすでに亡くなっていたというかたちで語られている。天子と皇后の母となるという予言が実際にあったかはともかく、このことを晩年に嘉智子が語った可能性がある。

成女儀礼の年齢

「橘嘉智子伝」には明確には記されていないが、髪上げ前の嘉智子が自ら平城京の法華寺を詣でて、苦行の尼から予言を受けたと考えられる。その時期はいつ頃だったのであろうか。この当時の女性の成人儀礼である加笄を行う年齢としては、十代前半のおよそ十二歳から十四歳あたりの例が多いとされる。

たとえば桓武天皇の皇女たちで、後に嵯峨天皇の妃となる第十二皇女の高津内親王は、加笄を延暦二十年（八〇一）十一月九日に行っている。同日には、後に淳和天皇贈皇后となる第二皇女の高志内親王と、後に平城天皇妃となる第八皇女の大宅内親王も加笄しているが、高志内親王は当時十三歳であり、大宅内親王と高津内親王は同年齢か、さらに若かった可能性もある。

このことから、髪上げ前の少女であった嘉智子が法華寺に参詣したのは、おそらく十三歳となる延暦十七年（七九八）前後あたりであったと考えられる。

法華寺

法華寺は聖武天皇皇后である光明皇后が創建した尼寺である。平城京左京一条二坊・二条二坊の藤原不比等の邸宅跡に造営されていた皇后宮を寺院化したもので、天平十七年（七四五）に宮寺となり、天平十九年に法華寺へと名称が変更され、さらに天平宝字三年（七五九）頃には総国分尼寺としての寺容が整備されていった。

そして光明皇太后崩御後は、その娘である孝謙太上天皇に継承され、孝謙太上天皇は天平宝字六年にこの寺で出家し、その後再度即位して称徳天皇となっていった。

いっぽう不比等邸宅内の県犬養橘三千代旧宅は、三千代の娘である牟漏女王が継承した。さらにこれを牟漏女王の娘藤原北夫人が継承して寺院化し、嶋院としたと推定されている。藤原北夫人の諱は不明だが、父は藤原北家の祖藤原房前であり、母牟漏女王は安宿媛（光明皇后）と多比能とは異父同母姉、橘諸兄とは同父同母妹に当たる。藤原北夫人は聖武天皇の夫人となったが所生子はいなかった。

天平宝字四年（七六〇）に、藤原北夫人が光明皇太后より数ヵ月前に没した後、嶋院は孝謙・称徳天皇に潜在的な所有権が継承され、法華寺阿弥陀浄土院として整備され、翌年に光明皇太后の一周忌法要が行われていった。しかし称徳天皇没後に、法華寺と阿弥陀浄土院は王家の女性には継承されず、平安期の法華寺は藤原北夫人との関係に立ち戻って、藤原北家との関係を深めていき、さらに摂関家の門跡寺院となっていった可能性が推測されている（鷺森浩幸「八世紀の法華寺とそれをめぐる人々」）。

苦行の尼禅雲の来歴は不明であるが、『類聚三代格』延暦十六年（七九七）二月二日の太政官符によれば、諸尼が競って法華寺に入寺することを禁止し、勅許がない限り入寺できないようになっており、この頃の法華寺の尼は、皇室や藤原北家との関係が強かったといえる。尼禅雲もおそらく同様の人物であった可能性が考えられる。

三　嘉智子と藤原氏

曽祖母藤原多比能

嘉智子の曽祖母である藤原多比能は、『尊卑分脈』に不比等の子女の一人としてみえ、従三位で、左大臣橘諸兄室、母は光明皇后と同じとあり、また『公卿補任』天平二十一年（七四九）条の嘉智子の祖父橘奈良麻呂の尻付では、母は淡海公女、従三位多比能朝臣とある。ただし多比能は正史記事にはみえず、生没年も不明である。『尊卑分脈』に従えば、多比能は藤原不比等と県犬養橘三千代の間に生まれ、安宿媛（光明皇后）とは同父同母の姉妹で、諸兄に嫁して奈良麻呂を産んだことになる。当時、同父異母同士の婚姻は多かったが、多比能と諸兄は異父同母同士となり、やや特殊な婚姻関係であった。いずれにしても曽祖母多比能を通じて、嘉智子は藤原氏とも血縁があることになる。このことから光明皇太后と藤原北夫人ゆかりの法華寺は、嘉智子にとっても強い結びつきがある寺であった。

嘉智子が法華寺に参詣した頃、都はすでに平安京になっており、平城京は父方橘氏の本拠地の山背国相楽郡からは近いが、母方田口氏の本拠地の河内国交野郡からはやや遠くに位置していた。嘉智子が自ら望んで斎詣を決断した可能性もなくはないが、若い女性がはるばる法華寺を訪れるうえで、皇室や藤原氏から何らかの導きがあった可能性が考えられる。

藤原氏は桓武朝後半期に、参議に起用すべき官歴を持ち一定年齢に達した人物が不足しており、これによる藤原氏の勢力減退が起きていたが、その原因は七四〇年代から七五〇年代の出生者が少ないことにあったと指摘されている（佐藤宗諄「藤原種継暗殺事件以後―桓武朝における官人構成の基礎的考察―」）。また藤原氏の女性が、入内した時などに従五位上を直叙される例は、桓武朝前半期に多かったが、後半期にばらつきを示すようになり、大同期以降にほとんどみられなくなっていたことが指摘されている（安田政彦「九世紀の橘氏」）。これは后妃に立てるにふさわしい藤原氏の女性も減少していたことを意味する。

平安期の藤原氏のうち武智麻呂を祖とする南家から、武智麻呂の孫是公の娘吉子が桓武天皇に嫁し、吉子は伊予親王を産んでいる。また麻呂を祖とする京家からは、麻呂の子浜成の孫河子が宮人として出仕し、桓武天皇皇子の仲野親王と皇女四人を産んだが、その後はほとんど皇室に嫁していない。

いっぽう宇合を祖とする藤原式家は、宇合の子良継の娘乙牟漏と良継の弟百川の娘旅子が山部親王（桓武天皇）に嫁し、乙牟漏は安殿親王（平城天皇）、賀美能親王（嵯峨天皇）、高志内親王を産み、旅子は大伴親王（淳和天皇）を産んでいる。そして百川の娘帯子が、桓武天皇長子安殿親王（平城天皇）の東宮時代に嫁し、また宇合孫縄主の娘も安殿親王の東宮妃になっている。さらに種継の娘東子が桓武天皇に嫁し、薬子が安殿親王の寵愛を受けるなど、この時期四家の中では最も多くの女性が皇室に入っていた。

藤原北家と嘉智子

房前を祖とする藤原北家は、平安期では藤原房前の多くの男子の中でも、牟漏女王の間に生まれた真楯の系統が主流になっていった。しかし真楯嫡男の内麻呂の娘緒夏が成長し、嵯峨天皇即位後に入内するまでの間、北家では桓武天皇の親王たちに配する適齢の女子を欠いていた。かわりに藤原氏と血縁があり、かつ北家の影響力を及ぼすことができる女子を確保しておく必要があった。

嘉智子が四歳となった延暦八年（七八九）に、父清友は内舎人の身分のまま没しており、また母方の田口氏は、延暦三年四月に右京亮に任じられた従五位下の田口清麻呂、延暦十六年二月に雅楽助、鋳銭次官に任じられた従五位下の田口息継などがいたが、嘉智子の婚姻に大きな影響力を発揮したとは考えられない。

藤原氏と血縁がある奈良麻呂の孫世代の橘氏女子の中でも、父がすでに没していることによって、藤原氏が影響力を及ぼしやすく、かつ人柄がよく、天性の美貌に恵まれた嘉智子に、白羽の矢を立てて法華寺に招き、参詣後に寺から人物評が皇室に伝えられたことが、数年後に嘉智子が賀美能親王に嫁すことに結びついていったと考えられる。

そして嘉智子自身もこの頃から、藤原氏から初めて皇后となった光明皇后、さらに皇后という身位に憧れていったのかもしれない。

嘉智子姉たちの婚姻先

また嘉智子の二人の姉は、藤原氏の北家と南家の男子に嫁しており、姉の配偶者は、桓武天皇皇子の安殿親王（平城天皇）や賀美能親王（嵯峨天皇）の東宮時代からの側近となっていった。これらの姻戚関係を通じて、嵯峨天皇、そして後に嘉智子を支えていくことになる藤原冬嗣、さらに良房との人脈にもつながっていった。

藤原真夏室

『尊卑分脈』では、真夏の男子平雄の母を「贈太政大臣清友女」としている。この藤原真夏の室となった女性は、生年や名前は不明であるが、嘉智子の姉と考えられる。

真夏は北家内麻呂の長子で、宝亀五年（七七四）に生まれ、同年齢の安殿親王の春宮亮を経て、平城天皇の近臣となっていった。ただし平雄は真夏の嫡男ではなく、系図では一三名の男子のうち七番目に記されており、侍従、従五位下となっているが、子孫の系譜がみえない。

藤原冬嗣と良岑安世

いっぽう真夏の同母弟冬嗣は、宝亀六年（七七五）に生まれ、賀美能親王の春宮大進、同亮などを経て、嵯峨天皇の最側近になり、後には蔵人頭に任じられていった。

そして二人の母である女孺百済永継（くだらのえいけい／ながつぐ）は、延暦四年（七八五）に桓武天皇の寵愛を受けて良（よし）

清友女子婚姻関係略図

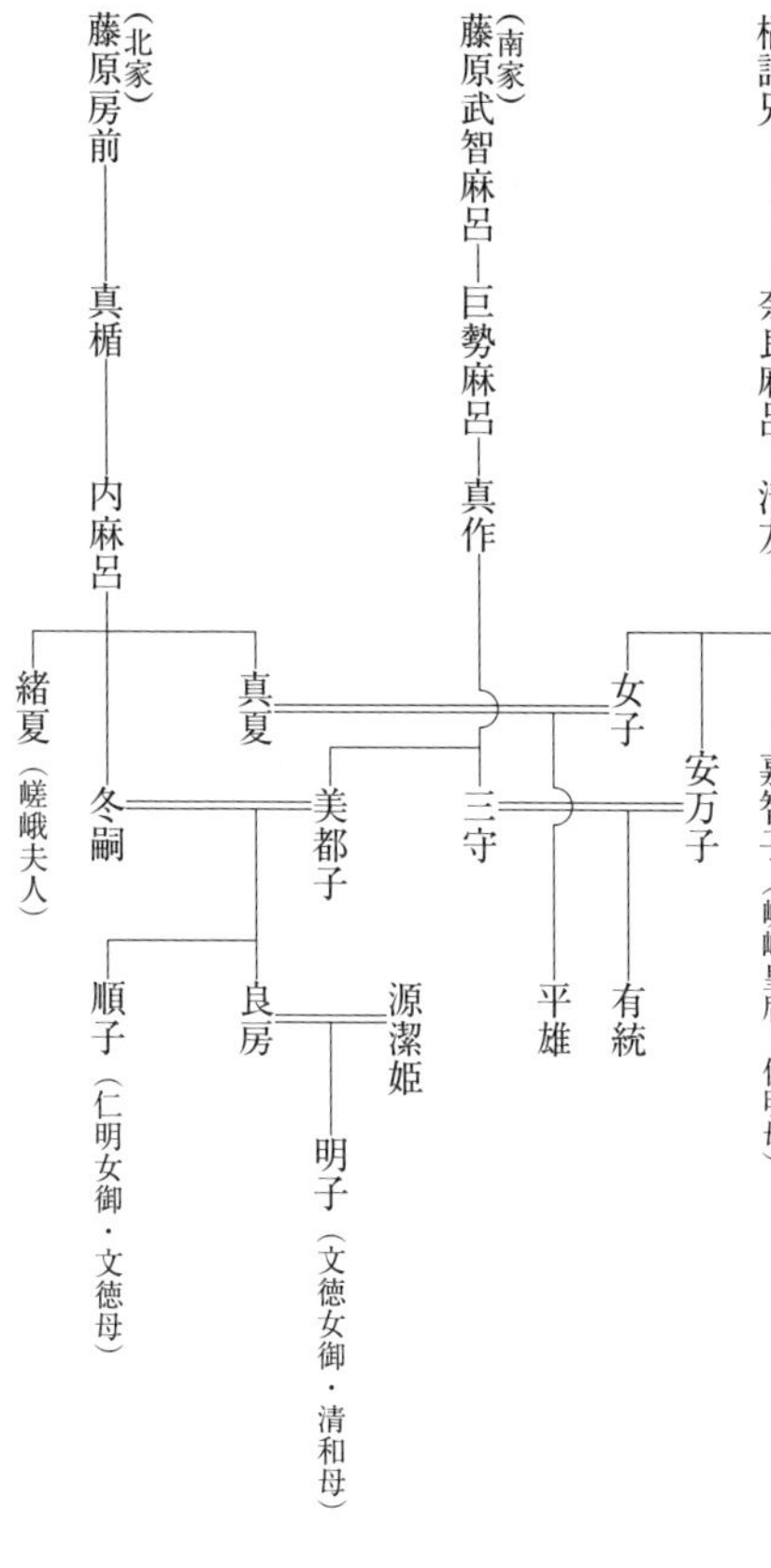

岑安世（みねのやすよ）を産んでおり、この人脈からも桓武天皇に結びついていく。さらに安世は嵯峨天皇の側近の一人となり、漢詩の仲間として常に親密であったとされる（石井公成「漢詩から和歌へ（二）―良岑安世・僧正遍照・素性法師―」）。

橘安万子

もう一人の姉安万子（あまこ）は、安子の表記もあるが、南家の真作（まつくり）五男である藤原三守（みもり）の室となり、三守との間には有統（ありむね）を産んでいる。そして安万子自身は弘仁元年（八一〇）十一月に無位から従五位下に叙されており、弘仁八年（八一七）七月十六日の没時は、典侍（ないしのすけ）従四位下から従三位を贈位されており、嵯峨朝女官としても嘉智子を支えて活躍していった。

藤原三守

安万子の夫藤原三守は、延暦四年（七八五）の生まれで、賀美能親王より一歳上であった。三守の父真作はこの年に藤原乙牟漏の皇后宮大進であり、皇后宮に出現した赤雀の祥瑞に関連して従五位上に叙されている。

三守の母は御井氏とあり、弘仁三年（八一二）六月に秋篠（あきしの）朝臣から御井（みい）朝臣を賜姓された御井室成（むろなり）で、賀美能親王の乳母の一人であったと推定されている。このことから三守は中級官人の真作五男でありながらも、乳母子であることを背景にして、賀美能親王の東宮主蔵正（くらのかみ）を経て、「藩邸の旧臣」として嵯峨天皇に近侍していった（渡里恒信「藤原三守についての一考察―嵯峨天皇との関係―」）。

三守同母姉の藤原美都子

なお真作娘で天長五年（八二八）九月五日の薨伝記事に四十九歳で没したとある美都子も、三守と四歳差の同母姉と推定されている。冬嗣の妻となり、延暦二十一年（八〇二）に長良、二十三年に良房、大同四年（八〇九）に順子、弘仁四年（八一三）に良相の母となっていく。後に順子は嘉智子所生の仁明天皇に嫁し、文徳天皇の母となっていくことになるが、その点でも嘉智子にとって重要な人脈になっていった。

第三　嘉智子の婚姻

一　賀美能親王との婚姻

嘉智子の婚姻時期

嘉智子が賀美能親王に嫁した時期は、「橘嘉智子伝」に「嵯峨太上天皇、初め親王たりしとき后を納れて、寵遇日に隆むなり」とあるように、嵯峨天皇がまだ賀美能親王の時であった。

賀美能親王は、嘉智子誕生年と同じ延暦五年（七八六）に、桓武天皇と式家藤原良継の娘の皇后藤原乙牟漏との間に生まれ、延暦十八年二月に十四歳で元服しており、同母兄の平城天皇即位に伴い、大同元年（八〇六）五月十九日に二十一歳で皇太弟となっている。婚姻はおそらくこの間であったと考えられる。

成女儀礼は九世紀では加笄と表現していたが、十世紀には着裳として表現することが多くなる。十世紀中頃までの皇女の例では着裳直後の婚姻はみられず、着裳直後の婚姻や入内が行われるようになるのは、十世紀後半になってからであるとされる（服藤早苗「平安王朝社会の成女式―加笄から着裳へ―」）。このことから考えると、嘉智子も加笄を行った直後ではなく、早くとも十代後半に嫁したと考えられる。

なお嘉智子は賀美能親王と同年齢同士であるが、安宿媛（光明皇后）と皇太子首親王（聖武天皇）も同様で、二人が結婚したのは十七歳の養老元年（七一七）の時であった。

嘉智子が十七歳前後の延暦二十一年頃に嫁したとすれば、桓武天皇以降の皇位継承に関しては、「生まれながらの天皇」（春名宏昭『平城天皇』）ともされる同母兄安殿親王（平城天皇）がすでに皇太子となっていた。その点でこの時は、平城天皇即位後に賀美能親王が立太子し、さらに天皇となり、嘉智子が尼禅雲の予言のように国母となるという可能性は未知数であった。

桓武天皇の崩御

延暦二十五年（八〇六）三月十七日、奈良末から平安への激動の時代を切り開いた桓武天皇が七十歳で崩御した。桓武天皇の喪葬儀礼や仏事供養が行われるなか、五月一日に大伴親王がきわめて異例といえる親王号を辞退し臣籍降下を願う上表文を提出した。大伴親王は母が式家藤原百川の娘旅子であり、また桓武天皇皇女高志内親王との間に恒世王が二月に誕生していた。このことが及ぼす皇位継承にかかわる緊張感の中で、平城天皇即位に際して、その後の皇位への野望がないことを示そうとするものであったとされる。しかしこれは不許可とされた。

五月六日に桓武天皇の四十九日の法要が終わり、九日には皇太子安殿親王は弟の三品伊予（いよ）親王を中務卿兼大宰帥、三品大伴親王を治部卿、四品葛原（かずらはら）親王を大蔵卿、三品賀美能親王を弾正尹に任じた。彼らの年齢は安殿親王が三十三歳、伊予親王は生年不明であるが延暦十一年に加冠しており二十代半ばと考えられ、他の三人は延暦五年生まれの同年齢で二十一歳であった。

平城天皇即位

大同元年（八〇六）五月十八日に、平城天皇は大極殿において即位し、大同と改元した。平城天皇の皇太子時代からの配偶者では、桓武天皇皇女の朝原（あさはら）内親王は寵愛を受けず、式家藤原百川の娘で皇太子妃だった帯子（おびこ）は、延暦十三年（七九四）に皇子を儲けぬまま没していた。そして葛井藤子（ふじいのふじこ）所生の阿保（あぼ）親王は十五歳、また伊勢継子（いせのつぎこ）所生の高丘（たかおか）親王は八歳であり、皇太子となるには十分な状況ではなかった。高丘親王は高岳親王とも記される。

平城天皇の皇太弟候補としては、多治比長野（たじひのながの）の娘真宗（まむね）所生の葛原親王は外れるとしても、桓武天皇の信任や年齢からすれば、南家藤原是公（これきみ）の娘吉子（よしこ）所生の伊予親王が皇太弟となる可能性もあった。

皇太弟賀美能親王

しかし平城天皇が選択したのは、皇后乙牟漏所生の同母弟賀美能親王であった。即位の翌日に皇太弟に立てられ、皇太弟傅には藤原園人(そのひと)、学士には林沙婆(はやしのさば)、春宮大夫には秋篠安人(あきしののやすひと)が任じられた。

また太政官構成では、南家藤原是公の男子雄友(おとも)ではなく、北家藤原内麻呂(うちまろ)が右大臣となった。そして六月には外祖父藤原良継の贈官贈位、外祖母安倍古美奈(あべのこみな)の贈位とともに、帯子に皇后を追贈している。平城天皇にはこれ以上の皇后を置く考えがないことを示すものとされている（春名宏昭『平城天皇』）。

伊予親王事件

大同二年（八〇七）十月二十八日、伊予親王事件が勃発した。蔭子藤原宗成(むねなり)が伊予親王に秘かに謀反を勧めたが、大納言藤原雄友がこのことを聞いて、右大臣藤原内麻呂に告げた。ここにおいて親王は急遽宗成が謀反を勧めたとする状を奏上したので、即座に宗成を左近衛府に収監した。そして三十日に、宗成を左衛士府に留置して取り調べを行ったが、宗成は「反逆を首謀したのは伊予親王である」と述べた。これにより左近衛中将安倍兄雄(あにお)と左兵衛督巨勢野足(こせのたり)を派遣し、兵士一四〇人に親王第を包囲させた。

十一月二日に伊予親王の謀反のために大嘗祭を停止し、伊予親王と母藤原吉子を大和国川原寺に移送して、一室に幽閉し飲食を断った。十一日には謀反人たちを解任し、親王を廃号したことを桓武天皇陵に報告させた。そして最終的には十二日に親王母子が毒薬を仰いで死去するという結末となった。

伊予親王の子女も流罪となり、嘉智子の伯父安麻呂も「外戚」を理由に国司を解任されており、また伯父入居の長子で内舎人の永継も縁坐し、曽祖叔父佐為の男子綿裳の子百枝は常陸員外掾に左遷されている。しかしこれらは橘氏全体の問題にはならず、嘉智子に直接の影響はなかった。

この事件を弘仁元年（八一〇）九月十日の正史記事では、藤原仲成が妹薬子の権勢を頼みに虚偽に基づいて凌侮して追放させたとしており、彼の陰謀とみる説も多い。しかし平城朝での積極的役割を果たすことが期待できなくなった伊予親王、内麻呂の後塵を拝する状況になり、屈辱感・無力感を持った吉子の兄である大納言藤原雄友の不満が実際に募っており、これに平城天皇側が付け込んだとみる説もある（春名宏昭『平城天皇』）。

いずれにしても皇位継承の可能性のあった伊予親王が排除され、平城天皇と皇太弟賀美能親王の体制が維持されることになった。

大同三年（八〇八）六月十三日、禁中にあった橘の木一株が、萎れ枯れて数日が経過し、生気も尽きていたが、急に葉と花が生き返り、楚々として愛すべき状態になったという。

これを右近衛府が奉献し、宴飲が催され、身分に応じた賜物が行われた。この橘は、内裏の紫宸殿の前庭に左近の桜と対で植えられていた右近の橘と考えられる。あたかも翌年の嵯峨天皇の即位を受けて、嘉智子による橘氏の再生を象徴するかのような記事である。

平城天皇の譲位

平城天皇は、父桓武天皇とは異なる政治思想をもち、造都と軍事など前代の政策を見直し、時代の転換を模索したとされる。官司を統廃合し、国家財政の破綻を収拾させ、地方の民情視察を目的とした六道観察使を設置して参議を充てるなど、積極的な政策を打ち出していった。

しかし大同四年（八〇九）四月一日、平城天皇は突然、去春以来の体調不良を理由に皇太弟賀美能親王に譲位した。日ごろから「風病」に悩まされていたとあり、おそらく躁鬱症状のある神経系の病気であったとされている。執政者として不適格な精神的疾患を患っていたのではなく、天皇の責務の重圧から来した体調不良がなかなか回復しなかったためとされている（春名宏昭『平城天皇』）。

太上天皇となっても、天皇と同等の権能を保有して国政に関与でき、同母弟との関係に不安もなかったことから、譲位を決断したといえる。賀美能親王は即日受禅を固辞し、また三日にも皇太弟のまま天皇の代行を願い出る上表を提出したが、平城の意思は固く許可しなかった。

嵯峨天皇の即位

そして大同四年四月十三日に、賀美能親王は大極殿で即位し嵯峨天皇となった。ただしかつて孝謙(こうけん)太上天皇が譲位し、淳仁(じゅんにん)天皇が即位した時、天平宝字(てんぴょうほうじ)年号が継続して使用されたように、改元は行われなかった。平城太上天皇の治世の継続を示唆するものであった。

二　夫人嘉智子の誕生

夫人となる

嘉智子が夫人(ぶにん)となったのは、嵯峨天皇即位から二ヵ月後の大同四年(八〇九)六月十三日、二十四歳の時であった。このことを記載した正史記事では、高津(たかつ)内親王に三品を授けた記事に続き、この日に高津内親王が妃(ひ)となり、嘉智子と多治比高子(たじひのたかこ)が夫人となったとある。

しかし「橘嘉智子伝」は夫人となった時期を「弘仁之始」としている。この点と、「後宮職員令」によれば夫人の位階は「三位以上」であり、大同四年六月の夫人記事を不審とし、嘉智子が夫人とされた時期は、嘉智子が多治比高子とともに従三位に叙された弘仁元年（八一〇）十一月二十三日と推定する説がある（井上辰雄「檀林皇后」）。ただし嘉智子と多治比高子は、大同四年（八〇九）十二月二十三日でも、すでにともに「夫人正四位下」とあり、封戸を各一〇〇戸ずつ賜与されている。

なお大同四年の六月、十二月はともに嵯峨天皇は即位後であるが、弘仁への改元は平城太上天皇・薬子の変後の大同五年九月十九日である。「弘仁之始」とあるのは、大同が平城天皇を象徴する年号であり、嘉智子が嵯峨天皇の夫人であることを示すために、「橘嘉智子伝」の編纂者があえて「弘仁之始」と表現したと考えられる。

針の孔より出でて左市の中に立つ夢

「橘嘉智子伝」は、嘉智子が夫人になったことを記した後に、「是より先数日、后、針の孔より出でて左市の中に立つ」夢を見たとしている。「橘嘉智子伝」に一つ、『続日本後紀』仁明（にんみよう）天皇即位前紀に一つ、嘉智子が見たとする予兆夢が記されているが、その最初の夢である。

この夫人になる数日前に、嘉智子が針の孔から出て、左市すなわち平安京東市の中に立つ夢を見たことは、「狭い入口から天下ってその世界の中枢である市を掌握した」ことを示すと解釈する説もある（保立道久『平安王朝』）。多くの配偶者が存在する嵯峨後宮の中で、嘉智子が夫人となることは、ある意味で針の孔という狭い関門を突破するほどのことであったといえる。しかし抜け出て立った先がなぜ市であったか、嘉智子にとって市はどのようなイメージを持つものであったのだろうか。

『大唐開元占経』巻六十五、石氏中官の「織女占」には、前四世紀、戦国時代の魏国の天文学者石申の著書と伝えられている「石氏星経」をはじめとして、諸種の占経が引用されている。これらによれば、織女三星は天紀の東端に位置し、織女は天帝の女と記している。天紀は天市垣に属する星とされている。また織女は瓜の実や糸帛、珍宝、女性の変動を主（つかさど）る。そして大星は聖皇の母、二つの小星は太子庶子の位であり、三星がともに明るければ天下和平と記されている。

また六世紀の中国長江中流域地方の年中行事記である『荊楚歳時記（けいそさいじき）』の「七夕乞巧」に、南方の人家の婦女が色糸を結び、七孔針に穿（とお）す。ある者は金・銀・鍮石（ちゅうじゃく）（真鍮）をもって針とする。酒と乾し肉や瓜果を庭中に置いて巧を授かることを乞うとある。七孔針とは三本の長針と四本の短針からなる七本の針で、正倉院にも七夕に用いられたとされる針が残っている。

後述するが、嘉智子は皇后となる六日前の弘仁六年（八一五）七月七日に、仏の瓔珞（ようらく）を着ける夢を見たとされる。このことから、日本にも伝来していた中国の文化伝承や七夕の儀式などが、嘉智子の夢を形成するうえで一つの文化的源泉となっていたとみる説がある（井上一稔「観心寺如意輪観音像と檀林皇后の夢」）。

広い意味では、このような知識が嘉智子の夢に反映した可能性はあるが、針と市の夢は六月十三日のもので、直接七夕とは結びついていない。むしろ嘉智子にとっては次の伝承が注目される。

市と光明皇后

思託撰『延暦僧録』巻二、仁政皇后菩薩伝（光明皇后伝）には、日本にいまだ称尺、すなわち秤や物差しが使われず、新たに大唐から称尺を得たことから、自ら「市に入って、諸の売人に称尺を用ひむことを教へむ」と父の不比等に相談すると、不比等が「汝、当に国を助け、風を宣ぶべし」と答えたという。そしてこれによって権衡称尺は久しからずして各天下に流布したとする。その後帝がこれを納れ、后に冊立したとしている。

『周礼』天官の内宰によれば、国を建てるに、后を佐けて市を立てるとする。そして市の次を設け、叙を置き、肆を正し、貨賄を陳べるとする。また市で度量（物差しと升）と淳制（布の幅と長さ）などを管掌し、陰礼をもって市を祭るとする。王が朝（朝廷）を立て、陽を象るのに対して、后は陰を象るとされていたためである。光明皇后の伝承はこのことをふまえたものといえる（遠藤慶太「市と稲荷の母神と―神大市比売にかかわって―」）。

賀美能親王に嫁す前に光明皇后ゆかりの法華寺を訪れ、将来国母となる予言を苦行尼から受けていたとされる嘉智子は、市を統制する手段を市人に教えた光明皇后が、聖武天皇の皇后にまでなったという伝承から、重要な影響を受けていたと考えられる。

嘉智子の夢において、市が左市（東市）として語られていることは、市やそこで活動する商人たちを守護する祭神が女神と認識されていたことからも注目される。

『金光寺縁起』「東市屋市姫大明神三座」には、延暦十四年（七九五）五月七日に、藤原冬嗣が宗像大神を東西市に祭って守護神とし、市姫と号したという記事がある。時宗市屋派金光寺の縁起にみえる伝承であり、冬嗣の部分の真偽については不明ながら、東西市両方、少なくとも東市への女神勧請は平安京遷都の翌年頃まで遡る可能性もある。宗像大神とは市杵島姫命・田心姫命・湍津姫命の三女神とされ、特に市杵島姫命は市姫として信仰された。

いずれにしても嘉智子が夫人になる直前の市の夢は、光明皇后の市伝承を想い起こさせ、嘉智子が安宿媛のような夫人、さらには皇后となることも願って、嘉智子が自ら積極的に語った可能性がある。

三　嵯峨後宮の構成

嵯峨天皇の寵愛

針の孔のような難関を突破して嘉智子が夫人となれたのは、「橘嘉智子伝」に「寵遇日に隆むなり」とあるように、数多くいた嵯峨後宮の后妃の中でも、特に嵯峨天皇の寵愛を受けていたことも大きい。

立后以前の嘉智子和歌

『後撰和歌集』巻第十五、雑一の一〇八〇番には、次のような詞書と嵯峨后の歌がある。

まだ后になりたまはざりける時、かたはらの女御たちそねみたまふ気色なりける時、みかど御曹司にしのびて立ち寄りたまへりけるに、御対面はなくて、奉れたまひける　嵯峨后

事しげししばしは立てれ宵の間に置けらん露は出でて払はん

まだ后になる前に、周囲の女御たちが嫉んでいる雰囲気があった時、嵯峨天皇が御曹司に忍び立ち寄られたので、御対面せずに奉った歌とされている。口やかましい噂の種になるのに、嘉智子のもとに通う嵯峨天皇に、今しばらくは入らないで外で立ったまま

でいらしてください、宵の間に置くであろう露は、私が外へ出てお払い申しあげますからとしている。

立后後の嘉智子和歌

また皇后となった後の歌の可能性があるが、『後撰和歌集』巻第十六、雑二の一一五六番には、嵯峨天皇に奉った次のような歌がみえる。

　みかどに奉り給ひける　　　　嵯峨后

うつろはぬ心の深く有りければこゝら散る花春に逢へるごと

簡単には他の方に移っていかないお心をしっかり持っていただいているので、おびただしい花が散るような自分ではあるとしつつも、春に逢っているような気持ちであると、嵯峨天皇のゆるぎない寵愛に自信をもっている様子が歌われている。

この二首の和歌は、嘉智子の心情の一端を知ることができる貴重なものといえる。嘉智子はこの他にも多くの歌を詠んだと思われるが、残念ながら現存するのは、十世紀半ばの村上(むらかみ)天皇の時代になって、『後撰和歌集』の撰者である源順(みなもとのしたごう)、大中臣能宣(おおなかとみのよしのぶ)、清原元輔(きよはらのもとすけ)、坂上望城(さかのうえのもちき)、紀時文(きのときぶみ)たちによって、嘉智子が嵯峨天皇から寵愛を受けていたことを強調する意図のもとで選別されたこの二つだけである。

嵯峨後宮の構成

嵯峨後宮の女性たちについては、塙保己一(はなわほきいち)の『椒庭譜略(しょうていふりゃく)』をはじめとし、さまざまな一覧がつくられているが、人数は二九名、三〇名、三一名と相違している。これは顔触れが違ったり、同一人物を重複して数えたりするなども原因となっている。

『一代要記』『本朝皇胤紹運録』などで異伝もあるが、嘉智子を含め三一名が挙げられる。ただし藤原産子については後述するように嵯峨天皇の夫人と考えるには多くの問題がある。なおこの他に弘仁元年（八一〇）十一月二十三日に従五位上を直叙された広長女王と坂上御井子も、キサキの可能性があるとする説もあるが（安田政彦「九世紀の橘氏」）、これ以外に史料がなく確定はできない。

高津内親王

嘉智子が嵯峨天皇の寵愛を受けたとはいえ、最大のライバルは高津内親王であった。高津内親王は大同四年（八〇九）六月十三日に、三品に叙され妃となった。妃は「後宮職員令」によれば、内親王を前提とした四品以上とされ、夫人より上に位置づけられていた。

高津内親王は桓武天皇第十二皇女で、母は坂上苅田麻呂の娘全子である。全子は又子とも記される。渡来系である東漢氏の流れを汲む宿禰（大宿禰）姓氏族で、苅田麻呂は恵美押勝の乱で武功をあげ、その男子田村麻呂は征夷大将軍として、桓武天皇の蝦夷に対する軍事政策に寄与した。そして桓武天皇の崩御時に参議従三位近衛中将として近侍し、安殿親王の皇位継承を補佐した人物でもあった。

嵯峨天皇後宮一覧

名	姓	后妃別	位階	父母	所生子
橘嘉智子	朝臣	皇后		父，橘清友 母，田口氏	正良親王（仁明天皇） 正子内親王 秀良親王 秀子内親王 繁子内親王 俊子内親王 芳子内親王
高津内親王		妃 （廃妃）	三品	父，桓武天皇 母，坂上全子	業良親王 業子内親王
多治比高子	真人	妃	従二位	父，多治比氏守	
藤原緒夏	朝臣	夫人	従三位	父，藤原内麻呂	
（藤原産子）	朝臣	夫人	従二位		
大原浄子	真人	女御	従三位	父，大原家継	仁子内親王
百済王貴命	王	女御	従四位下	父，百済王俊哲	基良親王 忠良親王 基子内親王
秋篠京子	朝臣	更衣	正四位下	父，秋篠安人ヵ	源　清
山田近子	宿禰	更衣	従五位上		源　啓 源蜜姫
飯高宅刀自	朝臣	更衣			源　常 源　明
百済王慶命	王	尚侍	従二位	父，百済王教俊	源　定 源　鎮 源善姫
笠　継子	朝臣		従三位		源　生
大原全子	真人	[illegible]	正五位下		源　融 源　勤 源盈姫
橘　春子	朝臣		従五位下		
高階河子	真人		従五位上	父，高階浄階	宗子内親王
菅原閑子	朝臣	掌侍	正五位下		
大中臣岑子	朝臣		従五位上		
布勢武蔵子	朝臣		従四位上		源貞姫 源端姫
交野女王		幸姫	従五位上	父，山口王	有智子内親王
文室文子	真人		従五位上	父，文室久賀麻呂	純子内親王 斉子内親王
広井氏（鳳子ヵ）	宿禰			父，広井真成ヵ	源　信
上毛野氏	朝臣				源　弘
安倍氏	朝臣			父，安倍楊津	源　寛
田中氏	朝臣				源　澄
粟田氏	朝臣				源　安
惟良氏	宿禰				源　勝
長岡氏	朝臣			父，長岡岡成	源　賢
当麻氏	真人	女孺		父，当麻治田麻呂	源潔姫 源全姫
紀　氏	朝臣				源更姫
内蔵影子	宿禰 朝臣				源神姫 源容姫 源吾姫
甘南備氏（伊勢子ヵ）	真人				源声姫

高津内親王の生年は不明であるが、「坂上系図」では母が延暦九年（七九〇）七月乙酉に没したとみえるので、それ以前の誕生と考えられる。延暦十二年二月三日に高津内親王が奉献し、曲宴が行われたが、その時雲飛浄水と坂上広人が外親として従五位下を昇叙されている。雲飛氏は坂上氏の同族であり、また坂上広人は苅田麻呂の男子の一人であった。母を亡くしていた内親王の存在感を、父桓武天皇に認識してもらうためのものといえる。そして延暦二十年十一月に、桓武天皇第二皇女の高志内親王、第八皇女大宅内親王とともに加笄したが、高志内親王が十三歳であり、高津内親王は当時十六歳の嘉智子よりは年下であった可能性がある。その後この三人の皇女は血統の強化を図るために、高志内親王は大伴親王（淳和天皇）、大宅内親王は安殿親王（平城天皇）、高津内親王は賀美能親王（嵯峨天皇）と、それぞれ異母兄に嫁していった。そして高津内親王は後述するように業子内親王と業良親王を産んでいる。

多治比高子

嘉智子と同時に夫人となった多治比高子は、天長三年（八二六）三月二日に三十九歳で没するので、嘉智子よりは二歳年下の延暦七年（七八八）生まれであった。『一代要記』は父を従五位下の多治比氏守としている。氏守は正史記事によれば、延暦・大同頃には主税助、肥後介などに任じられている。

なお多治比氏は宣化系王族末裔の真人姓で、この氏から参議従三位多治比長野の娘の真宗が、桓武天皇に嫁していた。弘仁十四年（八二三）六月十一日の真宗の薨伝記事によれば、六名の皇子女、すなわち葛原親王、佐味親王、賀陽親王、大野（大徳）親王、因幡内親王、安濃内親王を産んでおり、『一代要記』によれば延暦十六年（七九七）に夫人となったとある。

高子の婚姻はこれを踏襲し、多くの皇子女が誕生することを期待されたと思われるが、最後まで子宝に恵まれなかった。嘉智子と同時に夫人になったが、結果的に嘉智子にとって脅威となる存在にはならなかった。のち、弘仁六年（八一五）七月十三日の嘉智子立后に伴って妃となっていく。

藤原緒夏

藤原緒夏の父は北家の藤原内麻呂である。嵯峨天皇即位の翌年である弘仁元年（八一〇）十一月二十三日に従五位上を直叙されている。生年は不明であるが、この頃ようやく婚姻が可能な年齢になったため入内したと考えられる。弘仁三年に従四位下、弘仁六年七月に夫人となり、従三位に叙されていく。斉衡二年（八五五）十月十一日に没し、正二位を贈られている。しかし緒夏も所生子は伝えられていない。

藤原産子

藤原産子は『一代要記』では嵯峨天皇の夫人とされているが、父は不明である。天長六年（八二九）五月二十二日の薨伝記事に従二位とあり、「弘仁之比」に掖庭に入ったとある。多くはこれらをもって産子を嵯峨天皇の夫人とする。しかし薨伝記事に没年は「六十九」とあり、これによれば弘仁元年は五十歳となり、嵯峨天皇より二十五歳年上になる。正史記事によれば、産子は宝亀七年（七七六）正月七日に無位から従五位上、宝亀八年正月十日に従四位下に昇叙されている。このことから産子は光仁天皇に入内したとし、「弘仁之比」を誤記とみる説がある（角田文衞「藤原朝臣産子」）。いっぽう宝亀年間の産子は別人であり、没年が誤記で、やはり嵯峨天皇の夫人とみる説もある（春名宏昭『平城天皇』）。

産子は光仁天皇期の女叙位記事以降も正史記事にみえ、桓武天皇期では延暦二年（七八三）二月五日に正四位上になっている。そして延暦十四年三月二十五日に度尼一人、さらに延暦二十四年八月十六日にも度者二人を賜っている。天皇が度者を個人に賜る場合、大切な人物の病気平癒のために行われることが多い。

嵯峨天皇期では、弘仁二年（八一一）正月二十三日に従三位に昇叙されている。ただし夫人となったとは記されていない。弘仁四年四月一日に山城国愛宕郡の林寺に産子がしばらく住むことになり、この間は寺の四辺の地の樹木を伐採すること、牛馬や穢物を放棄することなどを勅で禁じている。隠遁生活に入ったと考えられ、実質的に後宮から外れている。

産子は十六歳で従五位上に直叙されてから、五十一歳で正四位上から従三位に昇叙し、六十九歳の没時には従二位と、年齢や位階昇進では一貫性があり、宝亀年間にみえる産子と別人とは考えられない。そして夫人でなくとも従三位や従二位に達する例はある。いずれにしても光仁天皇、桓武天皇、嵯峨天皇の三代を通じて、それぞれの後宮に関与し特別な配慮を受けた存在であったことは確かである。

以上が夫人以上となった上位のキサキたちであった。

夫人より下のキサキのうち、女御には大原浄子、百済王貴命がいた。女御は光仁・桓武朝は通称であったが、嵯峨天皇の時に女御と更衣に二分し、女御は親王・内親王の母、更衣は賜姓源氏の母とされ、所生子の皇位継承上の序列化が行われた（玉井力「女御・更衣制度の成立」）。

大原浄子は清子とも記され、父は正六位上大原家継とされる。父の官職などの履歴は不明である。浄子は弘仁四年（八一三）正月に従五位上から正五位下、さらに弘仁六年正月に従四位下となるが、承和八年（八四一）二月二十五日の没時は、散事従三位とみえる。『一代要記』では女御に位置づけられている。

百済王貴命は、渡来系の百済王氏出身で、父は従四位下陸奥鎮守将軍兼下野守の百済王俊哲である。仁寿元年（八五一）九月五日の卒伝記事に容姿も性質も美しく、裁縫が巧であり、嵯峨天皇に嫁し女御となったとされる。弘仁十年正月に従五位上、十月に従四位下に叙された。

更衣たち

これに対し更衣とされたのが秋篠京子、山田近子、飯高宅刀自である。

秋篠京子は康子ともみえ、また『一代要記』や『本朝皇胤紹運録』では高子と記されている。父は参議左大弁の秋篠安人かとされる。本人は承和九年（八四二）正月三日に更衣とあり、従五位下から正五位下を叙され、嘉祥二年（八四九）十一月に従四位下に昇叙され、後に正四位下となる。

山田近子は承和九年正月に更衣とあり、従五位上を直叙されている。嵯峨太上天皇の時に入内し、寵愛された。

飯高宅刀自も更衣とされるが、系譜や位階などは不明である。

その他のキサキたち

そしてその他のキサキに、尚侍の百済王慶命、笠継子、幸姫の大原全子、橘春子、高階河子、掌侍の菅原閑子、大中臣岑子、布勢武蔵子、幸姫の交野女王、文室（屋）文子、広井氏、上毛野（上野）氏、安倍氏、田中氏、粟田氏、惟良氏、長岡氏、女

婚姻関係成立時期

孺の当麻氏、紀氏、内蔵影子、甘南備氏がいた。

以上の中で、弘仁元年（八一〇）以前に嫁していたことが確実であるのは、嘉智子、高津内親王、多治比高子、そして大同二年（八〇七）に有智子内親王を産んだ交野女王、弘仁元年以前に仁子内親王を産んだ女御大原浄子である。また広井氏も弘仁元年に源信を産んでおり、大同四年には嫁していた可能性がある。

これに対して藤原緒夏は弘仁元年の入内と考えられる。そして所生男子の誕生年がわかる例としては、弘仁三年に源弘を産んだ上毛野氏、弘仁三年に源常、弘仁五年に源明を産んだ飯高宅刀自、弘仁四年に源寛を産んだ安倍氏、弘仁六年に源定を産んだ百済王慶命、弘仁八年頃に基良親王、弘仁十年に忠良親王を産んだ女御百済王貴命、弘仁十三年に源融を産んだ大原全子、源安を産んだ粟田氏がいる。菅原閑子・橘春子・大中臣岑子のように所生子のいない例があり、また所生女子の誕生年がわかる例は少ない。そして所生子の誕生が婚姻よりも遅くなる場合もあるが、これらのキサキたちの婚姻は弘仁元年以降の可能性が高いと考えられる。ただし純子内親王など二人の内親王を産んだ文室文子、宗子内親王を産んだ高階河子は、女御とはされていないが所生子は内親王号を得ており、女御・更衣を適用する以前に嫁し第一子を出産していた可能性も考えられる。なお源啓と蜜（密）姫を産んだ山田近子は太上天皇の時の婚姻であった。

このように婚姻関係が成立した時期はまちまちであるが、これらの女子を氏族別に分類し婚姻政策を論じた研究を参考に再検討すると、皇族は桓武天皇の娘高津内親王である。また桓武天皇の孫の長岡氏もこれに準じる。長岡氏の父に推定されている長岡岡成は、『本朝皇胤紹運録』によれば、桓武天皇が春宮の時に女孺多治比豊継を母として誕生し、延暦六年（七八七）に長岡朝臣姓を賜ったとある。

婚姻政策の特徴

桓武天皇外戚氏族は、桓武天皇母高野新笠の母方の土師氏が分岐した朝臣姓の菅原氏の閑子と秋篠氏の京子である。そして嵯峨天皇外戚氏族は藤原氏で藤原内麻呂の娘緒夏である。

その他の朝臣姓は、笠氏の継子、飯高氏の宅刀自、布勢氏の武蔵子、大中臣氏の岑子、上毛野氏、安倍氏、田中氏、粟田氏、紀氏、そして橘氏の嘉智子と春子となる。宿禰姓の山田近子、広井氏、惟良氏、内蔵影子はいずれも渡来系氏族である。

山田氏は東周霊王の太子の末裔と称する史姓、連姓、さらに宿禰姓となった氏族である。御方や白金などの学者を輩出したが、橘氏との関係では孝謙天皇乳母の比売嶋が親しくしていた橘奈良麻呂の謀反を知りながら隠蔽したとして処分されたことがある。広井氏は摂津国諸蕃に広井連がみえ百済系の氏族である。広井氏の父は源信の舅広井弟名でなく、造姓、連姓から宿禰姓となった贈従五位下広井真成と推定する説がある（佐伯有清『新撰姓氏録の研究』考証篇一）。惟良氏も百済系の錦部連とされる氏族で、父は従五位上図書頭の惟良貞道と推定する説があり、一族には『経国集』などに作品が残り、嵯峨宮廷の詩壇で活躍した惟良春道や女流詩人の惟氏もいる。そして内蔵氏は後漢霊帝の末裔と称する氏族であるが、影子は承和六年七月に朝臣姓を賜与されている。

また百済王氏の貴命と慶命も、百済滅亡時の国王義慈王の子善光を祖とする渡来系氏族であり、桓武天皇にも教法、教仁、貞香が嫁していた。

いっぽう天武系の王族は、舎人親王の孫従五位上山口王の娘交野女王となる。また天武系王族末裔の真人姓は、高階氏で従四位上高階浄階の娘河子、および文室氏で正五位下文室久賀麻呂の娘文子となる。さらに敏達系王族末裔の真人姓は、大原氏で大原家継の娘浄子、父不明の全子、および甘南備氏となる。これに対し宣化系王族末裔の真人姓は、多治比氏で多治比氏守の娘高子、および正六位上当麻治田麻呂の娘当麻氏となる。

こうしたなかで、橘氏はもと敏達系王族であり、嘉智子が皇后に選ばれたのは、嘉智子が王族と王族末裔氏族の統合・融合政策のポイントないし結節点にあたる敏達系王族末裔らの中軸に位置し、かつ奈良時代以来、つねに藤原氏（皇后宮—北家）と密接してきた、尊貴性のある氏族の嫡系出自であったからに他ならないとされている（中林隆之「嵯峨王権論」）。

ただし橘氏は王族の血を引くとはいえ、県犬養橘三千代や諸兄を祖とする新しい氏であり、また宿禰姓から朝臣姓になっており、他の真人姓王族とすでに異なっていた。いずれにしても嘉智子が早くに夫人の地位を得られた要因は、嘉智子が藤原氏とも血縁をもっていたこと、賀美能親王時代に藤原緒夏が婚姻可能な年齢に達していなかったことが大きかったといえる。

第四　皇后嘉智子の誕生

一　二親王・五内親王の母

正良親王と正子内親王の出産

嘉智子は賀美能(かみの)親王に嫁し、さらに賀美野親王が嵯峨(さが)天皇として即位した後に夫人(ぶにん)となったものの、なかなか子宝に恵まれなかった。ようやく嘉智子が二十五歳となった弘(こう)仁(にん)元年(八一〇)に、正良(まさら)親王(仁明(にんみよう)天皇)と正子(まさこ)内親王を産んだ。

仁明天皇は嘉祥(かしよう)三年(八五〇)三月二十一日の崩御時に四十一歳、正子内親王は元慶(がんぎよう)三年(八七九)三月二十三日の崩御時に七十歳であり、いずれも弘仁元年の誕生となる。年子の可能性もあるが、双子と指摘する説もある(山田邦和「淳和・嵯峨両天皇の薄葬」)。ともに「正」の字が付く諱からも双子の可能性は高い。

嘉智子はその後も嵯峨天皇のさらなる寵愛を受け続け、秀良(ひでよし)親王、秀子(ひでこ)内親王、繁子(しげこ)内親王、俊子(としこ)内親王、芳子(よしこ)内親王を出産し、最終的に二男五女の母となり、後宮における存在感を増していった。

『続日本後紀』の仁明天皇即位前紀には、嘉智子がかつて見たという次の夢が記されている。

出産前の予兆夢

太后曽て夢みたまふ。自ら円座（えんざ）を引き、これを積み累（かさね）るに、其の高きこと極みを知らず。一たび加え累る毎に、且は卅三天を誦言（じゅごん）す。因りて天皇を誕みたまふと云ふ。

この夢を見た時期が妊娠前なのか、妊娠中なのかは判然としないが、いずれにしても嘉智子自らが円座を引いてこれを積み重ねていき、その高さが際限ないほどに堆（うずたか）くなり、そして円座一つを加え重ねるごとに、いっぽうで三十三天を称えた。この因果によって天皇となる子が誕生したという。この夢を嘉智子が周囲に語っていたことがわかる。

円座の夢

円座は円形の座具で、素材は蒲（がま）の葉、菅（すげ）、藁（わら）、藺（い）など数種類あるが、これを渦巻形に平たく編んで作ったものとされる。嘉智子の夢に出てきた円座がどのような素材であったかは不明であるが、たとえば公卿の座に使用されるものには、表面に絹織物などを被せるものもあった。

なお円座を何枚も積み重ねる夢は、摂関期の例であるが藤原行成（ゆきなり）が見ている。『権（ごん）

記』寛弘七年（一〇一〇）三月十二日条によれば、この夜の夢は讃岐円座を数百枚積んで、その上に臥せるというもので、この夢は内裏御祈願所に奉仕することを意味すると解釈している。一条天皇の石山寺への御祈願に関連して行成が見た夢であった。

三十三天の夢

嘉智子が誦言した三十三天とは、仏教の世界観にみえる天界で、欲界第二の帝釈天が住む須弥山の頂上の中央にある善見城と、その四方の各八天を合計したもので、忉利天ともいう。忉利天は釈迦の母が死後に生じ、釈迦がそこに赴いて母のために説法を行ったとされる場所でもある。

帝釈天が帝位そのものに比喩されていたのではないかとする説（井上辰雄「檀林皇后」）、三十三天が皇位に喩えられるとする説（森田悌『続日本後紀』〈全現代語訳〉）もある。日本における三十三天の初見は、天智天皇十年（六七一）十一月二十三日に内裏西殿の織仏像の前で大友皇子と蘇我赤兄らが行った請願にみえ、天皇の詔に違反したことを三十三天が知れば子孫が絶え家門が亡びるとしているものである。これから強力な力をもつ天であるという認識があったことがわかる。

三十三天を誦言する修行法がどのようなものか、そしてこれが懐妊祈願か安産祈願かも不明である。いずれにしても生まれてくる子の将来に対する嘉智子の願望を反映する夢であり、またかつて法華寺の苦行尼禅雲が、将来「天子」と「皇后」の母になるでしょうと予言したことを含めて、仏教的な環境のもとで見た夢であった。

正良親王乳母と乳母子

令制では親王の乳母は三名支給されるが、前述したように正良親王の乳母の一名は、橘氏公(うじきみ)の妻田口真仲(たぐちのまなか)が任じられた。乳母子となった真仲所生の岑継(みねつぐ)は延暦(えんりゃく)二十三年(八〇四)生まれで、正良親王より六歳年上の母方従兄でもあり、貞観(じょうがん)二年(八六〇)十月二十九日の岑継の薨伝記事によれば、即位前の藩邸に侍したことが知られる。

二　嵯峨天皇の親王と源氏姓男子

正良親王の出生順

ただし正良親王や正子内親王は、嵯峨天皇にとって初めての子女ではなかった。嵯峨天皇の子女は記録に残る限りでも五〇名を数える。内訳は親王五名、内親王一二名、夭折したと考えられる王一名、そして源氏賜姓された子女は男子一七名、女子一五名である。

親王の出生順については、正良親王は仁明天皇即位前紀に「先太上天皇(嵯峨)之第二子」とある。いっぽう妃高津内親王所生の業良(なりよし)親王も、貞観十年(八六八)正月十一日の薨伝記事に「嵯峨太上天皇第二之子也」とみえ、いずれも「第二子」とある。

残る秀良親王、基良親王、忠良親王の三名は、正良親王よりも後の出生であることが明らかである。

秀良親王　嘉智子所生の秀良親王は弘仁八年（八一七）に誕生し、寛平七年（八九五）正月二十三日に七十九歳で没している。

基良親王　百済王貴命所生の基良親王の生年は不明であるが、天長七年（八三〇）に元服しており、これを仮に十五歳とすれば弘仁八年頃の誕生になり、おそらく弘仁七、八年頃に生まれたと考えられる。ただし元服の翌年六月十四日に没している。

忠良親王　同じく百済王貴命所生の忠良親王は、弘仁十年（八一九）生まれで、貞観十八年（八七六）二月二十日に五十八歳で没している。

淳　王　なお『本朝皇胤紹運録』で、源信の直前に記載されている淳王という男子は、夭折したと考えられるが、母の記載がなくまた出生順は不明である。

仁明天皇の即位前紀記事が出生順を誤記する可能性は低く、嵯峨天皇の第二子であったことは確かといえよう。これに対し業良親王は生年が不明で、正良親王より先に生まれたかは確認できないが、『大日本史』巻之九十、列伝第十七、皇子五では、第一子の明天皇」）。

可能性が推測され、それを妥当とする説は多い（玉井力「女御・更衣制度の成立」、遠藤慶太「仁

いずれにしても弘仁元年時点で嵯峨天皇の親王とされたのは、業良親王と正良親王の二人だけであったといえる。

親王賜田

正良親王は、弘仁三年（八一二）十二月四日に河内国河辺郡の空地四〇町、弘仁四年二月二十二日に大和国平群郡の田三二町を賜与されている。『日本後紀』巻二十二の当該記事では、賜与された親王を「某親王諱今上」と表現しているが、『日本後紀』最終編纂時の今上天皇は仁明天皇であり、この某親王は正良親王と解釈される。これを大伴親王（淳和天皇）とする説もある（森田悌『日本後紀』〈全現代語訳〉）。確かに淳和天皇を指す「今上」の例が、『日本紀略』が引用した『日本後紀』巻十の延暦二十年（八〇一）十一月丁卯条にある。しかし弘仁三年、四年の時期に大伴親王の身位は皇太弟であり、『類聚国史』が引用した『日本後紀』巻二十三の逸文である弘仁四年の記事では、大伴親王は「皇太弟」と表現されている。このことからも某親王は大伴親王ではなく、正良親王といえる。

いっぽう業良親王は弘仁六年五月二十九日に備前国津高郡の荒廃田一九町を賜ってい

る。『日本後紀』は散逸が多く、記事に粗密があるため確定はできないが、残存史料からは正良親王の方が早くから優遇されていたといえる。

業良親王の精神状態

業良親王は貞観十年（八六八）正月十一日に無品のままで没するが、薨伝記事に「精爽変易にして、清狂にして慧からず。心に得失の地を審らかにすること能はず。飲食常の如し。病無くして終る」とある。精神が変わりやすく、狂人ではないが、言行が常軌を逸していて狂人に似ており、賢くなく、心に損得し、あるいは善悪などがはっきりわかることができないとされる。いっぽう正常に飲食ができ、病気もなかったという。

『本朝皇胤紹運録』にはみえないが、元慶四年（八八〇）四月十六日に没した散位従四位下正内王の卒伝記事に「業良親王之子」とあり、配偶者は不明であるが男子を設けていたことがわかる。この点からすれば、通常の生活に必ずしも多大な問題が生じるようなものではなかったと考えられる。肉体的には健康で、正良親王よりはるかに長命であった。

薨伝記事にみえる精神症状は、皇位継承者が業良親王でなく正良親王でなければならないという仁明系皇統の主張を理由に特記されたとして、そのまま鵜呑みにすることを躊躇する説もある（春名宏昭『平城天皇』）。ただし生来のものか、なんらかの事情でそのような状態に陥ったのかは不明であるが、ある時期から皇位継承者としての資質が危ぶまれる精神的、もしくは知的な不安定さが目立つようになっていった可能性はある。

正良親王の健康状態

これに対して正良親王（仁明天皇）は、崩伝記事に「叡哲聰明にして、衆芸に苞綜したまふ」とあり、きわめて知力にすぐれ事物の道理に明るく聡明な人物で、諸子百家の経籍、詩文と書法、弓射、音楽、医術に造詣が深かったとされる（遠藤慶太『仁明天皇』）。

しかし幼い頃から虚弱で、七歳の時に腹にしこりができる病、八歳では臍の下が絞り込まれるような痛みがある病、さらに十四歳で元服した三年後には胸の病となり、その症状は、最初は胸の中心が痛み、やがて錐で刺すような痛みとなり、ついに激しく刀で割くようであったという。医術に造詣があったのは、常に健康上の問題を抱えていたためであった。

このように二人の親王は、それぞれ相反する問題を抱えつつ、成長していくことになる。

嵯峨源氏賜姓

嵯峨天皇は政治的配慮による婚姻政策によって、多様な氏族出身の配偶者と子女を得た。しかしすべての子女を親王、内親王とすることは財政的、また政治的な問題が生じることになる。そこでこれを抑制するために配偶者別に子女の仕分けをすることにし、弘仁五年（八一四）五月八日に、子女に源朝臣の姓を賜い臣下とする詔を発した。親王、内親王号を受けた同母弟妹には親王、内親王号、源氏姓を賜与した同母弟妹は源氏姓とすることとした。親王は良を含む二字の名、内親王は子を含む三字か二字の名、また源氏姓の男子は一字、女子は姫を含む二字の名を付けていった。

これにより翌年の弘仁六年六月十六日に、男子では広井氏所生の源信（みなもとのまこと）、上毛野氏所生の源弘（ひろむ）、飯高宅刀自所生の源常（ときわ）と源明（あきら）、また女子では布勢武蔵子所生の源貞姫（さだひめ）、当麻氏所生の源潔姫（きよひめ）と源全姫（またひめ）、百済王慶命所生の源善姫（よしひめ）の計八名が、ともに平安宮内である左京一条一坊を本貫とする戸籍に付された。

源氏姓の男子たち

戸籍上戸主とされた広井氏所生の源信は、源氏賜姓された男子の中の最年長と考えられ、正良親王と同じ弘仁元年（八一〇）生まれである。上毛野氏所生の源弘と飯高宅刀自所生の源常は弘仁三年、安倍氏所生の源寛（ひろし）は弘仁四年、飯高宅刀自所生の源明は弘仁五年、百済王慶命所生の源定（さだむ）は弘仁六年、笠継子所生の源生（いける）は弘仁十二年、大原全子所生の源融（とおる）と粟田氏所生の源安（やすし）は弘仁十三年、大原全子所生の源勤（つとむ）は天長元年（八二四）、山田近子所生の源啓（ひらく）は天長六年に生まれている。このほかの百済王慶命所生の源鎮（しずむ）、秋篠京子所生の源清（きよし）、田中氏所生の源澄（すめる）、惟良氏所生の源勝（まさる）、長岡氏所生の源賢、および母の氏名が不明の源継については、史料がなく生年を明らかにできない。

三　嵯峨天皇の内親王と源氏姓女子

嵯峨天皇の内親王

正子内親王は崩御記事では「嵯峨太上天皇之長女」とあるが、嵯峨天皇の内親王一二名のうち、正子内親王より前に誕生していたことが確実な内親王は、有智子内親王、仁子内親王、業子内親王である。

有智子内親王

交野女王所生の有智子内親王は、承和十四年（八四七）十月二十六日に四十一歳で没しており、大同二年（八〇七）生まれである。嵯峨天皇の詩才を引き継ぎ、王朝随一の女性詩人として『経国集』などに作品が残り、また初代の賀茂斎院に任じられていく。有智子内親王が弘仁十四年（八二三）の花宴で賦した詩に感嘆した嵯峨天皇から初叙されたのが三品であったことから、長子であったと推定されている（丸山裕美子「有智子内親王」）。

仁子内親王

女御大原浄子所生の仁子内親王の生年は不明であるが、大同四年（八〇九）に伊勢斎王に任じられており、正子内親王よりは年上である。弘仁二年（八一一）に伊勢に群行し、弘仁十四年の嵯峨天皇譲位に伴って退下している。その後の動静は不明であるが、寛平元年（八八九）正月二十四日に没する。

業子内親王

そして妃高津内親王所生の業子内親王は、弘仁六年（八一五）六月二十四日の薨伝記事に年齢は不明であるが「皇帝之第一女」とあり、正子内親王よりは前に誕生していた可能性がある。

正子内親王の同母妹たち

いっぽう嘉智子所生である秀子内親王、繁子内親王、俊子内親王、芳子内親王の四名は、いずれも生年は不明であるが、正子内親王の同母妹であり、その点から正子内親王崩御記事の「長女」とは嘉智子所生の中の出生順を表現した可能性も考えられる。

秀子内親王

秀子内親王は『本朝皇胤紹運録』では大原氏所生とある。しかし嘉祥三年（八五〇）二月二十五日に無品で没するが、薨伝記事に「今上之同産」すなわち仁明天皇と同母とあり、嘉智子の所生である。承和六年（八三九）十月一日に山城国宇治郡の荒田一町を賜与され、経済的な優遇がなされている。

繁子内親王

また繁子内親王は仁寿（にんじゅ）元年（八五一）十二月九日に無品で没するが、薨伝記事に母は太皇太后とあり、やはり嘉智子の娘である。承和三年（八三六）二月に河内国古市郡の空閑地四町、さらに承和五年（八三八）十二月にも山城国紀伊郡の空閑地二町八段を賜与されている。薨伝記事では容姿は美しく艶やかで、立ち居振る舞いに節度があったとしている。しかし久しく熱病を患い疲れ、医療では救い難く、出家して尼となって情を彼岸に馳せていたが、遂に逝去したという。この時はすでに嘉智子没後で、内親王の逝去を「太后」が悼み哀(かな)しんだとある。新訂増補国史大系では「太后」を藤原順子(のぶこ)に比定するが、同母姉である正子内親王と考えられる。

俊子内親王

俊子内親王も『本朝皇胤紹運録』では秀子内親王と同母とある。しかし『一代要記』では「後(ママ)子内親王」と記されるが「橘皇后」所生とある。そして天長元年（八二四）十月には俊子内親王家が近江国愛智(えち)郡大国郷高野村の野地・畠地・山など合わせて一二〇町を紀鷹守・鷹成から銭一〇〇貫文で買得しており（大和東大寺文書〈赤星鐵馬氏所蔵文書〉、『平安遺文』四九号文書）、経済的に独立した内親王家を経営していた。しかし天長三年（八二六）六月八日に無品のまま没する。

芳子内親王

芳子内親王は『本朝皇胤紹運録』では文屋氏所生とある。しかし承和五年十二月二十六日の薨伝記事に、嵯峨太皇太后の所生で第五皇女とあり、嘉智子の娘である。この第五皇女も嘉智子所生順の表記といえる。

その他の内親王たち

また女御百済王貴命所生の基子(もとこ)内親王、高階河子所生の第八女宗子(むねこ)内親王、文室文子所生の純子(じゅんし)内親王と第十二女斉子(せいし)内親王は、誕生年が不詳であるが、いずれも正子内親王よりは年下であった可能性が考えられる。

なお基子内親王は天長八年（八三一）三月二十日、斉子内親王は仁寿三年（八五三）五月十六日、宗子内親王は斉衡元年（八五四）三月二十日、純子内親王は貞観五年（八六三）正月二十一日に、それぞれ無品で没している。

源氏姓の女子

また源氏姓の女子のうち、前述したように布勢武蔵子所生の貞姫、当麻氏所生の潔姫、全姫、百済王慶命所生の善姫は、弘仁五年（八一四）五月に賜姓され、翌六年六月に当時六歳の広井氏所生の信、四歳の上毛野氏所生の弘、二歳の飯高宅刀自所生の明とともに、戸籍に付されている。このことから弘仁五年以前の生まれであることはわかるが、正子内親王との年齢差は不明である。

この他に『本朝皇胤紹運録』によれば、紀氏所生の更姫、内蔵影子所生の神姫、容姫、吾姫、大原全子所生の盈姫、布勢武蔵子所生の端姫、山田近子所生の蜜姫、甘南備氏所生の声姫、母親不明の若姫、良姫、年姫がいるが、皆生年が不明である。おそらく正子内親王よりは年下と考えられる。

四　嘉智子の立后

平城太上天皇・薬子の変

嘉智子が夫人になった翌年となる大同五年（八一〇）七月、嵯峨天皇は伊予(いよ)親王や早良(さわら)親王の祟り、そして母乙牟漏(おとむろ)の山陵の祟りに悩まされていたと考えられ、体調不良に陥り、内裏を出て東宮に移った。嵯峨天皇はこの時平城太上天皇に神璽を返し、退位しようかとまで考えるようになったと、後に大伴親王（淳和天皇）に譲位する際に回顧している。

いっぽう平城太上天皇は、旧平城宮を離宮に改造し、四月頃には居所としていたが、九月六日に平城宮への遷都の号令を発した。これに対し、嵯峨天皇側は十日に遷都で人心が動揺するとして固関(こげん)を行い、また藤原仲成(なかなり)を右兵衛府に拘留した。そして勅を口伝する内侍司長官の尚侍(ないしのかみ)である藤原薬子(くすこ)は太上天皇に取り入り、太上天皇の言葉と偽って勝手な人事などを行い、嵯峨天皇の政権と太上天皇の政権を分裂させ「二所朝廷」の状態にし、さらに遷都をそそのかしたとして、罰することとした。ただし罰は軽減され官位剥奪と宮中追放とした。そして兄仲成も妹を教諭することなく、伊予親王とその母藤原吉子を虚偽の事柄で凌辱するなど、数えきれない罪を犯したとしたが、これも罰は軽減され佐渡権守に左遷とした。

十一日に太上天皇が平城宮の諸司や宿衛の兵士を伴い、川口道を通って東国へ向かうとの報告が入り、美濃道での迎撃のため坂上田村麻呂らを派遣し、また仲成を射殺させた。そして十二日、太上天皇は大和国添上郡越田村（奈良市北之庄町付近）で、前に進めないことを知り、平城宮に戻り剃髪入道した。出家することは世俗の権限を放棄することを示し、死を免れる行為であった。いっぽう薬子は服毒自殺をした。

正史記事では薬子や仲成に責任を負わせており、この事件は「薬子の変」と称せられてきたが、むしろ平城太上天皇にも責任があるとして「平城太上天皇の変」とされるようになった。しかしこの時期は太上天皇にも天皇と同等の権限が保証されており、平城太上天皇に必ずしも非があるわけではなく、むしろ嵯峨天皇側によるクーデターとする説もある（春名宏昭『平城天皇』）。

いずれにしても、十二日の平城太上大皇の出家、薬子と仲成の死に続き、十三日に平城太上天皇皇子の高丘親王は皇太子を廃された。これによって嵯峨天皇は、平城天皇系統の皇位継承の道を断ち、代わって大伴親王を皇太弟とした。そして十九日に弘仁と改元し、名実ともに嵯峨天皇の治世となった。

嘉智子の従三位昇叙

改元から二ヵ月後の弘仁元年十一月十九日に、一代一度の大祭として行う大嘗祭が行われた。直会の宴が終了した翌日である二十三日に、夫人の嘉智子と多治比高子に、令制の夫人に相当する位階である従三位が授けられた。おそらくこの頃には、嘉智子は正子内親王と正良親王をすでに出産していたと考えられる。同時に後に夫人となる藤原内麻呂の娘藤原緒夏は無位から従五位上となっている。またこの他女王や女官たちの叙位も行われ、嘉智子の姉安万子も無位から従五位下に叙された。しかしこのなかに、高津内親王に関する処遇がみえなかった。

高津内親王の廃妃

嘉智子や多治比高子が位階上でも夫人としての地位を固めた時に、高津内親王にさらなる身位もしくは品位の上昇があってもよいはずである。妃の高津内親王は、弘仁元年(八一〇)には、すでに嵯峨天皇第一皇女の業子内親王と第一皇子の業良親王の母となっており、また出自からも皇后の第一候補者に十分なりうる位置にいた。

しかし承和八年(八四一)四月十七日の薨伝記事には、高津内親王は大同四年(八〇九)六月に三品に叙され、同時に妃となった経歴を記した後に、「幾ばくもなくして廃さる。良にゆえあるなり」とみえる。妃となったのは嵯峨天皇即位直後であったが、それから「幾ばくもなく」と記された廃妃がいつだったのか不明である。嘉智子の立后の直前とする説もある（井上辰雄「檀林皇后」）。しかし嘉智子の立后が行われる弘仁六年（八一五）七月以前であることは確かではあるが、「幾ばくもなく」とするにはやや時間が長すぎる。あるいは弘仁元年十一月の大嘗祭頃には、廃妃になる兆候が現れ出していたが、外戚の筆頭である坂上田村麻呂が没した弘仁二年五月以降に、実際に廃妃の処分が行われた可能性も考えられる。

廃妃の原因

薨伝記事は廃妃になる確かな原因があったとするものの、その内容は明らかにしていない。皇女が廃妃となること事態不名誉なことであり、また具体的な理由は公的に表現することが憚られるようなことであったと考えられる。

従来から業良親王の精神的問題を廃妃の原因の一つとする見方もある。しかし前述したように、嘉智子立后の直前である弘仁六年五月に業良親王への賜田も行われており、処遇に問題はなかった。もし業良親王本人に皇位継承上の障害がすでに顕在化していたとしても、そのことだけで廃妃される可能性は低い。むしろ高津内親王本人の問題に起因すると考えられる。妃になってほどなく品行上の問題や何らかの不祥事があった可能性が考えられる。

廃妃の例はないが、これ以前の廃后としては、聖武天皇の娘で光仁（こうにん）天皇の皇后であった井上内親王が、宝亀三年（七七二）三月に光仁天皇への巫蠱の罪で、皇太子他戸親王とともに廃された例があった。この廃后と廃太子が結果的に山部親王（桓武天皇）の立太子に結びつき、さらにその翌年に難波内親王を呪詛したとの嫌疑で、他戸親王とともに幽閉され、宝亀六年に母子は同日に没した。

また廃嬪としては、和銅六年（七一三）十一月五日に、文武天皇の嬪であった石川刀子娘と紀竈門娘の号が剥奪された例があった。原因は記されていないが、石川刀子娘は皇子広成（広世）を産んでおり、夫人藤原宮子の身位の確立と宮子所生の首親王（聖武天皇）の皇位継承の妨げにならないための処分でもあった可能性がある。

なお廃后・妃・嬪の例ではないが、文徳天皇皇女の恵子内親王が八年間勤めていた斎院を天安元年（八五七）二月二十八日に廃された時の記事で、右大臣藤原良相が使として派遣され事由を神社に告げたが、そのことは秘され世間は知らなかったとある。これも斎院にふさわしくない不祥事が原因であったと考えられる。

漢鄧皇后と嘉智子

後述するが嘉智子は太皇太后の時、おそらく承和十一年（八四四）七月以降に、外戚子弟のための教育施設である学館院を創設する。「橘嘉智子伝」では、このことを「時の人」が「漢鄧皇后」に譬えたとしている。

後漢の鄧皇后は、学問に通じ、夫の和帝没後、殤帝や安帝のもとで、鄧皇太后として臨朝聴政し、簡素で寛容な政治をし、皇族や外戚の子弟の教育に力を注いだこと、また外戚に対する恩典を自粛したことでも知られている。

外戚の子弟の教育以外でも、美貌、古夢、廃された后がおりその後任として立后されたことが、嘉智子と類似し、これによって「漢鄧皇后」に譬えられたとされている（井上辰雄「檀林皇后」）。

なお嘉智子を鄧皇后に比したという「時の人」とは、学館院創設の頃に活躍した中国史書に精通した人物、たとえば文章博士（もんじょうはかせ）の春澄善縄（はるすみのよしただ）やその周辺の人々の可能性が考えられる。

春澄善縄はもと淳和天皇の内記として寵愛され、天長十年（八三三）には恒貞（つねさだ）親王の東宮学士となっていたことから、承和九年（八四二）の承和の変で周防権守に左遷された。ただし約半年後、左遷者の中では最も早く召し返されており、文章博士に補任された人物である。承和十四年（八四七）五月十一日には、仁明天皇に『荘子』を講じ、束脩（そくしゅう）の礼が行われて御衣を賜与され、さらに二十七日には『漢書』を講じており、仁明天皇に影響を与えるようになっていった。また藤原良房（よしふさ）との結びつきが強く、後に仁明天皇一代の実録となった『続日本後紀』は、諸般の事情から良房と善縄だけが最終編纂者であった。このことから善縄は、嘉智子に関する情報を彼らから入手しやすい環境にいた（勝浦令子「『日本文徳天皇実録』「橘嘉智子伝」の特質と編纂者」）。

鄧皇后の容姿

鄧皇后の伝記である『後漢書』巻十、皇后紀第十上、熹鄧皇后諱綏（以下「鄧皇后伝」）には、鄧皇后は背丈が七尺二寸（約一六六センチ）あり、姿や顔が美麗で周囲の者とは明らかに異なっていたので、左右の者は皆驚いたという。いっぽう前述したように、嘉智子の手は膝に過ぎ、髪は地に委ねるほどであり、観た者は皆驚いたとする。

鄧皇后の予兆夢

嘉智子は夫人、出産、そして後述するように立后の前に予兆夢を見ており、鄧皇后は宮に入る前に「捫天」の夢を見ていた。この夢は天を手探ってみたら、広大かつ青々とした鍾乳石状のものがあったので、顔を上げてすすりこれを飲み込んだというものであり、この夢は聖王の先触れの夢と同じで、吉兆と占われたとある。

この時に人相見が聖王である湯王の骨相としたとある点は、嘉智子が法華寺の尼から予言されたこととも類似するといえる。

陰皇后の廃位

そして「鄧皇后伝」と『後漢書』「陰皇后伝」によれば、鄧皇后は永元八年（九六）に十六歳で掖庭に入り貴人となったが、すでに前年に皇后となっていた陰皇后がいた。陰皇后は光烈皇后の兄の曽孫で、わかくして聰慧で書芸をよくする女性であった。鄧貴人は陰皇后に承（うやうや）しく仕え、宮中の人々にも控えめな態度をもって接し、下の者にも労（いた）わりの気持ちをかけていた。しかし陰皇后は、鄧貴人の徳をたたえる声が高まり、自らに対する和帝の寵愛が衰えると、永元十四年（一〇二）夏に、呪詛に走り害をなそうとしたという。そして和帝が病となり危篤に陥ると、鄧貴人は和帝の恩愛に報い、一族の災いを解き、さらに陰皇后に人を家畜としたとの誹りを受けさせまいと、服毒自殺をしようとしたが、宮人に止められて思い留まると、和帝の病も回復したという。そして陰皇后の巫蠱のことが発覚し、鄧貴人が陰皇后の救済を願い出たが叶わず、陰皇后は廃位されて憂慮のあまり息絶えたという。

鄧皇后の立后

その後和帝が鄧貴人を立后することを考えはじめると、病と称して引き籠っていたが、和帝は「皇后の地位が尊いことは、朕と同体である。宗廟を受け継ぎ、天下の母となるのだから、どうしてたやすいことであろうか。ただ鄧貴人だけは徳が後庭に冠たる者である。これに当てるべきである」とし、冬に立后が行われた。鄧貴人は三度辞退した後に皇后となったとある。

高津内親王の和歌

高津内親王が、陰皇后や光仁天皇皇后井上内親王のように、呪詛の嫌疑をかけられて廃妃されたとは考えられないが、嵯峨天皇の寵愛を失い、嘉智子に対する嫉妬を募らせたこと、また事を好むことなどによって、次第に後宮での人望を失くして、孤立していったらしい。

『後撰和歌集』巻第十六、雑二の一一五五番に、次のような詞書と歌がみえる。

いたく事好むよしを、時の人言ふと聞きて　　高津内親王

直き木に曲がれる枝もある物を毛を吹き疵を言ふがわりなさ

非常に事を好むと、時の人が言っていると聞いて、真っ直ぐな樹にも、曲がっている枝がついているようなことを、人が言うのは、どうしようもないことであると、世間から歪曲された評判をたてられたことに、なかば諦めの心情を歌っている。

「事このむ」の「事」については、風流、好色など諸説あるが、『後撰和歌集』の近接する詞書が一一五二番の「みそか男したる女」、一一五三番の「男の隠れて女を見たり」、一一五四番の「世の中をとかく思ひわづらひ侍ける」であり、男女の事柄にかかわる「事」とみるべきとする説がある（岡﨑真紀子「説話の展開と歌学―『俊頼髄脳』における「芹摘みし」説話―」）。少なくとも『後撰和歌集』の撰者たちはそのような認識を持っていた可能性がある。

また『古今和歌集』巻第十八、雑歌下の九五九番にも、高津内親王の作と伝えられる和歌がみえる。

木にもあらず草にもあらぬ竹のよの端にわが身はなりぬべら也

ある人の曰く、高津内親王の歌也

木でもなく、草でもない竹の茎の端のように、世の中の半端ものにわが身はなってしまいそうだという、疎外された境遇に対する心情が吐露されている。本来ならば桓武天皇の皇女として、最も高い身位を得られる存在であったはずが、廃妃という不名誉な処遇を受け、中途半端な人生となってしまった口惜しさが滲み出ている。

おそらく高津内親王も嘉智子と同様に多くの和歌を詠んだと考えられるが、そのうちでこれらの歌は、高津内親王に対する廃妃イメージによって取捨されたものであろう。

嘉智子への賜田

弘仁元年（八一〇）以降、嘉智子の動静はしばらく不明となる。この間嘉智子は正子内親王の妹の出産を経験していた可能性も考えられる。これに対し藤原緒夏は所生子を得られずにいた。兄の冬嗣（ふゆつぐ）は嵯峨天皇に重用され、蔵人頭を経て参議となり、弘仁五年には従三位となっていたが、藤原氏腹の親王の誕生は叶わずにいた。

嘉智子所生の正良親王は前述したように、三歳となっていた弘仁三年十二月と翌年二月に空地や田を賜与され、親王の中でも一番の扱いとなっていた。また嘉智子も弘仁五年七月六日に、尾張国丹羽郡（愛知県一宮市の一部、江南市大半、犬山市全域、岩倉市全域、大口町、扶桑町）の田二四町を賜っている。嘉智子への扱いが上昇したことがわかる。

この弘仁五年には、前述したように源氏賜姓が行われて、嵯峨天皇の親王と源姓男子との序列化が明確にされた。また女御・更衣を定めて、後宮の序列化も明確にされていった。

仏の瓔珞を着ける夢

そして一年後の弘仁六年（八一五）七月に嘉智子が立后していった。折しも業子内親王がその直前の六月二十四日に没し、娘の死に直面し悲しみに暮れていた高津内親王にとっては追い打ちとなるような出来事となった。

「橘嘉智子伝」によれば、弘仁六年秋七月七日に、嘉智子は仏の瓔珞を着ける夢を見たという。瓔珞は珠玉や金銀などの貴金属を編み、頭や首、また腕などに懸ける装身具で、仏菩薩像がこれを身に着けている姿が多く造られている。

そして五、六日すると皇后に立てられたと記している。実際に六日後の弘仁六年七月十三日に立后の儀式が行われた。嘉智子三十歳の時であった。

七月七日は七夕節であり、牽牛星と織女星が天帝に許されて逢瀬を楽しむ日とされることから、愛する人との公認された結びつきを暗示し、またこの日に嵯峨天皇が神泉苑で文人たちに七夕の詩を賦させたことを思いやることが、夢に繋がったとされている（井上辰雄「檀林皇后」）。

また『荊楚歳時記』「七夕乞巧」に、前漢の文帝の皇后となった竇后は、若い頃に、人が皆織女を看る七月七日の夜、独り外に出ることを許されなかったが、神光が室を照らし、后となる瑞があったという「世王伝」（代王伝）が引用されている。七夕の儀式や七夕の夜の神光が后となる瑞であったという中国の文化伝承などが、かつて夫人になる前に見た、針の孔を通って左京の市に立った夢と同じく、七夕の夜の嘉智子の夢を形成するうえで一つの文化的源泉となっていたとする指摘もある（井上一稔「観心寺如意輪観音像と檀林皇后の夢」）。

おそらく七月七日にはすでに嘉智子の立后はほぼ決まっていたと考えられる。この夜に夢を見たことは、牽牛星と織女星伝承や七夕の夜の皇后伝承が深層にあったとしても、皇后となることへの期待感は、出産の時の夢と同様に、むしろ仏教信仰にむすびついた夢であった。今回の嘉智子の夢は、仏の瓔珞という高貴な装身具を身に着けるもので、仏の加護を受け、菩薩の化身ともいえる姿となった嘉智子が、これに見合う身位を得る

嘉智子の夢語り

という予兆夢であった。

前述してきたように、嘉智子は夫人となる時、仁明天皇の出産、そして今回の立后の前と、節目となる時期に見た夢を語ってきた。

この夢語りは、『続日本後紀』や『日本文徳天皇実録』の編纂事業にかかわった藤原良房や基経（もとつね）が、承和の変後の皇統の正統化と北家の外戚政治の正当化のために、奈良麻呂に繋がる嘉智子の血統的ハンデ、および嘉智子の血を引く仁明天皇の潜在的ハンデを無効化し、権威化して護持する必要から、嘉智子を神聖化したものとする説がある（大谷敏之「橘嘉智子神聖化とその背景―霊験譚による仁明皇統始祖神聖化―」）。

ただし嘉智子を神仏の加護を受けた人物として理想化することは、『日本文徳天皇実録』が完成した元慶三年（八七九）の頃ではなく、もっと早い段階であったと考えられる。少なくとも、『日本文徳天皇実録』の編纂開始時期の貞観十年代前半、そして『続日本後紀』が撰進された貞観十一年（八六九）以前、さらに貞観九年に編纂者の一人である藤原良相が死没し、藤原良房と春澄善縄の二人体制になった頃まで遡る可能性もある。

嘉智子を鄧皇后に比した「時の人」が、春澄善縄やその周辺であったとすれば、善縄らが嘉智子像の理想化の形成と宣伝に寄与した可能性がある。そしてこの点からすれば、嘉智子の顕彰や理想化の時期はさらにさかのぼり、嘉智子生前からであったといえる。

いずれにしても最終的に正史の「伝記」として残された「橘嘉智子伝」や、そのもとになった史料を評価するうえでは、最終的に編纂にあたった都良香（みやこのよしか）の叙述方針とその背後の基経の意向、また「時の人」として嘉智子を鄧皇后に擬えて顕彰した善縄の意図と、その背後の良房の意向として解読することが重要である。しかしこのような「橘嘉智子伝」の解読だけでは、嘉智子自身の主体性についてまったく考慮されていないことになる。むしろ嘉智子の夢語りは、嘉智子自身によるイメージ戦略として捉えることも重要である。すなわち嘉智子本人が生前から、自身の夫人、皇后の正統化のため、また仁明天皇の出生を理想化する下地作りのために、天や仏の加護を受けている存在であることを示す予兆夢を、積極的に語っていた可能性を考える必要がある。

壬午日の立后

弘仁六年（八一五）七月十三日に、群臣に皇位継承との関係で皇后の正統性を知らしめる役割を持つ立后の儀が行われた。しかしこの日はあいにく暴雨となり、雷が鳴り、庭の雨水が広がり溢れるという悪天候であった。ただこの日の干支は「壬午」であり、光明（こうみょう）皇后の時に創設された大規模な立后の儀が、天平（てんぴょう）元年（七二九）八月二十四日の「壬午」に行われたことを襲った可能性が指摘されている（井上辰雄「檀林皇后」）。ただし光明皇后の場合は立后の儀に先立って、奈良時代以前からの伝統的な立后の詔も八月十日に出されていたが、嘉智子の場合は出されていない。

なお光明皇后は聖武天皇即位から六年目、嘉智子は嵯峨天皇即位から七年目、年号が弘仁となり名実ともに天皇となった時から数えると、六年目に立后が行われた。また聖武天皇と光明皇后、また嵯峨天皇と嘉智子は同い年同士と、多くの共通点があった。

立后の儀の宣命

参議宮内卿の藤原緒嗣が閤門で読み上げた嘉智子立后の宣命には、「食国天下の政は独知べき物には有らず。必ずも斯理弊の政有るべしと、古より行来へる事は、皇后を定めてし、閫中の政は成物となも、常も所聞看行す」との文言があった。

光明皇后の立后時の宣命にも「天下の政におきて、独知るべき物に有らず。必ずも斯理弊の政有るべし」と同じ言葉が使用されていた。

二つの「しりへの政」

八、九世紀において、立后の儀を行い、かつ宣命が残っている例の中でも、この「しりへの政」を含む立后宣命は、光明皇后と嘉智子の時だけである。ただし光明皇后は「斯理弊の政」一つだけで、これは天皇の政をたすける皇后の政、すなわち王権の後見的権能とされている。これに対し嘉智子はこの「斯理弊の政」だけでなく、「閫中の政」の二つが使用されている。「閫中の政」は后妃や婦人の居所、すなわち後宮を束ねる皇后の政、すなわち後宮統括権とされている（米田雄介「光明皇后」）。

これは後述するように、宮外に皇后宮を構えていた光明皇后に対し、後宮が成立し、内裏内に皇后宮を構えた嘉智子の違いにも由来する。

嘉智子皇后の権能

「橘嘉智子伝」では、嘉智子を「后正位の後、専ら化導に務め、宮闈の内、陰教は邕穆にして、朝野これを称ふ。嵯峨天皇特に敬重を加へ、意愛甚だ密なり」と評している。すなわち皇后の地位に就いた後、もっぱら人を感化して善に導くことに務め、宮中の后妃の居所内における陰教、すなわち女子の教育は、やわらかく和みうやまいつつしむものであり、朝廷と民間がこれを称賛した。嵯峨天皇は特に敬い重んじ、いとおしく思われ、とても親密な関係であったとしている。

立后宣命の二つの「しりへの政」のうち、王権の後見的権能が「化導」、後宮統括権が「宮闈の内、陰教は邕穆にして」にあたるといえる。このように嘉智子の二つの「しりへの政」は、光明皇后の皇后権威を基礎としつつ、新たに成立した後宮における皇后権威を補強したものであった。この点から嘉智子期の皇后は、光明皇后期の皇后の役割の部分も理想とし、維持しようとしたものであったといえる。

しかし嘉智子以降は、皇后の宣命から、「しりへの政」自体がみられなくなり、皇后の意義づけが後宮のみに限定されていき、さらに母后としての役割が目立つようになっていったとされている（上村正裕「しりへの政と皇后—八・九世紀を中心に—」）。その点では、嘉智子は二つの「しりへの政」が示す権威を体現することができたことを確認できる最後の皇后であった。

皇后と所生子の皇位継承

なお光明皇后の立后は、宣命に「天つ位に嗣ぎ坐すべき次と為て皇太子侍りつ。是に由りて、其のははと在らす藤原夫人を皇后と定め賜ふ」とあるように、前年に二歳で没してはいたが、所生子の某王（基王）が皇太子となっていたことが根拠とされた。嘉智子の宣命の場合はこのような文言はなく、また六歳の正良親王はまだ皇太子にもなっていなかったが、嫡妻である皇后の所生子の皇位継承を見据えたものであったといえる。

第五　嘉智子期の皇后と皇后宮

一　皇后宮の変化と後宮の成立

嘉智子の立后宣命にみえる二つの「しりへの政」には、前述したように光明皇后の宣命に使用された王権の後見的権能である「斯理弊の政」に加えて、後宮統括権である「閫中の政」も含まれていた。これは皇后の居所である皇后宮の存在形態が変化し、内裏内に後宮が成立したことも大きく関係していた。

光明皇后の皇后宮

光明皇后の皇后宮は、聖武天皇の居所である平城宮の内裏内ではなく、宮の東に隣接した、左京一条二坊から二条二坊にあった旧藤原不比等邸宅に営まれた。また他の夫人たちも内裏外に邸宅を構えていた。そして内裏内には、キサキたちの日常生活空間としての殿舎はまだ存在せず、休所が置かれていた。これは大化前代から、大后をはじめとするキサキたちが、天皇（大王）の宮とは別に、それぞれの宮を経営していた慣習を踏まえていた（三﨑裕子「キサキの宮の存在形態について」）。

内裏内皇后宮

しかし光明皇后以降の皇后宮は内裏の中に取り込まれていった。まず光仁天皇皇后の井上内親王の皇后宮は、史料的に場所や存在形態を示すものはないが、発掘結果などから、宮外ではなく平城宮内裏内にあったとされる。ただしこの時はまだ皇后の独占的な空間として営まれたと推定されている。

次の桓武天皇皇后の藤原乙牟漏の皇后宮も、平城宮および長岡宮の内裏内に営まれた。そして他のキサキたちは独立した邸宅を宮外に構えていた（橋本義則「平安宮内裏の成立過程」）。

後宮の成立

しかし桓武天皇は、内裏の規模と組織を拡大し、中国の皇帝のように、皇后をはじめとしたキサキたちが、天皇とともに居住する場としての後宮を成立させていった。ただし乙牟漏は長岡宮で没し、次の平城天皇の時代も皇后は冊立されなかったため、新たに造営された平安宮内裏では、しばらく皇后宮が機能していなかった。そして嘉智子が皇后となった時に、皇后宮が平安宮内裏内に経営されることになった。

嘉智子の皇后宮

嵯峨天皇から仁明天皇までの天皇居所は、基本的に内裏の仁寿殿であった。これに対し、内裏内に営まれた嘉智子の皇后宮がどこにあったかは、史料的には不明であるが、

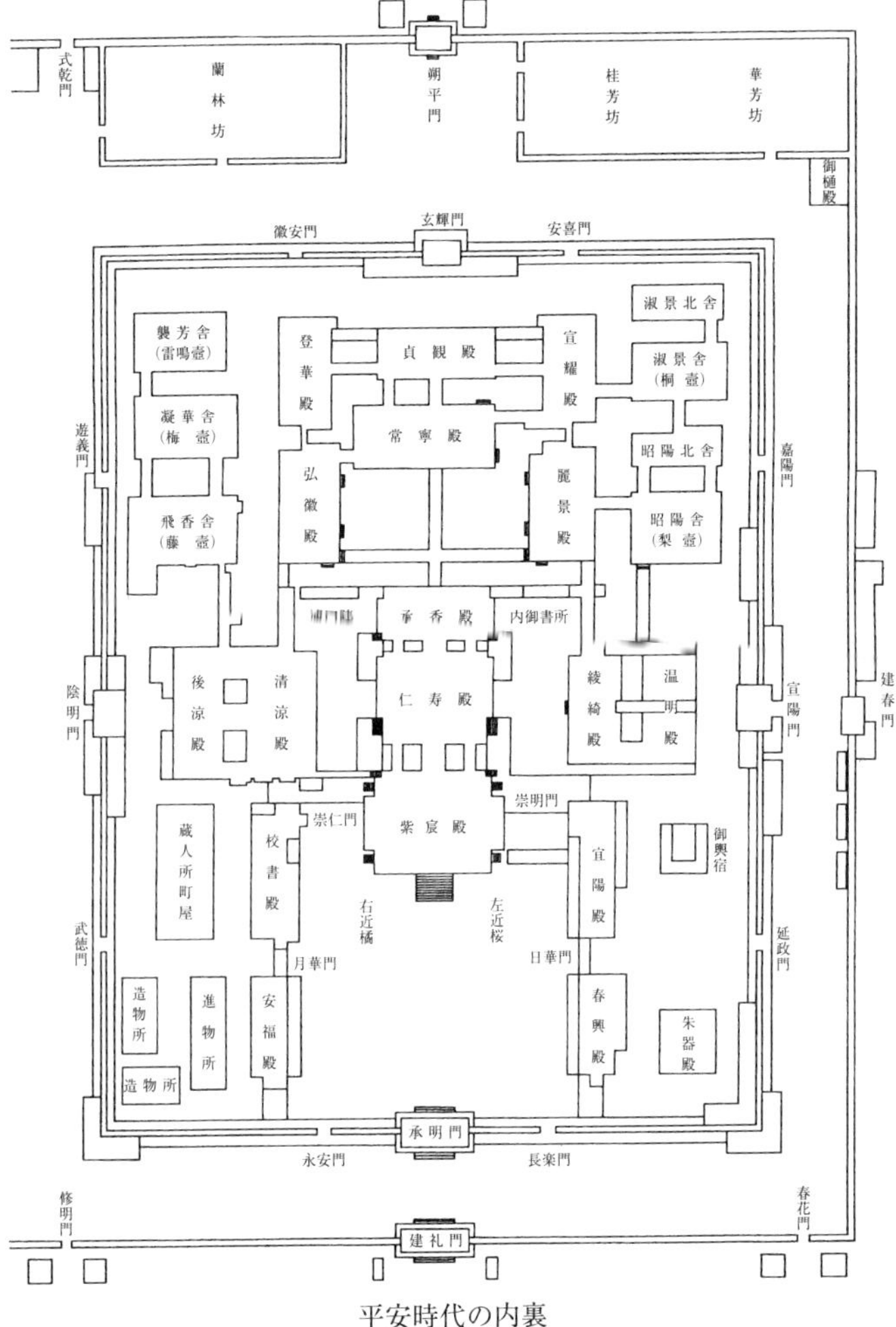
式乾門
蘭林坊
朔平門
桂芳坊
華芳坊
御樋殿
徽安門
玄輝門
安喜門
襲芳舎
（雷鳴壺）
登華殿
貞観殿
宣耀殿
淑景北舎
淑景舎
（桐壺）
凝華舎
（梅壺）
常寧殿
遊義門
昭陽北舎
弘徽殿
麗景殿
嘉陽門
飛香舎
（藤壺）
昭陽舎
（梨壺）
承香殿
内御書所
後涼殿
清涼殿
仁寿殿
綾綺殿
温明殿
陰明門
宣陽門
建春門
崇明門
崇仁門
紫宸殿
蔵人所町屋
校書殿
御輿宿
宜陽殿
右近橘
左近桜
武徳門
延政門
月華門
日華門
造物所
進物所
安福殿
春興殿
朱器殿
造物所
承明門
永安門
長楽門
修明門
春花門
建礼門

平安時代の内裏

常寧殿であったと考えられている。

『延喜式』中宮職の20六月御贖条には、六月と十二月の大祓の日に、中宮の身の穢れや身に降りかかる災難を、御麻などに代わりに負わせて祓う儀式がみえる。この儀式では、神祇官が「西廊殿」の南に待機し、中宮職の亮もしくは進が「東礩」の下に立つことになっており、これらの殿舎名が弘仁九年（八一八）の殿閣改号以前の呼び名であることから、この儀礼の対象となる中宮は、弘仁六年に立后された嘉智子であり、条文はすでに『弘仁式』段階で成立していたといえる。

『大内裏図考証』によれば「西廊殿」は弘徽殿とされ、「東礩」は常寧殿東面の壇とされており、このような左右に脇殿がある後宮殿舎は弘仁九年以降「常寧殿」と呼ばれたもののみである。このことから嘉智子の居所は常寧殿であり、さらに嘉智子に続き淳和皇后正子内親王も常寧殿を居所としたと推定されている（東海林亜矢子「母后の内裏居住と王権―平安時代前期・中期を中心に―」）。

なお平安初期の常寧殿は、東側の母屋、および南庇、南孫庇は晴の場であり、昼の御座所が設けられ、西側には夜御殿（塗籠）があったとされている（鈴木亘「平安宮常寧殿の復元」）。

二　皇后の儀礼と役割

前述したように後宮の成立と皇后宮の内裏内設置を受けて、皇后は後宮を統率する権能をもつ存在となったが、これを体現する皇后儀礼が嘉智子の時に整備されていった。

嵯峨朝唐風化政策

弘仁九年（八一八）三月二十三日の詔によって、朝廷における会式の時の儀礼や衣服、また位の低い者が位の高い者にあった時に跪く作法は、男女を論じず改定して、「唐法」に倣うこととなった。ただし五位以上の礼服とすべての朝服の色、および警護の任に就く者は現行通りとした。また四月二十七日には、仁寿殿や紫宸殿など宮中の殿舎をはじめとして諸門の号を改めて、新しい額を掲げている。

嵯峨天皇による唐風化政策は、承和九年（八四二）十月十七日の菅原清公の薨伝記事によれば、天下儀式における男女の衣服や跪礼作法、宮殿院堂の門額だけでなく、五位以上の位記を漢様に改定したことも含まれる。

天皇・皇后・皇太子の衣服規定

これらは臣下に対する唐風化政策であったが、弘仁十一年（八二〇）二月一日には、嵯峨天皇が詔によって、天皇と皇后、さらに皇太子の衣服の規定を明文化した。

これによれば天皇は、大小の諸神事と冬十二月に諸陵墓に奉幣する荷前の時は「帛衣」、正月元日に朝賀を受ける時は「袞冕十二章」、毎月の朔日に行われる視告朔の儀式の時、日々の聴政、外国使節の接受、奉幣および大小の諸会には「黄櫨染衣」を用いるとした。これに対し皇后は「帛衣」を「助祭」の服とし、朝賀を受ける時は「□衣」（□は『日本後紀』写本の欠字）、大小の諸会の時は「鈿釵礼衣」を服すとした。また皇太子は「従祀と元正朝賀」には「袞冕九章」、朔望の入朝、群臣もしくは宮臣の朝を受ける時、および大小諸会には「黄丹衣」を服すとした。ただしいずれも皆、常の服はこの例に拘わらないとした。

天皇が神事に用いる「帛衣」は白い平絹の布で作った衣服である。朝賀用の「袞冕十二章」は中国皇帝の衣服に倣ったもので、玉縄を垂らした冕冠と袞龍・日・月など十二種類の文章を衣や裳に配した礼服である。同様に皇太子の「袞冕九章」も中国皇太子に倣ったものである。

皇后の衣服

皇后の朝賀用の「□衣」は、『儀式』六、礼服制にみえる「擣衣」、すなわち砧で打って光沢を出した衣服とする説もあるが、唐制の皇后衣服は、『六典』尚書省礼部に「褘衣、鞠衣、鈿釵礼衣」の制がみえ、この「褘衣」の可能性がある。たとえば『小野宮年中行事』では、唐令を引用して褘衣としている。唐衣服令に定められた褘衣は、受冊・助祭・朝会諸大事に服するもので、深青の織物に、文様は飛ぶ翟（雉）の形、素質は五色十二等とされている。鞠衣は親蚕に服するもの、「鈿釵礼衣」は宴見賓客に服するもので螺鈿の花簪を髪に飾った。日本では鞠衣に相当する服はないが、大小の諸会を受ける時の「鈿釵礼衣」は、唐制と同じ表現である。このように唐では「助祭」の服は「褘衣」であったが、日本では伝統的な「帛衣」とされ、唐風化の対象外であった。

皇后の正月受賀儀礼

　皇后が「褘衣」を着て皇后の権威を示す正月儀礼は、正月元日に朝賀を天皇とともに大極殿で受ける儀式と豊楽院で行われる宴会、二日に皇后が皇太子の朝賀を受ける儀式、群官の朝賀を受ける儀式、女官の朝賀を受ける儀式があり、それぞれに宴会が行われた。

　二日に行われる三種類の皇后受賀儀礼は、日本の内裏後宮殿舎と後宮正門の実情や、女官の存在形態に無理やり合わせた修正が一部みられ、また禄の支給規定が新たに付加されたが、基本的には『大唐開元礼』の規定を踏襲して制定されたものであったとされている（橋本義則「「後宮」の成立—皇后の変貌と後宮の再編—」）。

皇后受皇太子朝賀儀礼

　皇后受皇太子儀礼は、皇太子の版位が常寧殿の南庭に設置され、皇太子が司賛の誘導により再拝した後、東階に到り昇って賀を行い、訖ると、うつむき伏したのちに立ち、降りて版位に戻る。その後内侍が皇后の令旨を伝える時に、皇太子再拝儀礼が行われ、その後司賛に誘導されて退出するものである。唐制の儀礼構造をほぼ踏襲しており、変更点は、唐では皇太子の昇る階を西階とするのに対し、日本では東階とする程度であり、これは日本の後宮構造に規定されたものとされている（橋本義則「「後宮」の成立」）。

皇后受女官朝賀儀礼

皇后受女官朝賀儀礼は、唐では皇后と奏賀者との位置が厳然と区別され、朝賀者全員が殿庭に列立し、代表者のみが殿上に昇り賀を述べた。そして朝賀者は外命婦・宗親・異姓の諸親婦女のみで、内命婦（皇帝の後宮）は含まれず、その点では唐の皇后は全女性の頂点に立っていなかった。これに対して日本では、妃・夫人・女御など天皇の後宮、内親王、尚侍以下四位以上、内外命婦が殿上に列立し、六位以下が殿庭に列立している。これは庭の狭さや参列女性の階層の相違に由来するとされ、皇后が天皇の後宮も含めた官人社会に属するすべての女性の頂点に立っているとされている（橋本義則「「後宮」の成立」）。

皇后受群臣朝賀儀礼

また皇后受群臣朝賀儀礼では、唐は男女の区別を厳然とし、男官は門外から宦官である内給事を介して奏賀する間接儀礼となっているが、日本では職大夫が内裏に入り内侍二人とともに内給事の役割を担っている。

この皇后受群臣朝賀儀礼については、弘仁十一年（八二〇）奏進の『弘仁式』式部、二日皇后受賀条が残っており、この他の儀礼も含め、嘉智子が皇后であった弘仁十一年をさほど遡らない時期に、皇后受賀儀礼が制定されたとされている。

皇后受賀儀礼の制定と変化

ただし皇后と皇太子、群臣、女官が君臣関係の確認を行う「君臣の礼」である皇后受賀儀礼は、皇后嘉智子と皇太子大伴親王が直接の親子関係にない政治状況を背景にして制定され、実際に行われたことが史料によって確認できるのは、皇后正子内親王と皇太子正良親王の時期だけであった（栗林茂「皇后受賀儀礼の成立と展開」）。そしてその後は、親子関係による「孝子の礼」としての朝覲行幸と、群臣の拝賀のみとなる中宮主催の中宮大饗儀礼に変化していった（栗林茂「平安期における三后儀礼について—饗宴・大饗儀礼と朝覲行幸—」）。

皇后の助祭

皇后が天皇と同じ「帛衣」を着て行う「助祭」とは、天皇の親祭を皇后が助けることを指す。「大小の諸神事」、すなわち毎年行われる国家的祭祀としては、二月の祈年祭、六月と十二月の月次祭、十一月の新嘗祭があるが、この中で天皇の親祭が行われるのは、月次祭当夜の神今食と新嘗祭である。

神今食と新嘗祭

神今食は、六月十一日と十二月十一日の月次祭の夜に、天皇が内裏の外、西隣にある神今食院（中和院）に行幸し、正殿である神嘉殿内の神座の上に神を迎え、旧穀による神饌を天皇が供する儀式である。また新嘗祭は十一月下の卯の日、または中の卯の日に、神嘉殿で新穀による神饌を天皇が神とともに食する儀式で、翌日に直会の新嘗会が行われた。なお即位後最初の新嘗祭は大嘗祭とされ、常設の神嘉殿ではなく仮設した大嘗宮の悠紀殿・主基殿で行われた。

神今食と新嘗祭の皇后行啓

神今食の日に皇后が神嘉殿に御輿で行啓することは、『延喜式』中宮職、19神今食条にみえる。ただし中宮（皇后）の斎服の規定はない。また『延喜式』左右近衛府、39青摺布衫条には、新嘗会に供奉する小斎の官人と近衛の装束に、中宮の陣がある場合の追加規定の注があることから、新嘗祭の日にも皇后が行啓したとされている。

嘉智子の新嘗斎院行啓

近年紹介された九条家本『神今食次第』所引の「内裏式」逸文は、「内裏式」神今食祭式の新出逸文を含む全文で、殿門名など書き換えた部分もあるが、基本的には弘仁十二年（八二一）成立の『内裏式』に先行する、弘仁九年以前成立の『内裏儀式』の逸文であるとされている（西本昌弘「九条家本『神今食次第』所引の「内裏式」逸文について—神今食祭の意義と皇后助祭の内実—」）。

この新出逸文には、天皇が斎院に行幸することを記した部分の分注に、弘仁六年十一月に、皇后のためにさらに左右将監・府生・番長各一人、近衛各九人、駕丁八人を加えたと記されている。このことから嘉智子が皇后となった年の十一月に行われた新嘗祭に、嘉智子が斎院に行啓していたといえる。

皇后の儀式内容

神今食や新嘗祭に際し、中宮（皇后）は内裏内で沐浴し、帛衣に着替え、斎院に行啓したと考えられるが、その後斎院の中で、どのように儀式に関与したかについては見解が分かれている。

神を飲食で接待する「聖餐儀礼」である神饌親供については、斎服がない中宮（皇后）は一切行わなかったとする説（岡村幸子「天皇親祭祭祀と皇后」）、これに対し中宮（皇后）も皇后用の神座と寝具が準備されており、同席し神座を舗設し、その神座の上に寝具を安置する点では、天皇と同じ役割を果たしたが、その後は天皇だけが斎服に着替えて神饌親供を行い、斎服がない中宮は関与せず、同席して拝礼だけを行ったとする説（西本昌弘「九条家本『神今食次第』所引の「内裏式」逸文について」）がある。

また「聖婚儀礼」については、その有無や、その内容についてはさらに多様な見解があるが、「聖婚儀礼」があったとしても、神と采女による儀礼であり、中宮（皇后）が関与していなかったという点では一致している。

皇后助祭の明文化

皇后の助祭が明文化された弘仁期に対し、それ以前の皇后が祭祀にどのように関与していたかについても見解が分かれている。

天平期には、天皇と皇后両者による浄火を使った神饌親供が、新嘗祭と神今食で行われていたが、弘仁十一年詔によって、一転して皇后が「助祭」の立場になったとする説がある（岡村幸子「天皇親祭祭祀と皇后」）。これに対し弘仁期以前は、天皇と皇后が並んで神今食の神饌親供、祭祀を主催しておらず、弘仁六年の新嘗祭で皇后助祭が実現し、弘仁十一年詔で皇后の関与が初めて明文化されたとする説がある。そしてこれは唐の武后や韋后が行った皇后亜献の前例を斟酌した影響であり、唐風の政務・儀式整備ならではの施策で、これにより嘉智子の皇后権威を高め、所生子の正良親王の皇位継承権を確実にする政治目的を持って創始したとする。すなわち『延喜式』に神今食・新嘗祭への皇后参列が定められているのは、すぐれて嵯峨・淳和朝の時期特有の皇后祭祀とする説である（西本昌弘「九条家本『神今食次第』所引の「内裏式」逸文について」）。

唐の皇后亜献

唐の皇后亜献は、高宗の封禅における武后や越国太妃による亜献と終献、中宗の祭天儀礼における韋后の亜献と婦女を祭祀に参加させ壇上で執祭させた例がある。しかし玄宗の封禅の時に、皇后亜献などによって祭祀が潔いものでなくなり、皇室が禍を被ったとして、皇后や外戚の政治への関与を防ぐために、皇后亜献を排除し、その後は行われなくなっている（江川式部「唐朝祭祀における三献」）。

皇后助祭の成立時期

もし嵯峨天皇が皇后亜献の影響によって皇后助祭を創始したとすれば、玄宗以降の唐の実態とは乖離したものとなっている。神今食や新嘗祭は皇后不在の時でも行われており、皇后の親祭も助祭も不可欠ではない。また天平期に天皇と皇后両者による浄火を使った神饌親供が行われていたことも史料では確認できない。ただし武后の影響を最も多く受けていた天平期に、皇后が存在する場合の儀礼として、すでに皇后の助祭が取り入れられていて、これが弘仁期で明文化された可能性も考えられる。弘仁期における「助祭」の明文化は、皇后親祭自体の廃止によって皇后の役割が助祭に変容したものではなく、また逆に皇后の役割として助祭を創設したものでもなく、天平期の皇后助祭の追認であった可能性も排除できない。

三　皇后宮職と下部組織の改編

嘉智子の皇后宮を支える家政機関の皇后宮職は、立后当日の弘仁六年（八一五）七月十三日に設置された。

養老職員令では皇后関係の事務処理を担当する官司は、中務省の下におかれた中宮職とされ、編成は中宮大夫一人、亮一人、大進一人、少進二人、大属一人、少属二人、そして舎人四〇〇人、使部三〇人、直丁三人となっている。

これに対し皇后宮職は、聖武天皇の生母宮子の中宮職に対し、光明皇后の立后時に新たに併設された令外の官司で、実態として中務省と同等の文書を発給するなど独立性があり、光明皇后の写経や造寺の活動にも大きな役割を果たしていた。職事官の編成は中宮職と同じで、また多くの舎人、使部、直丁も所属した。なお中宮大夫の相当官位は従四位下であるが、皇后宮大夫は従三位が兼務することもあった。

ただし光明皇后以降、奈良末期の光仁天皇皇后の井上内親王から、平安初期の淳和天皇皇后の正子内親王の頃までの皇后宮職は、実質的には令制の中宮職に準じたものとされている。

そして光明皇后の皇后宮職には、下部組織として多くの司・院・所が設置されており、

皇后宮職の下部組織

高い独立性があった（鬼頭清明「皇后宮職論」）。これに対し嘉智子の皇后宮職では、直接下部組織を置いて伴部らを所属させる代わりに、宮内省や中務省管轄下の内廷的な官司に伴部らの所属を変更させたり、天皇の供御に関与する官司の人員を増加して皇后宮にも奉仕させたりすることで、皇后宮の「公事」を賄うようになっていった。

作木器と作土器の所属変更

『類聚三代格』にみえる弘仁六年八月七日の太政官符によれば、八月六日に宮内省から、皇后宮の供御用の木器の作り手である「作木器」一人と、土器の作り手である「作土器」五人の計六人を、天皇の食事を掌る宮内省所管の内膳司に配属し、そこで給与の時服を支給するという要請が出され、翌日に許可されている。

この皇后宮の供御の器の制作は、光明皇后の時には皇后宮職の下部組織である「浄清所」で行われていたが、おそらくこの廃止に伴う措置と考えられている。

今良と染手の所属変更

また弘仁六年十月十三日の太政官符によれば、皇后宮の御服を染めたり縫ったりする今良の男一人、女七人、染色の職人である染手二人、計一〇人を、縫殿寮に直属させる配置転換を行っている。今良は官有賤民が解放され良民となった者である。これも光

明皇后の時にみえる皇后宮職の「染所」を別置しないことに伴うものといえる。

縫殿寮は中務省所管で、女王、内命婦、外命婦、宮人らの人事と、後宮十二司の縫司に宮中用の衣服を縫わせて内蔵寮に送ることを掌る官司であったが、大同三年（八〇八）正月の官司統廃合に際して、大蔵省所管の縫部司、宮内省所管の采女司と内染司などを併合していた。なお『延喜式』縫殿寮、16三年雑物条に、天皇の「御服所」「御服染作所」の他に、「中宮御服所」がみえる。

造酒司酒部の増員配置

弘仁七年六月八日の太政官符によれば、令制で六〇人いた造酒司の酒部が大同二年の削減で四〇人になっていたが、平城太上天皇の平城宮と嘉智子の皇后宮に充てる人がおらず、支障をきたしていることから、令制に戻して六〇人とすることを、造酒司が宮内省を通して申請し、これが許可されている。

光明皇后の皇后宮には独自の「宮之酒司」が存在していたが、嘉智子の皇后宮には宮内省所管の造酒司の酒部を充てる措置が取られている。

主水司水部の増員配置

さらに弘仁七年九月二十三日の太政官符によれば、主水司の水部四〇人で天皇、平城宮、皇后宮に奉仕しているが、人数が少なすぎて用が足りず、皇后宮に一三人を増加して直接奉仕させることを、主水司が宮内省を通して申請し、これが許可されている。

これも酒部と同様に主水司の伴部である水部を皇后宮の奉仕に配置したものといえる。これらの措置から、皇后宮の日常にかかわる衣服の縫製や染色、木器や土器の作成、また水や酒などの奉仕を、中務省所管の皇后宮職の下部組織ではなく、天皇と同様の中務省や宮内省所管の官司に組み込むようになったことがわかる。

天皇皇后日常経費の一体化

また弘仁九年四月二十三日に、去年の旱魃による不作で田植えも不安な中で、「朕及び皇后の服御物と常の膳」などを削減するようにとの詔が出されている。これも皇后の日常経費が天皇の内廷経費と一体化したものと認識されていたことによる。

従来これらのことは、皇后が政治的権力から疎外され、その基盤であった皇后宮が退転し内裏に取り込まれて独立性が喪失したとし、かつ皇后宮を支える皇后宮職の固有下部組織が縮小したと評価されている（橋本義則「「後宮」の成立」）。確かに内裏に皇后宮があることによって、日常生活が天皇と一体化し、宮外にあった時と比べて独立性は喪失している。しかし伴部は所属変更だけでなく、増員もみられ、皇后宮の機能そのものが必ずしも縮小しているわけではない。

職御曹司

嘉智子の皇后宮職庁舎は、「職御曹司（しきのみぞうし）」と考えられ、内裏の東、左近衛府の西の平安宮内にあった。天長（てんちょう）九年（八三二）十二月に皇后正子内親王が出産のために移った「后宮

一条大路
正親町小路
土御門大路
鷹司小路
近衛大路
勘解由小路
中御門大路
春日小路
大炊御門大路
冷泉小路
二条大路
漆室
兵庫寮
大蔵
大蔵
大蔵
大蔵
主殿寮
茶園
正親司
采女司
大蔵省
大蔵
大蔵
長殿
率分所
大宿直所
番所
内教坊
右近衛府
図書寮
大歌所
掃部寮
内蔵寮
縫殿寮
南院
梨下院
左近衛府
糸所
蘭林坊
桂芳坊
宴松原
内膳司
采女町
職御曹司
武徳殿
右兵衛府
中和院
内裏
建春門
外記庁
釜所
酒殿
待従所
内竪町
一本御書所
左兵衛府
木工内候
真言院
内匠寮
造酒司
西雅院
東雅院
大極殿
竜尾道
待従局
内舎人
監物
主鈴
主鑰
中務省
陰陽寮
勘解由使庁
西院
醤院
主水司
大膳職
左馬寮
典薬寮
豊楽院
朝堂院
御井町
中務厨
造曹司
朝所
太政官
文殿
園韓神社
宮内省
供御院
大炊寮
右馬寮
治部省
諸陵寮
玄蕃寮
民部省
主税寮
主計寮
廩院
神祇官
西院
東院
判事
刑部省
弾正台
兵部省
雑舎
式部省
雑舎
主税厨
民部厨
主計厨
式部省
大舎人寮
待従厨
雅楽寮
西大宮大路
西櫛笥小路
皇嘉門大路
西坊城小路
朱雀大路
坊城小路
壬生大路
櫛笥小路
大宮大路

平安時代の大内裏

職東院」がみえる。承和三年（八三六）閏五月に遣唐使用の染色品をつくる工房である「染作遣唐料雑物処」の仮設置場になった皇后宮職、貞観十六年（八七四）二月に皇太后藤原明子が染殿から移った「職院」もこれに当たるとされている。

皇后宮舎人

皇后宮職に所属した皇后宮職舎人は、弘仁六年十月七日の制によって、一五〇人は白丁を補任し、それ以外は入色を補任するとされた。入色とは三位以上の子や孫（蔭子孫）、四位・五位の子（蔭子）、内六位から八位の嫡子（位子）で、白丁とは入色以外、すなわち外六位から八位、内・外初位、無位の子、および庶民などをいう。このような内訳が指定されたが、令制の中宮職舎人の総数四〇〇人に変動はなかったと考えられる。なお『延喜式』式部上、208諸宮舎人条では中宮舎人は入色人一五〇人、外位一〇〇人、白丁一五〇人となっている。この外位は外考ともいい、内位に対する補助的な位階である外位の叙位や昇位のための勤務評定の対象となる官職につき、選限を一度満たして外位を与えられた者をいう。

職掌二人の設置

弘仁九年三月二十八日の太政官符によれば、皇后宮職は職務が忙しすぎ、人や物を調整できないので、春宮坊のように雑務に当たる下級職員である職掌二人を置くこと、そしてこの職掌は把笏の対象身分とすることを申請し、許可されている。

皇后宮職機能の維持

このように皇后宮職は独自の庁舎が内裏とは別に平安宮内に設置されており、舎人も令制と同人数配属され、また必要に応じて事務職員も新設されており、この点でも皇后宮、および皇后宮職組織の機能そのものが縮小しているわけではない。

このことは光明皇后のように外戚の邸宅跡や財力に頼り、これを土台に宮外に皇后宮や皇后宮職とその下部組織を別個に設置しなくても、皇后の尊厳を保つことが可能になっていたことを示すといえる。これは外戚の力の弱い嘉智子が、皇后として存在できるうえで重要なことであった。皇后宮の独立性と引き換えに、平安宮内に皇后宮や皇后宮職を置くことによって、後宮の頂点に立つことが可能となった。

初代大夫藤原貞嗣

このような嘉智子の皇后宮を支えた初代皇后宮職大夫は、弘仁六年（八一五）七月十三日に任じられた藤原貞嗣（さだつぐ）であった。南家武智麻呂（むちまろ）の孫、巨勢麻呂（こせまろ）十男で、母は北家永手（ながて）の娘であり、南家と北家の両方の血を引いていた。嵯峨天皇時代では弘仁三年に右京大夫となり、皇后宮大夫就任当時は従四位上の五十七歳であった。弘仁七年に蔵人頭（くろうどのとう）、同九年に伊予守を兼ね、同十年に参議になるが、皇后宮大夫は継続していた。そして弘仁十二年正月に従三位中納言、兼宮内卿となり、大夫を退いた。この貞嗣大夫時代の約五年半の間に、前述した皇后宮職の下部組織を改編し、また皇后受賀儀礼を創設し、皇后の服制を明文化するなど、ほとんどの施策が行われた。

第二代大夫小野岑守

弘仁十二年正月十日に任じられた第二代大夫の小野岑守（おののみねもり）は、『公卿補任』によれば、就任当時は四十四歳の従四位上であった。岑守は永見（ながみ）の三男で、篁（たかむら）の父でもある。岑守は皇太弟賀美能（かみの）親王の春宮少進となり、また大同元年（八〇六）に、南淵永河（みなみぶちのながかわ）、朝野鹿取（あさののかとり）、菅原清人（すがわらのきよひと）とともに侍講（じこう）に任じられており、嵯峨天皇即位後も側近として重用され、弘仁五年には陸奥守として蝦夷政策にも携わっていた。また詩文に優れ、嵯峨天皇の命で弘仁五年に『凌雲集（りょううんしゅう）』、弘仁九年に『文華秀麗集（ぶんかしゅうれいしゅう）』の編纂にも参加し、文人としても重用された（井上辰雄「小野岑守」）。

橘尚書への贈答詩

『文華秀麗集』の上巻、贈答には「掖庭を拝み奉り、橘尚書（しょうしょ）に簡（かん）す」と題する岑守の詩が残っている。

　朔平の門衛敢へて入らず、別に殊恩有りて掖庭を拝む。美女の花簪（かさん）芳命を伝ふ、一言猶（なお）し是れ粉骨の情。

出入りが厳しい内裏北の朔平門から、特別な恵みを受けて掖庭を謁見する機会を得て、美しい女官の伝えた天皇の一言によって、いっそう粉骨砕身の情を抱いたとする。

『文華秀麗集』の成立は、関係する人物の位階などから、上限が弘仁九年六月十七日、下限が弘仁十年正月七日とされ、さらに序文執筆者の仲雄王の位階昇進の意義を持たせて解釈すれば、上限を十月初めまで下げることが可能とされている（松浦友久「「文華秀麗集」考」）。この頃までに岑守がこの詩を作成したと考えられる。

この尚書を、書司長官で従六位相当の女官とすれば、嵯峨後宮に仕える橘氏の女性と縁があったことになる（小島憲之校注『懐風藻・文華秀麗集・本朝文粋』頭注）。いっぽう尚書を太政官の弁官の唐名とすれば、弘仁九年正月十三日に権左少弁に任じられた橘常主の可能性もある。常主は嶋田麻呂の男子で、この時は従五位下、嘉智子とは一歳下で当時三十二歳の従弟であった。なお姉の常子は桓武天皇女御となっていたが、弘仁八年に薨去していた。常主は弘仁十三年には参議となり、嵯峨天皇の側近として『弘仁格式』の撰者の一人になったが、完成する以前の天長三年（八二六）に四十歳で卒去している。なお『公卿補任』には、世云として薪を積んでその上で焼死したとある。

いずれにしても、岑守は皇后宮大夫に任命される以前に、嵯峨後宮を謁見する機会を得ており、橘氏とも縁があったといえる。ただし岑守の大夫の任期は短く、この役職を経て、弘仁十三年三月に参議、大宰大弐に任じられると、公営田を立案するなど、能吏として活躍していく。

『公卿補任』によれば弘仁十三年三月二十日には岑守に代わって、三十八歳の従三位権中納言藤原三守（みもり）が兼皇后宮大夫となった。三守は前述したように、南家真作（まつくり）の五男で、母は秋篠氏の流れであり、賀美能親王の乳母と推定されている御井氏である。大同元年（八〇六）に皇太弟賀美能親王の主蔵正から出発し、ことに温厚で恭順な性格から嵯峨天皇の藩邸の旧臣として信任されていた（井上辰雄「藤原三守」）。姉の美都子（みつこ）が冬嗣（ふゆつぐ）の室となっており、北家との繋がりも強かった。また嘉智子の姉の典侍安万子の夫でもあった。ただし安万子は五年前の弘仁八年七月十六日に没しており、大夫就任時には立ち会えなかった。十四年には中納言、正三位になったが、その年に嵯峨天皇が譲位すると、辞して冷然院に侍していく。

このように改編後の皇后宮職は、嵯峨天皇の皇太弟時代からの側近で、また嘉智子の身内とも交流のある人物たちによって支えられていたといえる。

第六　皇太后そして太皇太后へ

一　皇太后時代の嘉智子

嵯峨天皇の譲位

弘仁十四年（八二三）四月十日、嵯峨天皇は譲位を決断し、内裏から冷然院に遷った。右大臣の冬嗣は、近年は稔りが回復せず、一帝二太上皇になることが国家的な負担となることを挙げて、豊年になるまで譲位の延期を進言したが、嵯峨天皇の意思は固く、十六日に皇太弟の大伴親王の手を引いて譲位の意思を告げた。そして皇太弟の辞退を許可せずに譲位を宣言し、これにより大伴親王は淳和天皇となった。翌十七日も辞退を退けられたことから、淳和天皇は十八日に東宮から内裏に遷御した。正式には二十三日に嵯峨天皇に太上天皇号が奉呈され、二十七日に大極殿で淳和天皇の即位式が行われたが、その間に次期皇太子をめぐる駆け引きがあった。

淳和天皇の即位

淳和天皇は十八日に、自身の第一皇子恒世王（以下親王）を皇太子とした。恒世親王は当時十九歳で、母は嵯峨天皇と同母の亡妹高志（こし）内親王であった。後の五月二十八日の嵯峨太上天皇の詔では、淳和天皇の直系継承に結びつく恒世親王の立太子が、嵯峨太上天皇の意思であったと述べている。

正良親王の立太子

しかし淳和天皇が恒世親王に固辞させることによって、まだ元服前であったが十四歳になっていた嘉智子所生の正良（まさら）親王を皇太子に指名した。これに対し十九日に嵯峨太上天皇が藤原三守（みもり）を遣わして、自分の皇子を皇太子とすることを辞退する内容の上表を、臣下と同じ様式で提出した。しかし即刻上表が返却され、翌二十日の上表も許されず、正良親王が東宮坊に迎え入れられた。そして二十一日に正良親王は皇太子の衣服である黄丹（おうに）の服を身に着けて参内した。さらに皇太子正良親王は『本朝皇胤紹運録』によれば八月一日に元服しており、これによってようやく成人皇太子となった。

皇太后嘉智子の誕生

嵯峨天皇に太上天皇号が奉呈された四月二十三日に、これに連動して嘉智子も皇后から皇太后となった。この年嘉智子は三十八歳になっていた。

皇太后になった嘉智子には、家政機関として皇太后宮職が設置された可能性も考えられるが、その実態を知ることができる史料は残されていない。

皇太后の封戸

経済面では、六月二日に封戸（ふこ）として嵯峨太上天皇には一五〇〇烟（えん）（戸）、嘉智子には一〇〇〇烟（戸）が充てられ、これが皇太后嘉智子の公的な収入となった。なお嵯峨太上天皇の封戸は天長元年（八二四）八月八日に五〇〇戸が増封されて、二〇〇〇戸となった。次の淳和太上天皇と皇太后の場合も、承和二年（八三五）三月十二日に、冷然院御封に准じて、淳和太上天皇に二〇〇〇戸、皇太后正子内親王に一〇〇〇戸を充てている。その時の記事では、封戸に損益が出た年に当たった場合は、朝廷が補塡してすべてを進めると保証している。

令制では中宮湯沐二〇〇〇戸であることから、皇后の時よりは半減し、また太上天皇の半分ではあるが、独自の封戸が保証されており、これは嘉智子が太皇太后になった後も継続されたと考えられる。

冷然院遷御

弘仁十四年（八二三）四月十日に、嵯峨太上天皇が冷然院に遷御した後、明確な史料はないが、嘉智子も承和元年（八三四）八月九日の嵯峨院遷御まで、夫婦同居を基本として、冷然院を本拠としたと考えられる。冷然院は嵯峨天皇の離宮で、冷然院とも記されている。弘仁七年八月二十四日に文人に詩を賦させているのが初見であるが、もとは親王時代の京内の邸宅であったと推定されている。平安宮の東側に隣接する左京二条二坊の西南四町分を占めていた。

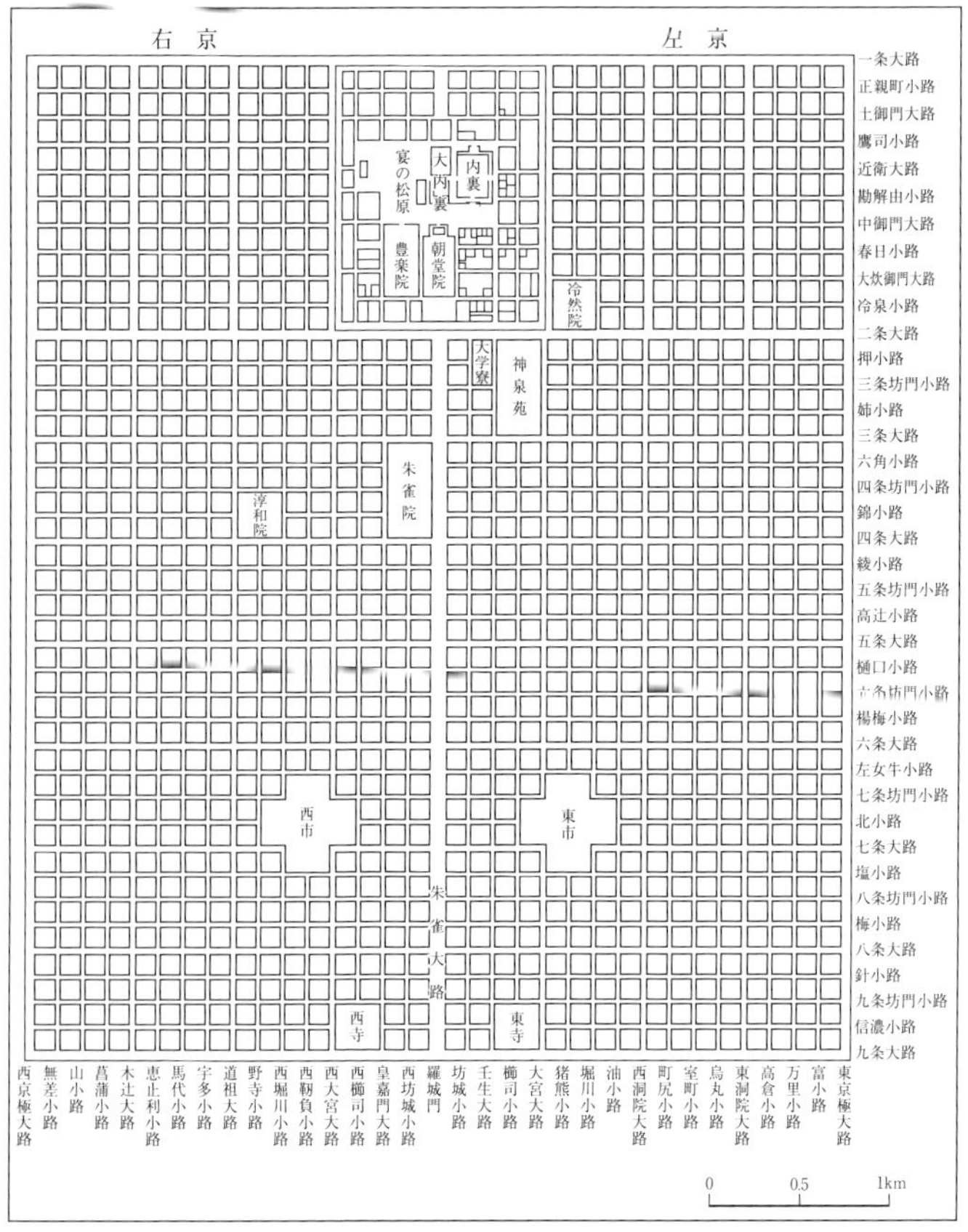
右京
左京
一条大路
正親町小路
土御門大路
鷹司小路
近衛大路
勘解由小路
中御門大路
春日小路
大炊御門大路
冷泉小路
二条大路
押小路
三条坊門小路
姉小路
三条大路
六角小路
四条坊門小路
錦小路
四条大路
綾小路
五条坊門小路
高辻小路
五条大路
樋口小路
六条坊門小路
楊梅小路
六条大路
左女牛小路
七条坊門小路
北小路
七条大路
塩小路
八条坊門小路
梅小路
八条大路
針小路
九条坊門小路
信濃小路
九条大路
宴の松原
大内裏
内裏
豊楽院
朝堂院
冷然院
大学寮
神泉苑
朱雀院
淳和院
西市
東市
朱雀大路
西寺
東寺
西京極大路
無差小路
山小路
菖蒲小路
木辻大路
恵止利小路
馬代小路
宇多小路
道祖大路
野寺小路
西堀川小路
西靭負小路
西大宮大路
西櫛笥小路
皇嘉門大路
西坊城小路
羅城門
坊城小路
壬生大路
櫛笥小路
大宮大路
猪熊小路
堀川小路
油小路
西洞院大路
町尻小路
室町小路
烏丸小路
東洞院大路
高倉小路
万里小路
富小路
東京極大路
0
0.5
1km

平安京条坊図

ただし十月十三日に、皇后院で空海に三日三夜の息災法を行わせている。息災法は災害や苦難を除き、煩悩や罪業を消滅させるために修するものである。

皇后院息災法

この皇后院の所在地は不明であるが、これを平安宮最初の皇后である嘉智子の皇后時代の居所とし、六日前に内裏東側の三門のうち、南の門である延政門の北で火災が起こる中で息災法が行われているとして、内裏内施設とみる説がある（西野悠紀子「九世紀の天皇と母后」）。皇后院が内裏内ではなく、内裏の東側にあった皇后宮職施設（職御曹司）であった可能性もなくはないが、いずれにしても門の火災はすぐ消火され延焼はしておらず、息災法を空海が行うまでの深刻な大火事にはなっていない。

いっぽう皇后院は皇太后嘉智子の居所を指すとし、嘉智子のために修法が行われたとする推定もある（『訳注日本史料　日本後紀』頭注）。息災法が嘉智子のためのものとすれば、この時嘉智子が病などになり、一時的に冷然院を離れて皇后院におり、ここで修法が行われた可能性がある。この時淳和天皇の皇后はまだ立てられていなかったが、嘉智子だけが依然として内裏内や皇后宮職の施設に残っていたり、再度入ったりしたとは考えられない。むしろこの「皇后院」は「皇太后院」の誤記の可能性があり、嘉智子独自の院で、後述する「皇太后後院」の朱雀院に繋がるものであったとも考えられる。

正子内親王の入内

嘉智子所生の正子内親王は、時期は不明であるが、淳和天皇に配されることになった。天長元年（八二四）七月七日に平城太上天皇が崩御したが、兄の死を悼む淳和天皇の思いとは異なり、短縮せよという平城太上天皇の遺命で、諒闇は七月末までとなった。そして十月二十六日になると、皇太子正良親王が後宮に謁見し、仁寿殿の東の高欄の下で酒肴を設けている。この後宮は正子内親王を指すとされており、正子内親王はこの年に十五歳になっており、この時には入内していたと考えられる。ただし淳和天皇は父嵯峨太上天皇と同年齢の三十九歳で、正子内親王にとっては二十四歳も年上であり、きわめて政治的な入内であったといえる。

正良親王の立太子によって見えてきた嵯峨・淳和の両皇統迭立の構図ではあるが、淳和天皇が弘仁十四年六月に亡妃高志内親王を贈皇后としており、正良親王即位後に、贈皇后所生に格上げされた恒世親王が立太子する可能性も残されていた。これに対し正子内親王が嵯峨・淳和両方の血筋を受け継いでいる皇子を産み、この皇子を立太子させて、両統迭立をより強固にすることが期待されたといえる。

恒貞親王の誕生

正子内親王は、月日は不明ながら天長二年に、期待通り淳和天皇の第二子となる恒貞親王を産んだ。嵯峨太上天皇や嘉智子にとっては初めての外孫でもあった。

また十一月二十六日に冷然院で嵯峨太上天皇の四十の賀宴が行われ、さらに同月三十日には皇太子が父と同年齢である淳和天皇の四十の賀を祝うなど、この年は慶事が続いた。

恒世親王の早世

しかし翌天長三年五月一日に、淳和天皇第一子の恒世親王が二十二歳で早世した。淳和天皇は深く悲しみ、長い間政務をみることを取り止めたという。同月十日には山城国愛宕郡の鳥部寺の南に葬られた。

俊子内親王の早世

いっぽう六月八日には、嘉智子所生の俊子（としこ）内親王が早世し、十日には山城国愛宕郡の愛宕寺の南の山に葬られた。年齢は不明であるが、姉正子内親王がこの年十七歳で、それよりも若かった。嘉智子所生の二男五女の中で、最も早く没しており、初めて我が子の逆縁を経験した母嘉智子の落胆が推測される。

また皇太子となっていた正良親王も、この頃には胸病が始まったとされ、その後も健康不安を抱えるようになっていった。

正子内親王所生の皇子たち

正子内親王は正良親王と比べると健康に恵まれ、さらに母嘉智子と同じく子宝にも恵まれて、恒貞親王を筆頭に計五男を出産している。ただし多くは短命であり、天長四年（八二七）五月十四日に産んだ二人目の皇子は恒統（つねむね）親王と考えられ、承和九年（八四二）三月十六日に十六歳で早世している。そして天長八年十二月十日に産んだ三人目の皇子は生後間もなく同月二十九日に、また承和三年十二月十三日に産んだ五人目の皇子も翌年正月四日に夭折している。

これに対し天長九年十二月六日に皇后が誕月となったため、皇后宮職の東院に移ったという記録がある四人目の皇子は基貞(もとさだ)親王と考えられ、貞観(じょうがん)十一年(八六九)九月二十一日に没しており、比較的長命だったが、やはり正子内親王にとっては逆縁であった。結果的に正子内親王より長く生きたのは最初に産んだ恒貞親王だけであった。

正子内親王の立后

いずれにしても五月に二度目の出産を控えていた身重ながら、正子内親王が天長四年二月二十八日に立后されている。前年に恒世親王が没したことを受け、まだ三歳ながら恒貞親王を皇后所生皇子に格上げすることによって、その存在感を高めるためであった。いずれにしてもかつて法華寺の尼が予言したように、嘉智子は皇后の母になったといえる。

道康王の誕生

いっぽう正子内親王の立后と同年の天長四年には、皇太子正良親王の第一子として道康(みちやす)王(のち親王、文徳(もんとく)天皇)が誕生している。母は藤原冬嗣(ふゆつぐ)の娘順子(のぶこ)で、その兄は良房(よしふさ)である。これは嵯峨太上天皇と嘉智子にとって初めての内孫の誕生であった。後の承和の変に繋がる人々が生まれてくる時期であった。

秀良親王の元服

その後しばらく、皇太后時代の嘉智子に関連する史料はみえないが、天長九年（八三二）二月十一日には、十六歳になっていた嘉智子所生の秀良（ひでよし）親王の元服が冷然院で行われ、三品に叙された。五月二十九日には、朝廷に没官されていた書籍一六九三巻を賜っている。これは橘奈良麻呂（ならまろ）の変で没収されていた書籍と推測されている。

二　太皇太后時代の嘉智子

淳和天皇の譲位

天長十年（八三三）二月二十四日、四十八歳の淳和天皇は内裏から西院（淳和院）に遷御した。同年齢の嵯峨天皇から引き継いだ皇位も在位は約十年間となり、身体の不調を理由に譲位を決意したためであった。二十八日に淳和院において皇太子正良親王に譲位した。

仁明天皇の即位

皇太子はこれを辞退するも許されず、翌二十九日の再度の皇位辞退の上表も許されなかった。そこで皇太子は冷然院に赴き、嵯峨太上天皇と嘉智子に拝謁し、東宮に戻った。父母に最終的に天皇となる決意を報告し、またその後の皇位継承について相談したと考えられる。

恒貞親王の立太子

三十日になると、仁明天皇は恒貞親王を皇位継承にふさわしい人物として皇太子とし、春宮大夫らの官人を任じた。しかし淳和太上天皇は九歳の幼い皇子の立太子を考え直すよう書をもって願い出た。翌三月一日、仁明天皇の再度の懇願にも太上天皇は辞退の書を出したが、その書も返却された。

このように前天皇が実子の立太子を二度辞退することは、かつて正良親王の立太子の時に、嵯峨太上天皇が行ったことを倣ったものであり、恒貞親王の立太子を公認させるうえでの演出でもあった。

太皇太后嘉智子

仁明天皇の即位に伴い、三月二日に母嘉智子は太皇太后、同産の正子内親王は皇太后となった。六日には大極殿で仁明天皇の即位式が行われた。先の正子内親王立后に続き、仁明天皇即位により、天子と皇后の母となるという法華寺苦行尼の予言が的中し、成就したことになった。

嘉智子父母の贈位と墓守設置

さらに三月二十八日、仁明天皇は自らの外祖父母である、嘉智子の父橘清友と母田口氏を顕彰し、それぞれに正一位を追贈し、各墓に墓守を一人ずつ置くように命じていった。前述したように、清友は、嘉智子の身位が夫人、皇后となるのに連動して贈位が行われており、今回のものは孫の即位を理由とするが、それだけでなく嘉智子が太皇太后となったことに伴うものでもあったといえる。

なお承和二年（八三五）正月二十三日には、清友の名を避けるために、清友宿禰姓を笠品（かさしな）宿禰姓に改姓させ、さらに承和六年六月五日には、清友を贈太政大臣にまで引き上げていく。

即位後の朝覲行幸

即位から約六ヵ月を経た八月十日に、仁明天皇は冷然院に行幸し、嵯峨太上天皇と嘉智子に謁覲した。そして扈従した五位以上には賜禄が行われた。これは「孝子の礼」による父母と子の間の秩序を確認する儀礼であり、以後は正月に行うことが恒例となっていった。

即位後朝覲の先例

なお朝覲行幸（ちょうきんぎょうこう）は、嵯峨天皇が大同（だいどう）四年（八〇九）四月一日に即位した後、約六ヵ月を経た八月三十日に平城太上天皇に行ったものが始まりで、この場合は天皇と太上天皇との政治的緊張を回避し、王権の一体性を維持するために行われたとされている（鈴木景二「日本古代の行幸」）。なおこれは兄弟間の朝覲でもあった。ただし淳和天皇は即位後に嵯峨太上天皇に朝覲していない。

天長十一年正月一日に、仁明天皇は大極殿で朝賀を受け、翌二日には淳和院に赴いた。淳和太上天皇は中庭に迎え、両人は拝舞を行った後昇殿し、酒宴が行われ音楽や歌舞が披露された。太上天皇は鷹や鷂（はしたか）、また猟犬を献上し、帰り際には南塀の下まで出て見送ったという。これは父子に準じた年賀であったが、その後仁明天皇が淳和太上天皇に朝覲することはなかった。

いっぽう三日には淳和太上天皇が新年の賀のために冷然院に赴いた。これに対して嵯峨太上天皇は驚きながら、中庭に迎えに出て逢っている。これは兄弟同士の年賀であったが、これもその後は行われていない。

正月朝覲行幸の始まり

天長十一年正月三日には改元が行われ、承和元年（八三四）となった。その翌日に、仁明天皇が冷然院に赴き、父と母に拝謁した。これが天皇の父母への正月朝覲行幸の初例となった。

なお正子内親王は、仁明天皇に先んじて、天長二年（八二五）正月四日、そして皇后となった後の天長七年は正月五日、八年は正月三日に、賀正のために父母のいる冷然院に赴き拝謁している。特に八年の時は終日雪が降り、一泊して翌日に宮に戻っていった。

『西宮記』の儀式次第

『西宮記（さいきゅうき）』巻一、正月には、上皇および母后があった場合に、三日に朝覲する時の儀式次第がみえる。

天皇は通常の行幸のように鳳輦（ほうれん）に乗り、上皇の宮の外一町で警蹕（けいひつ）を停め、所司装束が門内に入り、縁道を舗設し屛幔を立てる。その門の下に臨んで、天皇は御輿から降り筵を敷いた道を歩いて御休所に入る。この時内侍が御剣を奉持するが、次将（近衛中・少将）の場合もある。そして天皇は正殿に進み、地に敷いた四幅の帛の上で、倚子に坐した上皇と母后に対して拝舞し、その後御休所に戻る。さらに上皇の仰せにより正殿に渡り、御酒を供される。上皇が盃を給い、盃を撤収した後に御拝がある。贈物や被物があり、天皇が拝礼する。群臣に賜禄が行われ、次いで天皇が還御する。この日には供奉する王卿以下は魚袋を付ける。

以上は十世紀の朝覲であり、拝礼を受ける側の状況や考えで若干の変更があったと考えられるが、仁明朝の朝覲もおおむねこのようなものであったといえる。

嵯峨院遷御

承和元年（八三四）八月三日になると、仁明天皇が嵯峨太上天皇と嘉智子のために、冷然院で酒宴を催し、天皇自ら玉で作った盃を両親に奉った。楽官が奏楽し、源氏姓を与えられていた嵯峨太上天皇の児らに殿上で童舞を舞わせた。そして歓びを極めて宴が終わると、綿一万屯が五位以上、院司に身分に応じて賜与された。この宴は嵯峨太上天皇と嘉智子が冷然院から正式に嵯峨新院へ遷御することに伴う送別の酒宴であった。

嵯峨院は平安京郊外の山城国葛野郡に位置し、嵯峨天皇時代の弘仁五年（八一四）から史料にみえるが、親王時代の荘と考えられる的野（いくはの）が起源とされ、広大な嵯峨野の地域を領有していた（橋本義則「史料から見た嵯峨院と大覚寺」）。

在位中は「嵯峨院」「嵯峨別館」「嵯峨山院」「嵯峨庄（荘）」などとみえ、別荘として利用され、文人たちとの詩宴などが行われていた。天長十年（八三三）四月二十一日の仁明天皇の詔によれば、すでに嵯峨太上天皇が嵯峨院で退位生活を始めていたらしく、所在地である葛野郡の貧民たちに恩恵を与えるために借金救済を命じている。この頃の嵯峨院は茅葺（かやぶき）の殿舎が聳え立ち、景色がすぐれた東西二つの名所があったことがわかる。承和元年八月三日には「嵯峨新院」とあり、新たな整備がなされたと考えられる。さらに十月七日には寝殿の新築が完成し、仁明天皇が使者を派遣して祝賀し、財物を献上している。

嵯峨院の構造と嘉智子の居所

嵯峨院の中核部分はのちに大覚寺となるが、当時は土塀や築地塀（ついじべい）などで囲まれる区画がいくつかあり、嵯峨太上天皇の居住空間である大院には、「嵯峨南北両宮」があり、南宮が嵯峨太上天皇、北宮が嘉智子の居住空間であったとされている。いっぽうこの大院に対し、別宮を建築して小院と号し、そこに源定（みなもとのさだむ）の母である尚侍百済王慶命（ないしのかみくだらのこにきしきょうみょう）を住まわせたとされる。これ以外にも別宮が大院の周辺に点在したと推測されてい

嵯峨野周辺図

（出典：国土地理院ウェブサイトの地理院タイル〈淡色地図〉を加工して作成
Shoreline data is derived from: United States. National Imagery and Mapping Agency. "Vector Map Level 0 〈VMAP0〉." Bethesda, MD: Denver, CO: The Agency; USGS Information Services, 1997.）

嵯峨院への朝覲

大沢池からみた大覚寺（嵯峨院）と嵯峨陵方面

る（橋本義則「史料から見た嵯峨院と大覚寺」）。おそらく慶命以外の後宮女性たちも別宮を持っていた可能性が考えられる。

承和元年以来、仁明天皇による父嵯峨太上天皇と母太皇太后嘉智子への正月朝覲行幸は恒例化し、父母が嵯峨院在住の時期では、承和二年から五年の四回は正月三日に行われた。

しかし承和六年正月は閏正月二日に行われている。これは前年の十二月二十六日に嘉智子所生の芳子内親王が没したため、正月は朝賀が取りやめとなり、それに伴い約一ヵ月延期されたためであった。なおこの時に、嵯峨太上天皇の息子である源融と、淳和太上天皇の孫で恒世親王の子である正道王が侍従に任じられ、付き従った群臣たちにも賜禄が行われた。

ただしこの時の記事は嵯峨太上天皇に拝謁したとのみあり、嘉智子について言及していない。まだ四十九日も終わっておらず、嘉智子は芳子内親王を失った悲しみからいまだ癒えず、公的な朝覲を受けなかったのかもしれない。

またこの承和六年には嵯峨太上天皇の病を見舞うために、八月一日に朝覲行幸し、その日は夕刻に内裏に帰ったものの、まだ病が癒えないため四日も嵯峨院へ朝覲している。この時の記事にも嘉智子については記載がないが、公的には父への見舞いを目的としたものであったためで、おそらく私的な対面はあったと考えられる。

翌承和七年は正月元日に朝賀が行われたが、朝覲は恒例の正月ではなく、二月二日に行われた。この時は嵯峨太上天皇と嘉智子に拝謁している。ただし延期された理由は不明である。

いっぽう承和八年は一切朝覲が行われなかった。これは前年五月に淳和太上天皇が崩御し、その諒闇のため朝賀も廃されていたためと考えられる。

承和九年正月三日は、雅楽寮が音楽を奏し、公卿たちは酒に酔うなか、感興の赴くままに、各人が立って舞ったとされる。この日に嵯峨太上天皇の更衣の秋篠康子(あきしののやすこ)は従五位下から正五位下に、同じく更衣の山田近子(やまだのちかこ)は無位から正五位下に昇叙され、扈従した五位以上の賜禄が行われ、日暮れになって仁明天皇は宮へ還御していった。ただしこの年に嵯峨太上天皇が崩御するので、この朝覲行幸は、嵯峨太上天皇に対する最後のものとなった。

このように嘉智子は、仁明天皇即位後に嵯峨太上天皇に随伴して嵯峨院に遷御し、嵯峨太上天皇の生前は、嵯峨院の北宮を本拠としていた。しかしいっぽうで平安京内に後院として朱雀院を所有していた。前述したように弘仁十四年(八二三)にみえる皇后院の流れを汲む可能性も考えられる。承和三年(八三六)五月二十五日には、平城京内の空閑地二二〇町が太皇太后の朱雀院の所領とされ、承和四年七月三十日には、勅により近江国の荒田六四町が太皇太后後院に充てられており、経済的な整備がなされている。

後院が、内蔵寮(くらりょう)や勅旨所(ちょくししょ)などとは別に、天皇の私有財産の管理を行ったのと同様に、嘉智子の太皇太后後院としての朱雀院も、嘉智子に付置された公的な家政機関である太皇太后宮職とは別の、まったく独自の私領であり、嘉智子の私有財産の管理を行ったとされている(春名宏昭「「院」について—平安期天皇・太上天皇の私有財産形成—」)。

嘉智子主催の朱雀院の宴

承和五年十一月二十九日に、嵯峨太上天皇は冷然院に向かい、さらに神泉苑に出御して、隼（はやぶさ）による水鳥の猟を行った。この時仁明天皇も馬・鷹・鷂・猟犬、屏風や愛玩物などを献上している。そして当日、太上天皇に陪奉（ばいほう）した近臣や侍女たちに叙位が行われた。この侍女の中には嵯峨後宮に連なる笠継子（かさのつぎこ）・内蔵影子（くらのかげこ）・菅原閑子（すがわらのしずこ）・大中臣岑子（おおなかとみのみねこ）らがいた。いっぽう嘉智子自身は、翌三十日に朱雀院に出御し、宴を独自に主催し、五位以上に賜禄を行っている。嘉智子は自らの後院である朱雀院を、太皇太后としての存在感を示す場としても活用していた。

その後の朱雀院

嘉智子没後しばらくは朱雀院の史料はみえないが、寛平（かんぴょう）八年（八九六）に宇多（うだ）天皇が再興し、譲位後に拡充され遷御した。宇多太上天皇の出家後は醍醐（だいご）天皇の離宮にもなった。朱雀（すざく）天皇が天慶（てんぎょう）九年（九四六）に弟の村上（むらかみ）天皇に譲位した後、母后の藤原穏子（おんし）とともに遷御している。その後、村上天皇の中宮藤原安子（あんし）が居していたこともある。なお朱雀院は『拾芥抄（しゅうがいしょう）』の西京図によれば、朱雀大路に東面し、他の西・南・北の三面も壬生・四条・三条の各大路に囲まれた、東西二町、南北四町の計八町、すなわち右京四条一坊の半分を占めている。

第七　太皇太后嘉智子の宗教活動

一　梅宮社と檀林寺の創建

太后氏神の梅宮社奉祭

嘉智子は太皇太后となった後、神祇や仏教に関する活動を積極的に行っていった。神祇関係としては、高祖母県犬養橘三千代、そして光明皇后や牟漏女王が平城京内の「洛隅内頭」で奉祭していた神を、嘉智子が山城国相楽郡提山、円提寺に移して祭っていたが、太皇太后の時に太后氏神として嵯峨院に近い梅津に梅宮社を創設し奉祭していった。

「譜牒男巻下」

鎌倉初期以前成立とされる十巻本『伊呂波字類抄』「梅宮」に引用されている「譜牒男巻下」には、梅宮社、現在の梅宮大社（現、京都市右京区梅津フケノ川町）の由来が詳しく記されている。

「譜牒」とは氏の本系であり、出自・本枝関係とともに累世職掌や始祖・別祖にまつ

二千代・光明皇后・牟漏女王の奉祭神

梅宮大社　本殿

わる伝承等を書き上げた各氏の記録を、官に提出して国史編纂の素材としたものとされ、この「譜牒男巻下」の素材となった「譜牒」は、奈良末から平安前期の作成と推定されている。ただし「譜牒男巻下」前半の氏神関係の部分では、天皇名を仁明天皇と表記するのに対し、後半の学館院関係の部分では、嵯峨天皇を弘仁天皇と表記する点で、二者が別種の系統の史料である可能性があり、諸種の譜牒類を編纂して成立したものとされている（義江明子「橘氏の成立と氏神の形成」）。

　この「譜牒男巻下」によれば、「太后氏神」のはじまりは「犬養大夫人」、

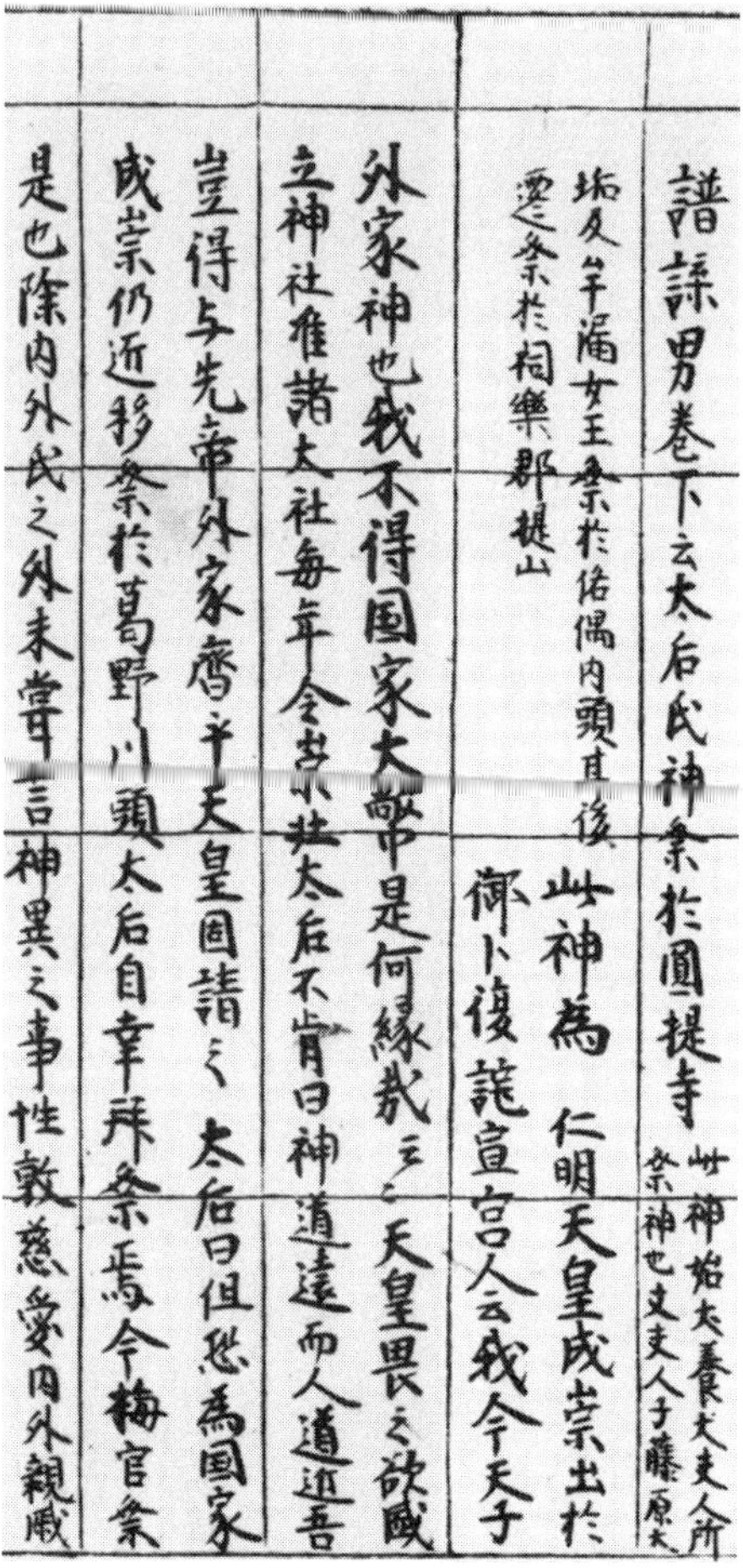
譜諒男巻下云太后氏神祭於圓提寺此神始犬養大夫人所祭神也大夫人子藤原大后又牟漏女王祭於洛隅内頭其後遷祭於相楽郡提山此神為仁明天皇成宗出於御卜後詫宣宮人云我今天子外家神也我不得国家大幣是何縁哉云々天皇畏之欲威立神社准諸大社毎年令當社太后不肯曰神道遠而人道近吾豈得与先帝外家齊乎天皇固請之太后曰但恐為国家成宗仍近移祭於葛野川頭太后自幸拜祭焉今梅宮祭是也除内外氏之外未嘗言神異之事性敦慈愛内外親戚

『伊呂波字類抄』の梅宮社関係記事
（大東急記念文庫蔵）

すなわち嘉智子の高祖母である県犬養橘三千代が祭っていた神としている。三千代がどこでこの神を祭っていたかは記されていないが、さらに「大夫人」（三千代）の子である「藤原太后」と「牟漏女王」、すなわち聖武天皇皇后である光明皇后と、光明皇后の異父姉、諸兄（もろえ）・佐為（さい）の同父妹で藤原房前（ふささき）の室となった牟漏女王の二人が、「洛隅内頭」に祭

円提寺

っていたとする。「洛隅内頭」は光明皇后の内家、平城京の皇后宮職の置かれた場とされている（義江明子「橘氏の成立と氏神の形成」）。いっぽう「洛隅内頭」を恭仁京の右京の東南隅とする説もある（伊野近富「橘氏の女性たち」）。

諸兄を梅宮祭の創祀者とする説もあるが（胡口靖夫「橘氏の氏神梅宮神社の創祀者と遷座地」）、「譜牒男巻下」にみえる三千代（県犬養橘氏）→光明皇后（藤原氏）・牟漏女王（王族）→嘉智子（橘氏）という三千代の血筋を引く女性たちが祭り継いでいた神であったと考えられる（義江明子「橘氏の成立と氏神の形成」）。

「譜牒男巻下」ではこの神を「円提寺」で祭っていたと記し、割注では嘉智子が「洛隅内頭」から「相楽郡提山」に遷祭したとする。ただしその時期は記されていないが、おそらく嘉智子が皇后となった後と考えられる。

「円提寺」は橘諸兄創建の氏寺である井手寺とされている。なお「円提寺」は『東宝記』第六に「井デ」とフリガナがあり、本来「囲提寺」が正しいのではないかとする説もある（真保龍敞「三十帖策子流伝軌跡考—山城・伊賀・大和—」）。『伊呂波字類抄』「梅宮」によれば、郡名はみえないが、梅宮社の末社が「山城国井手寺内」にあった。井手寺の所在地は、現在の京都府綴喜郡井手町井手に比定されている。

「相楽郡提山」は、第一でみたように清友の墓が置かれていた挊山あたり、すなわち現在の木津川市鹿背山あたりかとも考えられ、また相楽郡には諸兄の別荘である相楽別業があった。「洛隅内頭」から「相楽郡提山」、さらに「円提寺（井手寺）」という変遷も考えられる。

遷祭の時期と理由

「譜牒男巻下」には、「太后氏神」を梅宮社に遷祭した時期が記されていない。ただし仁明天皇に祟をなすとの御卜が出て、神が宮人を通じて「我は今天子の外家神なり。我国家大幣を得ず。是何の縁や、云々」と、天皇から皇室の外戚神に対する待遇を得ていない不満を託宣したとする。仁明天皇がこれを畏れ、神社を立て諸大社に准じて毎年壮んに崇拝させようとすると、太后はこれに賛成せず、「神道遠くして人道近し、吾豈先帝外家と斉しきを得むや」と、先帝の外戚神と同じようにするのは畏れ多いと辞退したという。しかし天皇が固くこれを請うと、太后は国家に祟りをなすことを畏れて、葛野川、すなわち今の桂川のほとりに遷し、太后自ら御幸して拝祭したとある。

このことから梅宮社への遷祭は、仁明天皇即位後となり、嘉智子が承和元年（八三四）に嵯峨院へ遷御した後、ほどなくしてその近辺である梅津に遷祭したと考えられる。

酒解神等の神階奉授

承和三年（八三六）十一月七日になると、梅宮社に祭られていた無位の酒解神に従五位上、同じく無位の大若子神・小若子神に従五位下が奉授された。その後も神階が上昇し、承和十年（八四三）四月一日には三座はすべて従四位下となり、名神に列せられた。さらに同年十月十七日には従四位下の酒解子神も名神とされた。

なお文徳天皇期の神階奉授記録は残っていないが、清和天皇期の貞観十七年（八七五）五月十四日に、四神は正四位上から従三位に奉授されており、嘉智子の子の仁明天皇、孫の文徳天皇、曽孫の清和天皇の時期には、「太后橘氏之神」が皇室外戚神として順調に優遇されていったことがわかる。

檀林寺の創建

いっぽう嘉智子は太皇太后時代に、仏教活動にも力を入れるようになっていった。その代表が檀林寺の造営である。

「橘嘉智子伝」によれば、嘉智子は自ら儚さを悟り、篤く仏理を信じて、寺を建立し檀林寺と名付け、比丘尼で戒律を堅く守る者を寺に入住させたとある。そして仁明天皇はその功徳を助けるために五〇〇戸の封戸を施入して供養に充てたという。

このことは檀林寺が基本的には橘氏とは直接関係がない、皇室保護下の太皇太后御願寺であったことを示しており、また封戸額の多さからも母嘉智子への特別な配慮がうかがえる。また檀林寺が尼寺として造営されたことは、光明皇后の法華寺、称徳天皇の西隆寺（さいりゅうじ）など、八世紀の皇后や女性天皇による尼寺創建の伝統を踏まえたものともいえる。

「橘嘉智子伝」には造営の開始時期はみえないが、仁明天皇が即位し、太皇太后となった嘉智子が嵯峨太上天皇に伴って承和元年に嵯峨院に遷御し、ほどなく発願したと考えられる。その点では前述した梅宮社の造営とほぼ同じ頃といえる。

造檀林寺使

檀林寺の造営は、造寺司（ぞうじし）に準じた造寺使という公的な機関を設置して進められており、承和三年閏五月十四日には「造檀林寺使」の主典（さかん）がみえる。造営は長期にわたったらしく、後述するように承和九年九月四日に嵯峨太上天皇の四十九日の法会が檀林寺で行われており、この頃には一定の寺容が整えられていたと考えられるが、嘉智子が崩御した翌年にあたる嘉祥（かしょう）四年（八五一）二月二十七日の文書（大和東大寺文書〈根岸文書〉、『平安遺文』一〇〇号文書）では、「造檀林寺使」の史生（ししょう）の存在も確認できる。さらに彼らの氏姓から、この地域に盤踞した秦氏系氏族が造営に関与していたことがわかる。

二　恵蕚の唐派遣と嘉智子の唐仏教信仰

また嘉智子は太皇太后の頃に、唐仏教への憧憬が強くなり、僧を独自に派遣して神異僧の供養や霊山に代参させるなど、対外的な仏事供養に力を入れるようになっていった。

唐清龍寺派遣僧の支援

承和三年（八三六）に派遣された承和度の遣唐使に際して、空海の弟子実恵らは、真言請益僧の真済・真然に託して、長安青龍寺に空海が前年に示寂したことを伝え、また空海の師恵果の墓前供養を行い、さらに同法の僧侶たちに法服を送ろうとした。『弘法大師全集』「追懐文藻」に収録されている実恵らの同年五月五日付け書状「托真済真然入唐報大師示寂於青龍和尚墓前兼示諸同法侶書」は、当時の真言宗の「外護大檀主」として「今上陛下、北面后宮、及大納言二品藤原朝臣、右大弁四品和気朝臣」を挙げている。この「今上陛下、北面后宮」は仁明天皇とその母嘉智子と考えられ（佐藤全敏「観心寺如意輪観音像　再考」）、息子の仁明天皇とともに青龍寺への真言僧派遣に特別な配慮を行っていた。この年嘉智子は五十一歳になっていた。なお大納言は藤原三守、右大弁は和気真綱である。

ただしこの年出発した遣唐使船は遭難漂着して成功せず、再出発に当たって真済・真然の乗船が忌避された。このため実恵の請願によって、もと元興寺の華厳宗僧で空海から灌頂を受けた円行が真言請益僧として任命され、承和五年（八三八）に遣唐使とともに入唐し、翌承和六年に青龍寺で恵果を供養して、同法の僧侶たちと交誼を確認し、さらに教学の難儀・未決の解答を得て帰国している。

「橘嘉智子伝」によれば、嘉智子がかつて多くの宝幡や繡文袈裟を造らせていたが、周囲はその意図を知らなかったという。しかし後に恵蕚を入唐させ、繡文袈裟を「定聖者僧伽和上・康僧ら」の供養に施し、また五臺山には宝幡および鏡奩の具を施入したとある。

なお「橘嘉智子伝」を編纂した都良香は、恵蕚と交流があった可能性がある。真如（高丘親王）に随伴して入唐していた賢真が、貞観五年（八六三）に恵蕚とともに帰国した後、貞観七年に明州開元寺に寄進する銅鐘の銘文、すなわち『都氏文集』巻三にみえる「大唐明州開元寺鐘銘一首并序」を良香が執筆している。

唐奉納品の作成

承和三年閏五月十四日の記事によれば、遣唐使料の染色品類を作成する工房が皇后宮職に臨時に設置されていた。この時は仁明天皇に皇后に相当する配偶者はいなかった。

このため皇后宮職が流用されたともいえるが、むしろ太皇太后嘉智子や皇太后正子内親王が遣唐使事業に深く関与していたことを示唆するとみる説もある（保立道久『黄金国家―東アジアと平安日本―』）。

皇后宮職の工房で、嘉智子が「橘嘉智子伝」にみえる神異僧や五臺山に奉納する物品も作成させていた可能性が考えられる。いずれにしても嘉智子が私的な信仰のために独自に物品を用意し、これを奉納するために、遣唐使とは別に僧を派遣できる政治力と経済力を有していたといえる。

恵蕚の派遣

嘉智子が派遣した恵蕚は、新羅の海商らと連携して大陸を往来し、中国仏教の情報を仲介する僧であった。恵蕚の渡海は記録に残るだけでも七度に及ぶ。そして恵蕚は仏教にとどまらず、会昌四年（八四四・承和十一）には蘇州南禅院献納本『白氏文集』を書写させて、日本へ送ったことでも著名である（田中史生「入唐僧恵蕚に関する基礎的考察」）。

僧伽和尚信仰

嘉智子が袈裟を捧げた「僧伽和上」は、唐泗州（ししゅう）普光王寺の僧伽和尚である。僧伽はパミールの北の「何国」、すなわちゾグディアナ、クシャーニャ国出身で、若年で出家し唐に赴き各所で活動し、龍朔（りゅうさく）初年（六六一）に普照王仏を本尊とした寺を臨淮（りんわい）県に開き、晩年には中宗（ちゅうそう）の招請で内道場に入った。在唐五三年となった景龍（けいりゅう）四年（七一〇・和銅（わどう）三）に八十三歳で没し、坐して入定した姿のまま漆布を施した遺体が泗州普光王寺に葬られた。僧伽は死後もしばしば姿を現したとされ、各地の寺に僧伽和尚堂が建立され、水難・治水・盗賊・病気・旱天などの救済、特に航路安全・水難守護に霊験があると信じられていった（牧田諦亮「中国に於ける民俗仏教成立の一過程」）。この神異僧的性格から、十一面観音の化身ともされ、宝誌・万廻とともに、唐宋時代の俗間に広く信仰され、僧伽・宝誌・万廻を組み合わせた三聖僧像も盛んに作成された（肥田路美「四川省夾江千仏岩の僧伽・宝誌・萬廻三聖龕について」）。

日本では、『薬師寺縁起』によれば薬師寺西院に「僧伽和尚影」があったという。西院は舎人親王建立と伝えられているので、養老二年（七一八）の遣唐使帰国時などに、請来もしくは情報が伝えられていた可能性がある。円仁の『入唐求法巡礼行記』には、天平宝字五年（七六一）帰国の「迎藤原河清使」と推定されている日本国使も、登州開元寺の僧伽和尚堂を訪れていたことが記されている。九世紀前半に帰国した入唐僧では、大中元年（八四七・承和十四）に帰国した円仁が、僧伽・宝志（誌）・万廻の三聖僧像一合を請来し、同年に恵萼とともに帰国した恵運が、唐製の僧伽和尚像一躯を請来している。また九世紀後半では円珍、真如（高丘親王）、十世紀では奝然、十一世紀では成尋など、

郵便はがき

料金受取人払郵便

本郷局承認

5513

差出有効期間
2024年7月
31日まで

113-8790

東京都文京区本郷7丁目2番8号

吉川弘文館 行

愛読者カード

本書をお買い上げいただきまして、まことにありがとうございました。このハガキを、小社へのご意見またはご注文にご利用下さい。

お買上**書名**

＊本書に関するご感想、ご批判をお聞かせ下さい。

＊出版を希望するテーマ・執筆者名をお聞かせ下さい。

お買上 書店名	区市町	書店

◆新刊情報はホームページで　http://www.yoshikawa-k.co.jp/

◆ご注文、ご意見については　E-mail:sales@yoshikawa-k.co.jp

ふりがな ご氏名	年齢　　歳　男・女
〒□□□-□□□□	電話
ご住所	
ご職業	所属学会等
ご購読 新聞名	ご購読 雑誌名

今後、吉川弘文館の「新刊案内」等をお送りいたします(年に数回を予定)。
ご承諾いただける方は右の□の中に✓をご記入ください。　□

注文書

月　日

書　名	定　価	部　数
	円	部
	円	部
	円	部
	円	部
	円	部

配本は、○印を付けた方法にして下さい。

イ. 下記書店へ配本して下さい。

(直接書店にお渡し下さい)

(書店・取次帖合印)

書店様へ＝書店帖合印を捺印下さい。

ロ. 直接送本して下さい。

代金(書籍代＋送料・代引手数料)は、お届けの際に現品と引換えにお支払下さい。送料・代引手数料は、1回のお届けごとに500円です(いずれも税込)。

＊お急ぎのご注文には電話、FAXをご利用ください。
電話 03−3813−9151(代)
FAX 03−3812−3544

（ご注意）

・この用紙は、機械で処理しますので、金額を記入する際は、枠内にはっきりと記入してください。また、本票を汚したり、折り曲げたりしないでください。

・この用紙は、ゆうちょ銀行又は郵便局の払込機能付きＡＴＭでもご利用いただけます。

・この払込書を、ゆうちょ銀行又は郵便局の渉外員にお預けになるときは、引換えに預り証を必ずお受け取りください。

・ご依頼人様からご提出いただきました払込書に記載されたおところ、おなまえ等は、加入者様に通知されます。

・この受領証は、払込みの証拠となるものですから大切に保管してください。

収入印紙
課税相当額以上
貼　　付

印

この用紙で「本郷」年間購読のお申し込みができます。

◆この申込票に必要事項をご記入の上、記載金額を添えて郵便局でお払込み下さい。

◆「本郷」のご送金は、４年分までとさせて頂きます。

※お客様のご都合で解約される場合は、ご返金いたしかねます。ご了承下さい。

この用紙で書籍のご注文ができます。

◆この申込票の通信欄にご注文の書籍をご記入の上、書籍代金（本体価格＋消費税）に荷造送料を加えた金額をお払込み下さい。

◆荷造送料は、ご注文１回の配送につき500円です。

◆キャンセルやご入金が重複した際のご返金は、送料・手数料を差し引かせて頂く場合があります。

◆入金確認まで約７日かかります。ご諒承下さい。

※現金でお支払いの場合、手数料が加算されます。通帳またはキャッシュカードを利用し口座からお支払いの場合、料金に変更はございません。

※領収証は改めてお送りいたしませんので、予めご諒承下さい。

お問い合わせ　〒113-0033・東京都文京区本郷７—２—８
吉川弘文館　営業部
電話03-3813-9151　FAX03-3812-3544

この場所には、何も記載しないでください。

02 東京

払込取扱票

通常払込料金加入者負担

口座記号番号	金額
00100-5-244	千 百 十 万 千 百 十 円 ※

加入者名	料金	備考
株式会社 吉川弘文館		

各票の※印欄は、ご依頼人において記載してください。

ご依頼人・通信欄

フリガナ

※お名前

郵便番号　　電話

※ご住所

※

〈この用紙で書籍代金ご入金のお客様へ〉
代金引換便、ネット通販ご購入後のご入金の重複が増えておりますので、ご注意ください。

◆「本郷」購読を希望します

購読開始　　号 より

1年 1000円 (6冊)　3年 2800円 (18冊)
2年 2000円 (12冊)　4年 3600円 (24冊)
(ご希望の購読期間に○印をお付け下さい)

日附印

裏面の注意事項をお読みください。(ゆうちょ銀行)(承認番号東第53889号)

これより下部には何も記入しないでください。

切り取らないでお出しください。

記載事項を訂正した場合は、その箇所に訂正印を押してください。

振替払込請求書兼受領証

口座記号番号	00100-5-244 (通常払込料金加入者負担)
加入者名	株式会社 吉川弘文館
金額	千 百 十 万 千 百 十 円 ※
ご依頼人	おなまえ ※ 様
料金	日附印
備考	

この受領証は、大切に保管してください。

中国に渡海した僧たちが僧伽和尚に関心を持っていた。

「橘嘉智子伝」の「僧伽和上」に続く「康僧」は、『宋高僧伝』の「唐会稽永欣寺後僧会伝」にみえる「後僧会」と考えられる。三世紀の呉の時代の「康僧会」が肉体を生前と変わらずに残したまま、霊魂だけが体外に出た後、唐高宗の永徽中（六五〇～六五五）に再来したとする僧である。

後僧会は康居国（中央アジア・カザフスタン南部）出身で、父が商人のためインドおよび交阯（ベトナム北部）で育った。十歳で出家し、その後海路で江南へ至り、呉の赤烏年中（二三八～二五一）には大帝（孫権）に拝謁し、舎利の霊瑞を示して帝を開悟させた。天紀四年（二八〇）に尸解したが、その後三七〇年ほどたった唐高宗の永徽年間に、遊方の僧として越（浙江省紹興）に現れたという。尸解とは、肉体を残して魂だけ抜け去る道家の術をいい、いったん死んだ後、蟬が殻から脱け出すようにして仙人になるのが尸解仙とされた。なお『仏祖統紀』では出現を永徽六年（六五五）のこととしている。容貌は眉、鼻、頤がたかく、碧眼で痩身と、梵容であり、人々がこれを恐れ、このため会稽の永欣寺の寺綱が駆逐したが、自分は康僧会であり、真体を留めれば伽藍に福をもたらすと語り、その後に息絶えたという。その姿は青い目を微瞑してもその精爽は消えず、手を挙げて迎えまねき、足は跨いで歩き出しそうであった。このため衆議して霊躯を埋葬しようとしたが、傾移しないため、歩行姿の遺骸を膠漆で処理して、勝地に遷し、別に崇堂を造って安置した。これに対して、多くの信者が競って香花・灯明・繒綵・旛蓋・果実・衣器を供えて誓願すると利益があったという。

日本に画像が請来された例としては、天台密教僧で円仁の弟子の安然がまとめた『諸阿闍梨真言密教部類総録』巻下「諸聖僧影七」の中に、後僧会と考えられる「僧会和尚入定立影一楨」がみえる。

いずれにしても、嘉智子が袈裟を献じた「僧伽和上」と「康僧」は、二人ともソグド人で、神異僧として信仰され、「僧伽和上」は坐像、「康僧」は歩行像の差はあるが、遺体を漆で処理したミイラ信仰であった点でも共通している（勝浦令子「平安期皇后・皇太后の〈漢〉文化受容―信仰を中心に―」）。

恵蕚の最初の入唐

恵蕚が唐に到着したのは開成五年（八四〇）、山西省の五臺山に入山した時期は、会昌元年（八四一・承和八）夏頃と推定する説がある（田中史生「入唐僧恵蕚に関する基礎的考察」）。いっぽう五臺山に赴いた時期は開成五年七月以降とする説がある（榎本渉『僧侶と海商たちの東シナ海』）。いずれにしても嘉智子が派遣したのはこの時とされ、恵蕚は五臺山に赴く途中、

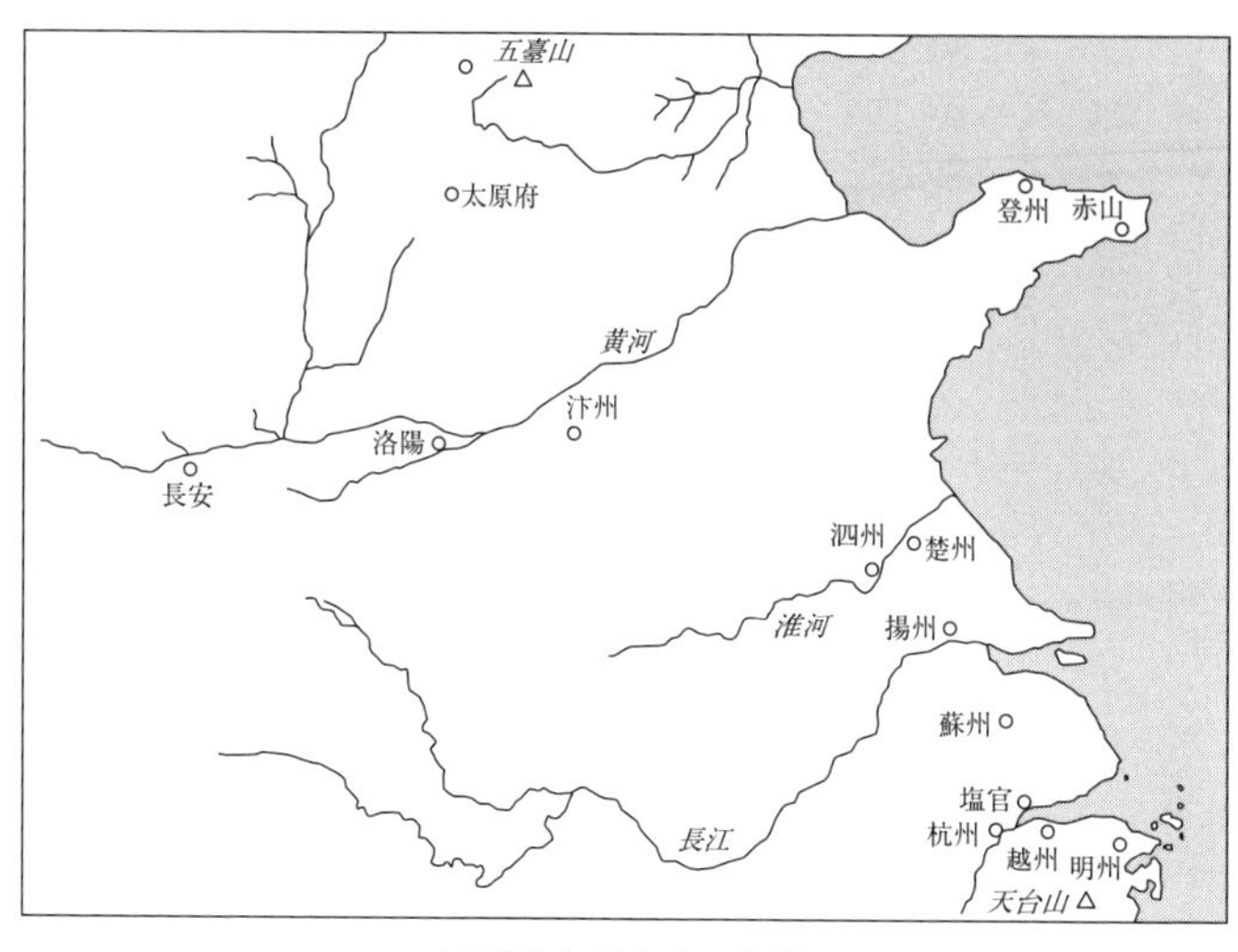

五臺山と天台山の位置
（田中史生編『入唐僧恵蕚と東アジア』所載図を基に作成）

楚州から淮河に入り泗州に至り、泗州普光王寺の「僧伽和上」に嘉智子の作成した袈裟を献じたと推測されている。

五臺山は清涼山とも称され、四世紀頃から文殊菩薩が示現した霊山として知られ、顕通寺をはじめとして多くの寺院が建立された。一時北周の廃仏や隋の戦火で荒廃したが、唐代に多くの寺が栄え、特に大華厳寺は華厳宗のみならず天台宗の、金閣寺は密教の道場としてアジア諸国からも僧が集まった。宝亀度遣唐使の時に入唐し、その後、嵯峨天皇・淳和天皇の支援を受け活躍した日本留学僧霊仙もその一人であったが、この頃には薬殺により遷化していたという情報が、渤海使や承和度遣唐使から伝えられていた。

田口円覚

恵蕚は従僧三名のうち二名を五臺山に残して帰国するが、その時五臺山に留まった一人が、田口円覚と考えられている。田口は嘉智子の母方の氏であり、円覚は嘉智子の縁者として、恵蕚とともに嘉智子のいわば代参を担う人物でもあったといえる。

なお円覚は開成五年（八四〇・承和七）に唐に来て、久しく五臺山に住み、その後長安に赴き、大中九年（八五五・斉衡二）には入唐してきた円珍とも交流し、経典や曼荼羅などの入手にも協力していった。さらに真如（高丘親王）の天竺行きにも随行していった（佐伯有清「円珍と円覚と唐僧義空」）。真如はマレー半島の南端である羅越で客死するが、その後の円覚の消息は不明である。

恵蕚の最初の帰国

恵蕚は嘉智子から託された五臺山における任務を終えると、帰国出発地として予定していた楚州を経由して、会昌元年（八四一・承和八）秋に天台山に赴いた。その旅程上の重要な道筋に杭州や越州がある。この地域は遣唐使や遣唐僧ともなじみがある地域であり、おそらく嘉智子が恵蕚に「後僧会」に袈裟を献じさせた寺は、越州会稽の永欣寺と考えられる（勝浦令子「平安期皇后・皇太后の〈漢〉文化受容」）。その冬には楚州経由の帰国を中止し、最終的には会昌二年春に明州から帰国した。

三　受灌と受戒

実恵による灌頂

　恵蕚の最初の帰国を待つ間、嘉智子は実恵から灌頂と戒を受けた。その時期は実恵が執筆したとされる「奉為嵯峨太上太后灌頂文」（以下「嵯峨太上太后灌頂文」と略）に、空海が唐から帰国した大同元年（八〇六）から「三十六年也」とあり、承和八年（八四一）となる。

　後宇多天皇（一二六七〜一三二四）の時に成立した『一代要記』には、承和八年に東寺長者実恵が結縁灌頂の壇を開き、太后が授戒入壇したとしている。なおこの記事の後に十一月の朔旦冬至の記事が続くので、それ以前であった可能性もある。結縁灌頂は俗人信徒が灌頂壇で大日如来をはじめとする諸尊に花を投げ、花の当たった尊像を宿縁のある仏として、その仏の印と真言を授かるものである。

　また正平七・文和元年（一三五二）に杲宝が撰した『東宝記』巻四の「帝皇后於東寺御灌頂事」に、嵯峨太后御灌頂のことを檜尾僧都、すなわち実恵が承和八年に授け奉ったとし、「灌頂三昧耶戒文」として「嵯峨太上太后灌頂文」の一部を引用している。三昧耶戒は三摩耶戒とも記し、真言密教の戒で、仏と衆生とは平等一如であるという三昧耶

「嵯峨太上太后灌頂文」

の理により、灌頂を授ける直前に授けられる戒とされている。

現在「嵯峨太上太后灌頂文」としてまとめられているものは、最初に「善哉」で始まる請願と結願の文（第一文）があり、この次に「夫」で始まる三種類の文（第二文・第三文・第四文）で構成されている。ただし第一文と、第二文に嘉智子に関する記述がみえるが、後の二つにはみえない。これらすべての文が嘉智子の灌頂に関する文であるのか、またすべてが実恵撰であるのかについては議論がある（池田友美「『奉為嵯峨太上太后灌頂文』について」一・二）。ここでは実恵撰と考えられる第一文と第二文をもとに、嘉智子の灌頂についてみていくことにする。

第一文には、弘仁十三年（八二二）に、空海が平城太上天皇に灌頂を授けた時のものとされている「太上天皇灌頂文（「大和尚奉為平安城太上天皇灌頂文」）」を下敷きとしたと考えられる部分が多い。たとえば中国唐代に金剛智が密教を伝え、その弟子大広智が五部曼荼羅を弘めたこと、皇帝の玄宗、粛宗、代宗に灌頂を授けたこと、大広智の弟子の一人である青龍寺の恵果が徳宗や皇室に灌頂を授け、恵果から灌頂を授けられた空海が帰国した後、日本にも灌頂壇を建てて仏戒を授けたと記すことなどである。ただし「嵯峨太上太后灌頂文」では、皇帝たちだけでなく、その「皇后妃」らにも灌頂を授けたことを特筆している。

嵯峨天皇の受灌

空海は日本の皇帝や高官への灌頂授与を密教布教の大きな目標としており、平城太上天皇は弘仁十三年に東大寺で灌頂を受けている（西本昌弘「平城上皇の灌頂と空海」）。いっぽう嵯峨天皇は、空海から灌頂を受けていないとする説（阿部龍一「平安初期天皇の政権交替と灌頂儀礼」など）と、弘仁十四年正月に灌頂を「東寺」で受けたとする説がある（西本昌弘「嵯峨天皇の灌頂と空海」）。

なお『弘法大師年譜』には、空海が弘仁十四年に「冷泉院（ママ）」で嵯峨天皇に金剛界灌頂を授けた時、皇后大臣らも預かったとある。「冷然院」であれば、四月の退位以降に嘉智子も空海から灌頂を受けたことになる。ただしこの記事の依拠史料は「宗要詮」だけであり、この灌頂の信憑性は不詳とされている（西本昌弘「嵯峨天皇の灌頂と空海」）。

いっぽう前述した実恵らが青龍寺に宛てた承和三年（八三六）五月五日の書状に、先太上天皇（平城太上天皇）が空海から灌頂を受け、その第三皇子卓岳（高丘親王）が出家入道したことを記し、その後に「聖天后地」や「公卿大夫道俗男女」など、尊卑を論じず灌頂に預かったとある。この「聖天后地」が嵯峨天皇と嘉智子とすれば、承和三年以前に嘉智子が結縁灌頂を受けていた可能性がある。

毘盧遮那仏と観音

承和八年に嘉智子が大施主の立場で灌頂を受けた動機は、嘉智子自身が五十六歳を迎えて、より信仰を深めたことだけでなく、嘉智子周辺の人々の状況が大きく変化していたことにもよった。

「嵯峨太上太后灌頂文」の第一文で、嘉智子を「大施主君太皇太后聖国母陛下」と記し、「毘盧遮那仏也、御心に坐すべし、灌頂の法会を四階の宝殿に設けたまふ、観音菩薩也、まさに御身に陶すべし、秘密の戒を七宝の珠台に授けたまふ」と記している。毘盧遮那仏すなわち大日如来の心や観音の身に譬えている。

王権への助力

そして「嵯峨太上太后灌頂文」の第二文には、嵯峨太上天皇である「弘仁聖帝」を厳り、この会を嘉智子である「太上国后太后」に廻らし、また仁明天皇である「承和当代」を資け、天下が「我皇之化楽」を楽しみ、万民が「聖帝之長運」を歌うこと、また前年の承和七年五月に没した淳和太上天皇、皇太后正子内親王である「淳和南北皇帝皇后」を翼け奉ることが記されている。

所生内親王の追悼

これに続けて「第四、第五公主」らか嘉智子の授戒の力によって、成仏を得るとする追悼文言もみえる。前述したように天長三年（八二六）六月八日に没した嘉智子所生第四皇女俊子内親王、承和五年（八三八）十二月二十六日に没した第五皇女芳子内親王であり、

吉川弘文館

新刊ご案内　2022年9月

〒113-0033・東京都文京区本郷7丁目2番8号　振替 00100-5-244（表示価格は10%税込）
電話 03-3813-9151(代表)　ＦＡＸ 03-3812-3544　http://www.yoshikawa-k.co.jp/

人物を知れば、古代史が広がる、深まる、面白い！

『内容案内』送呈

人物で学ぶ日本古代史　全3巻

新古代史の会編

A5判　各二〇九〇円

気鋭の研究者が最新の成果をふまえてわかりやすく解説し、謎めいた古代人の魅力に迫る。これから古代史を学ぼうとする人にはもちろん、もっと知識を深めたい人にもおすすめ！

1 古墳・飛鳥時代編

卑弥呼、ヤマトタケル、聖徳太子らおなじみの人物から、歴史の教科書にもほとんど出てこないようなマイナーな人物まで、わかりやすく解説する。

二七六頁

続刊

2 奈良時代編

（9月中旬発売）

有名人物から地方豪族、下級官人まで。

3 平安時代編

（11月発売）

運慶　鎌倉幕府と三浦一族

横須賀美術館・神奈川県立金沢文庫編

運慶が遺した東国の仏像たち

運慶八百年遠忌記念　共同特別展公式図録

B5判・一四四頁／二二〇〇円

平安時代末期から鎌倉時代初期の大仏師運慶。奈良での造仏が知られるが、鎌倉幕府と結びついて東国でも活躍した。運慶とその工房作と見られる仏像を多数収め、鎌倉幕府と三浦一族の歴史と文化に迫る。

激動する〝都〟の六百年！
〈都市の歴史〉と〈首都と地域〉、2つの視点から読み解く！

四六判・平均二八〇頁・原色口絵四頁／各二九七〇円
『内容案内』送呈

京都の中世史

全7巻
刊行中

〈企画編集委員〉元木泰雄（代表）
尾下成敏・野口　実・早島大祐・美川　圭・山田邦和・山田　徹

●最新刊と既刊5冊

3 公武政権の競合と協調

野口　実
長村祥知
坂口太郎　著

武士の世のイメージが強い鎌倉時代。京都に住む天皇・貴族は日陰の存在だったのか。鎌倉の権力闘争にも影響を及ぼした都の動向をつぶさに追い、承久の乱の前夜から両統迭立を経て南北朝時代にいたる京都の歴史を描く。

公武政権の競合と協調
野口　実
長村祥知
坂口太郎
吉川弘文館

1 摂関政治から院政へ

美川　圭・佐古愛己・辻　浩和著

藤原氏が国政を掌握した摂関政治をへて、上皇による院政が始まる。政務のしくみや運営方法・財源などを、政治権力の転変とともに活写。寺院造営や人口増加で都市域が拡大し、平安京が〝京都〟へ変貌する胎動期を描く。

2 平氏政権と源平争乱

元木泰雄・佐伯智広・横内裕人著

貴族政権の内紛で勃発した保元・平治の乱を鎮めた平清盛は、後白河院を幽閉し平氏政権を樹立する。それが平氏と他勢力との分断を生み、源平争乱を惹き起す。荘園制の成立や仏教の展開にも触れ、空前の混乱期に迫る。

④南北朝内乱と京都

山田　徹著

鎌倉幕府の滅亡後、建武政権の興亡、南北朝分立、観応の擾乱と、京都は深刻な状況が続く。全国の武士はなぜ都に駆けつけて争い、それは政治過程にどのような影響を与えたのか。義満の権力確立までの六〇年を通観する。

⑤首都京都と室町幕府

早島大祐・吉田賢司・大田壮一郎・松永和浩著

人口一千万人の列島社会で、室町殿を中心に公家・武家・寺社が結集し繁栄する首都京都。人やモノの往来の活性化で社会も大きく変化した。天皇家や御家人制の行方、寺社勢力の変質、幕府の資金源に迫る新しい室町時代史。

●続刊

⑥戦国乱世の都

尾下成敏・馬部隆弘・谷　徹也著

戦国時代、室町幕府や細川京兆家は弱体化し、都の文化人は地方へ下った。一方、洛中洛外では新しい町が形成され、豊臣・徳川のもとで巨大都市化が進む。政治・都市・文化の様相を描き出し、戦国乱世の都の姿を追う。

⑦変貌する中世都市京都

山田邦和著

〈12月刊行予定〉

古城ファン必備！

北陸の名城を歩く　全3冊

好評のシリーズ待望の北陸編

A５判・原色口絵各四頁／各二七五〇円　『内容案内』送呈

【既刊の2冊】

福井編

山口　充・佐伯哲也編　本文二七二頁

斯波・朝倉・一色氏ら、群雄が割拠した往時を偲ばせる空堀や土塁、曲輪が訪れる者を魅了する。福井県内から精選した名城五九を越前・若狭に分け、豊富な図版を交えてわかりやすく紹介する。

富山編

佐伯哲也編　本文二六〇頁

神保・上杉・佐々氏ら、群雄が割拠した往時を偲ばせる空堀や土塁、曲輪が訪れる者を魅了する。富山県内から精選した名城五九を呉西・呉東に分け、豊富な図版を交えてわかりやすく紹介する。

【続刊】

石川編

向井裕知編

武者から武士へ

兵乱が生んだ新社会集団

森 公章著

武士はどのようにして誕生したのか。平将門の乱から源平合戦までの争乱を通じて、古代社会に登場した武者が、武士という新社会集団を形成し武家政権に発展させるまでを描く。武士誕生の歴史に一石を投じる注目の一冊。

四六判・三二八頁／二二〇〇円

奥羽武士団

関 幸彦著

陸奥・出羽の地で覇を競った武士たちの出自や活動、系譜などを解説した初の本格的通論。中世を画する治承・寿永の乱と南北朝の動乱による影響、地域領主としての役割や経営基盤となった所領にも触れ、その盛衰を描く。

A5判・二二四頁／二四二〇円

近世都市〈江戸〉の水害

災害史から環境史へ

渡辺浩一著

多くの水害に見舞われた本所・深川などの江戸低地。幕府の対策マニュアルや避難状況、災害復興の中長期的都市政策、埋立・堤防など人為的な自然環境の改変を解明。災害を自然と人間との相互関係として捉える注目の書。

A5判・二四〇頁／三九六〇円

東アジアの米軍再編
在韓米軍の戦後史

我部政明・豊田祐基子著

戦後行われてきた東アジアの米軍再編。朝鮮半島情勢は米・韓・日の関係にどんな影響を与えたのか。在韓米軍の削減、韓国軍の作戦統制権をめぐる構図を解明。在日米軍との連動性を俯瞰し、東アジアの安全保障の道筋を探る。

四六判・二七二頁／二九七〇円

さまざまな生涯を時代とともに描く

人物叢書 新装版

日本歴史学会編集　四六判・平均300頁

●最新刊の3冊

遠山景晋（かげみち）

藤田　覚著　三二八頁　二五三〇円

江戸後期の幕臣。名奉行遠山金四郎景元の父。目付・長崎奉行・勘定奉行等を歴任。蝦夷地・長崎・対馬と東奔西走し、対外政策の転換を最前線で担った。教養と人間味溢れた有能だが遅咲きの生涯を、対外関係史と重ねて描く。（通巻313）

里見義堯（よしたか）

滝川恒昭著　三二〇頁　二五三〇円

房総に一大勢力を築いた戦国大名。上総の要衝久留里城を本拠に、上杉謙信と連携して江戸湾支配をめぐり北条氏と対立。下総香取海にも侵攻し、東国の水運掌握を目論む。限られた史料をいかし、その軌跡と人物像に迫る。（通巻314）

黒田孝高（よしたか）

中野　等著　三六〇頁　二六四〇円

官兵衛、如水の名で知られる武将。秀吉に仕え、九州平定後は豊前での領国経営に尽力。家督を長政に譲った後も豊臣政権を支えたが、関ヶ原の戦いでは徳川方に与して独自の戦いをおこなう。「軍師」とされた実像に迫る。（通巻315）

歴史文化ライブラリー

●22年5月〜8月発売の8冊

四六判・平均二二〇頁　全冊書き下ろし

人類誕生から現代まで／忘れられた歴史の発掘／常識への挑戦／学問の成果を誰にもわかりやすく／ハンディな造本と読みやすい活字／個性あふれる装幀

549 大奥を創った女たち

福田千鶴著

江戸城本丸の大奥で、歴代将軍を支えた女性たち。家康から綱吉に至る妻妾や女親族、女中たちの日々の暮らし、その役目を探り全貌を解明する。キャリアの様相から、江戸時代の女性の生きざまを歴史のなかに位置づける。

二八八頁／二〇九〇円

550 土砂留め奉行 河川災害から地域を守る

水本邦彦著

淀川・大和川水系の土砂流出現場を巡回した土砂留め奉行。彼らの残した日誌や御触書、絵図資料から、山地荒廃の実態や土木工事の様子、奉行の所属藩や権限について解明。災害と人間社会の関係を歴史のなかで考える。

二四〇頁／一八七〇円

551 東京の古墳を探る

松崎元樹著

都心から多摩地域を含む古代武蔵野には、多様な古墳墓が存在した。都心や多摩川流域に築かれた墳墓の変遷を探る。石室墳や横穴墓の構造・副葬品・埋葬の実態から、造墓集団の性格や地域社会の変容・文化の交流に迫る。

二七二頁／一九八〇円

552 古代の人・ひと・ヒト 名前と身体から歴史を探る

三宅和朗著

古代国家が作成した戸籍・計帳からは窺えない有名無名の人々の世界。『日本霊異記』などを手がかりに、人名、障害や病気、身長、顔まで、個性ある一人一人と向き合いつつ人々の心のうちを解明する、環境への心性史。

二四〇頁／一八七〇円

553
皇位継承と藤原氏 摂政・関白はなぜ必要だったのか
神谷正昌著

摂関政治は、天皇制の危機を回避するものだったと見直されている。幼帝の即位など皇位継承がゆらぐなか、藤原氏はいかなる役割を果たしたのか。摂政・関白が創出された経緯や、外戚政治の真相を探り、明らかにする。

二四〇頁／一八七〇円

554
もう一つの平泉 奥州藤原氏第二の都市・比爪
羽柴直人著

奥州藤原氏の拠点平泉の北方に存在した中核都市「比爪（ひづめ）」。近年の発掘調査で平泉に匹敵する姿がみえてきた。文献も駆使し、都市構造や統治のあり方、平泉との関係などを考察。知られざる比爪系奥州藤原氏の歴史に迫る。

二二四頁／一八七〇円

555
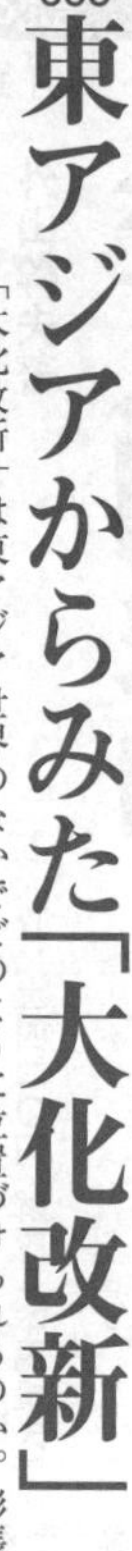

東アジアからみた「大化改新」
仁藤敦史著

「大化改新」は東アジア世界のなかでどのように位置づけられるのか。膨張する隋唐帝国への対応を迫られる高句麗（こうくり）・百済（くだら）・新羅（しらぎ）。三国の動向と外交政策の対立をもとに、古代日本の一大画期を新たな視点から再検討する。

二二四頁／一八七〇円

556
遠野物語と柳田國男 日本人のルーツをさぐる
新谷尚紀著

日本民俗学の出発点『遠野物語』は、山姥や河童・ザシキワラシ、犬・猿・馬などが登場し、臨死体験、神隠しなどの不思議な経験を伝える。伝承にひそむ古来の生活様式やものの見方を知り、日本人の歴史的変遷を探る。

二三八頁／一八七〇円

【好評２刷】

543 **鎌倉幕府はなぜ滅びたのか**　永井　晋著　二五六頁／一九八〇円

544 **気候適応の日本史** 人新世をのりこえる視点　中塚　武著　二五六頁／一九八〇円

無縁社会の
葬儀と墓
死者との過去・現在・未来
山田慎也・土居浩 編

日本建築を作った職人たち 寺社・内裏の技術伝承

浜島一成著

四六判・二一〇頁／二六四〇円

古建築を手がけた職人「木工（こだくみ）」は、伝統技術をいかに保持し今日まで発展させてきたのか。古代から近世に至る造営組織の変遷を追究。東寺・伊勢神宮などで活動した木工の実態に迫り、内裏の大工・木子（きご）氏にも説き及ぶ。

〈洗う〉文化史 「きれい」とは何か

国立歴史民俗博物館・花王株式会社編

四六判 二二四頁 二四二〇円

私たちはなぜ「洗う」のか。古代から現代にいたるまでさまざまな事例を取り上げ、文献・絵画・民俗資料から分析。精神的な視野も交えて、日本人にとって「きれい」とは何かを考え、現代社会の清潔志向の根源を探る。

イワシとニシンの江戸時代 人と自然の関係史

武井弘一編

四六判・二二二頁／二六四〇円

江戸時代を支える重要な自然の恵み、イワシとニシン。新田開発が進み、人糞や草肥が不足すると、魚肥としても大量に使われた。気候変動と漁の関係、経済、魚肥の流通などから、自然と近世社会との関わりを解き明かす。

近世感染症の生活史 医療・情報・ジェンダー

鈴木則子著

A5判・二五四頁／三五二〇円

江戸時代の日常生活でつねに脅威であった感染症は、暮らしにどんな影響を与えたのか。さまざまな生活環境の移り変わりによる感染症へのまなざしの変化を描き出し、現代にも通じる社会と感染症との共生する姿を考える。

戊辰戦争と草莽の志士 切り捨てられた者たちの軌跡

髙木俊輔著

A5判・一八四頁／二四二〇円

明治維新の変革を目指して、地方・地域を背景に活動した草莽の志士たち。彼らは何を考え、何を契機に決起したのか。新政権樹立をなしとげた一握りの勝者からだけでは描ききれない、戊辰戦争のもう一つの側面に迫る。

中世奥羽の世界（新装版）

小林清治・大石直正編

四六判・二九八頁／三三〇〇円

郷土史の枠を越えて、地方から中央をみる視点から、奥羽の中世史像を描いた名著を復刊。中世奥羽を六テーマに分け、蝦夷の存在にも触れつつ論述する。陸奥・出羽両国の庄園・国守・地頭一覧や略年表などを附載する。

変体漢文（新装版）

峰岸　明著

A5判・三九六頁／六六〇〇円

中国語式表記法に日本語的要素を採り入れて日本語文を書き記した変体漢文は、古記録や古文書において常用された。その方法論や表記・語彙・文法・文体を解説。変体漢文を日本語学の観点から概説した名著待望の復刊。

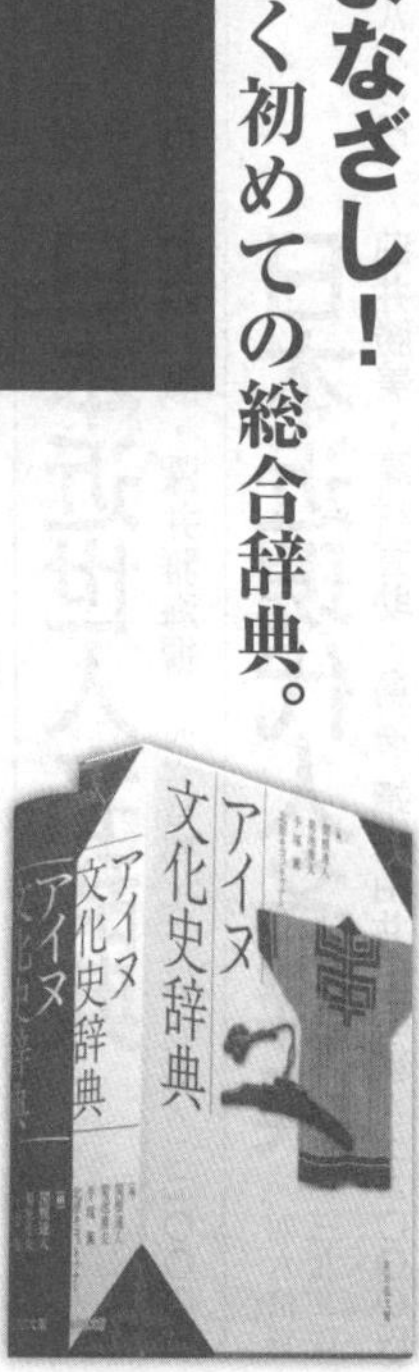

●近刊

※書名は仮題のものもあります。

日本古代財務行政の研究
神戸航介著
A5判／一三二〇〇円

東国の古墳と古代史（読みなおす日本史）
白石太一郎著
四六判／二六四〇円

郡司と天皇 地方豪族と古代国家（歴史文化ライブラリー557）
磐下 徹著
四六判／一八七〇円

正倉院宝物を10倍楽しむ
山本忠尚著
A5判／価格は未定

橘嘉智子（人物叢書316）
勝浦令子著
四六判／二四二〇円

仁明天皇（人物叢書317）
遠藤慶太著
四六判／価格は未定

安倍・清原氏の巨大城柵 鳥海柵跡・大鳥井山遺跡
樋口知志監修／浅利英克・島田祐悦著
A5判／二六四〇円

中世曹洞宗の地域展開と輪住制
遠藤廣昭著
A5判／一五四〇〇円

足利将軍と御三家 吉良・石橋・渋川氏の世界（歴史文化ライブラリー559）
谷口雄太著
四六判／価格は未定

足利成氏の生涯 鎌倉府から古河府へ
市村高男著
四六判／二九七〇円

天守 芸術建築の本質と歴史
三浦正幸著
A5判／価格は未定

伊達騒動の真相（歴史文化ライブラリー560）
平川 新著
四六判／価格は未定

唱歌「蛍の光」と帝国日本（歴史文化ライブラリー558）
大日方純夫著
四六判／一九八〇円

ビジュアルガイド 東京国立博物館 文化財でたどる150年の歩み
東京国立博物館編
B5判／価格は未定

三笠宮崇仁親王
三笠宮崇仁親王伝記刊行委員会編
菊判／価格は未定

歴史手帳 2023年版
吉川弘文館編集部編
A6判／一三二〇円

歴代内閣・首相事典 増補版　ほか

各種『内容案内』送呈

伊藤博文から岸田文雄まで、一〇一代の内閣と六四名の首相を網羅！

歴代内閣・首相事典 増補版

東日本大震災、モリカケ問題、新型コロナウイルス流行など、時事項目も増補！

鳥海　靖・季武嘉也編

菊判・九二八頁／一一〇〇〇円

明治一八年の内閣制度開始以来、政治の中枢を担ってきた総理大臣とそれを支える内閣。伊藤博文内閣から岸田文雄内閣まで、一〇一代の内閣と六四名の首相を網羅し平易に解説した増補版。各内閣に関連する政党、政治・経済・社会上の政策・事件など、初版刊行以降の時事項目を新たに加えた約三二〇項目を収録する。

事典 太平洋戦争と子どもたち

浅井春夫・川満　彰・平井美津子・本庄　豊・水野喜代志編

A5判・一九〇頁／二四二〇円

戦争は子どもたちに何をもたらすのか。戦禍だけでなく、暮らしや教育、戦後も含めて振り返る。疎開、沖縄戦、孤児生活など、四七の問いに答えて戦災の惨劇を記憶し平和へ願いを託す。読書ガイドも収め平和学習に最適。

戦後沖縄生活史事典 1945―1972

川平成雄・松田賀孝・新木順子編

菊判・五〇〇頁／八八〇〇円

米軍統治下の戦後沖縄で、激動の波に翻弄されながらもたくましく生きた人びとの暮らしを知る事典。生活に深く関わった出来事一一一項目を多彩なテーマで紹介。随所にコラムをちりばめ、参考文献や索引を付載する。

嘉智子にとっては逆縁となった娘たちであった。

そして外孫の恒貞親王である「太子殿下」、所生子の秀良親王や孫の道康親王をはじめとする「諸親王等」、また「諸女官等」に回向し、さらに嘉智子の父母である「聖后二処尊霊」が無垢無塵の楽園に遊ぶことも願われている。

「太皇太后聖国母」の権威

このように「太皇太后聖国母」の嘉智子が大施主として灌頂を受けたことは、王権を血縁でまとめる国母、さらに皇后を置かないでいる仁明天皇の後宮に対して、太皇太后としての存在感とその権威を示すうえでも、重要な役割を果たしたといえる。

第八　承和の変と嘉智子

一　嵯峨太上天皇の崩御と承和の変

道康親王の元服

承和九年（八四二）になると、仁明天皇の第一皇子である道康親王（のちの文徳天皇）が十八歳となり、二月十六日に仁寿殿で元服の儀が行われた。母は藤原冬嗣の娘順子である。冬嗣は天長三年（八二六）七月二十四日にすでに没していたが、順子の同母兄良房が二十九歳で中納言となっていた。

両統迭立の危うさ

今まで嵯峨天皇と淳和天皇という同年齢の異母兄弟が、伊予親王事件や平城太上天皇・薬子の変の経験を踏まえ、相手方の皇子を皇太子に据える両統迭立で、微妙なバランスを保ち、譲位を絶妙なタイミングで行い、それぞれが仁明天皇の父や皇太子恒貞親王の父、かつ太上天皇として見守ることによって、皇位継承を安定化させてきた。

しかし恒貞親王は、二年前の承和七年五月八日に、父淳和太上天皇が五十五歳で崩御したことで大きな支柱を失っていた。その後は嵯峨太上天皇の寵愛によって維持されている皇太子の立場も、嵯峨太上天皇の高齢化と体調不良に伴って不安定になっていた。そしてこれを危惧する春宮坊（とうぐうぼう）関係者が、この状況を打開する策を模索する必要を感じる状況にもなっていた。

いっぽう道康親王は、元服したとはいえ将来の皇位継承を見据えると、二歳だけ年上の恒貞親王の存在は大きな壁であった。生来虚弱な仁明天皇の後継として、想定以上に早く恒貞親王が即位した場合、今までのような両統迭立が行われ、道康親王が皇太子となったとしても、即位する時期が遠のくことは確実であり、あるいは両統迭立が行われず、即位の可能性すらなくなることも考えられる。母方が皇族正子（まさこ）内親王である恒貞親王に対して、恒貞親王の外戚の立場をとれない良房をはじめとして、道康親王の皇位継承上の地位を早期に確保させておきたい人々の動きも出はじめる状況になっていた。

嵯峨太上天皇の崩御

承和九年に五十七歳となった嵯峨太上天皇は、七月に入ると体調を急速に悪化させ、これを理由に八日の相撲節（すまいのせち）も停止された。十三日には嵯峨院に左右近衛中将や少将が派遣され、いよいよ死期が迫っていることが外部にも漏れるような状況になっていた。嵯峨太上天皇の死を契機に、一挙に両統迭立の均衡が崩れかねない局面となっていった。

十四日に仁明天皇は、父嵯峨太上天皇の病を心配しつつも、自分自身が熱病にかかり父を見舞うことすらかなわない状態であるとし、太上天皇の病気回復を祈るために死刑以下の罪を許す大赦（たいしゃ）を行った。しかしとうとう七月十五日に嘉智子が長年連れ添ってきた嵯峨太上天皇が嵯峨院で崩御した。

嵯峨薄葬遺詔

嵯峨太上天皇は長文の遺詔で、太上天皇としての葬儀を行わず、故事に因んで死者を送るようにと命じていた。そして死は精神が亡び肉体が消滅して魂が去ることであり、気は天に属し肉体は地に帰るとする自らの生死観を述べ、死後に国費をかけることを無用とした。さらに薄葬をした前漢の文帝や魏の文帝を手本として、速やかに葬儀を行い、柩や衣服を簡素化するために、詳細な指示を出していた。

素早い葬儀

翌十六日に、薄葬を命じた遺詔に基づき、山北の静かな地に選定された山陵で、即日葬儀を終えた。嵯峨太上天皇の存在感の大きさにもかかわらず、素早い葬儀の終了は、遺詔で葬送は三日以内に行えと指示していたこともあったが、崩御の翌日に行われたことは、政治的な切迫感も背景にあった。遺詔で息子は葬列者の員数外とされ、また婦女の参列も一切禁じられていたので、仁明天皇と嘉智子は葬列には加わらなかったと考えられる。

承和の変の発覚

葬儀の翌日である七月十七日に、阿保親王から嵯峨太上天皇の崩御以前に嘉智子に届けられていた緘書の情報に基づき、春宮坊帯刀の伴健岑と但馬権守の橘逸勢の謀反が発覚したとして、すぐさまそれぞれの自宅を包囲し逮捕した。また健岑宅に来ていた伴水上も逮捕された。そして平安京と京から地方へ向かう道の要衝である宇治橋、大原道、大枝道、山崎橋、淀渡の五ヵ所の警固が始められた。

翌十八日には参議の正躬王と和気真綱らを左衛門府に派遣し、逮捕者の尋問が行われた。日暮れになっても尋問が終了せず、ようやく十九日に尋問した取り調べ記録が提出された。この日には健岑の従弟の春宮坊舎人伴氏永が右衛門府の方に収監された。

二十日にはさらに健岑や逸勢に拷問が行われた。また逸勢の兄永名、兄永継の子で逸勢の甥にあたる時枝、系譜は不明であるが三冬の三人が、近親として自ら武装解除して出頭してきた。永名は娘の氏子が淳和天皇女御であった。

恒貞親王の廃太子

謀反計画の首謀者の逮捕取り調べや、関係者の逮捕、また出頭が一段落すると、責任の矛先は恒貞親王に及んだ。

二十三日に勅使藤原良相が近衛を率いて、仁明天皇に付き従って冷然院にいた恒貞親王の直曹を包囲し、春宮坊官人らを収監した。さらに娘が恒貞親王の妃となっていた大納言藤原愛発(ちかなり・あらち)、息男近主(ちかぬし)が恒貞親王の春宮大進であった中納言藤原吉野(よしの)、また春宮大夫の在任期間が九年五ヵ月に及んだ参議文室秋津(ふんやのあきつ)の三名も呼び出し、それぞれ院中の別所に幽閉した。そして寛大な処分であるとして、愛発は大納言を解任して京外に追放し、吉野は大宰員外帥(だざいのいんがいのそち)、秋津は出雲国員外守に左遷した。

変後の処分

　恒貞親王に対しても責任を取らせることになった。二十三日の仁明天皇の宣命(せんみょう)によれば、本人が計画を知らなかったとしても、悪者に皇太子が扇動された過去の例も多く、また以前から春宮坊で法師に呪詛を行わせているという証言も多数あったが見逃してきたこと、ある人が謀反計画を知らせてきていたが、これを捜査すると多数の悪事が露見することを畏れ、これまで淳和太上天皇の恩恵を思って放置してきたこと、しかし皇太子に退位させることが解決の方向に向かわせると考えるようになり、太皇太后のお言葉も同じ考えであったことが述べられている。

　翌二十四日には廃太子が行われ、これが嵯峨山陵に報告された。

　二十六日には、春宮坊およびその所管の監署に出仕していた主典(さかん)以上の者、侍人(さぶらいびと)や蔵人(くろうど)として近侍していた者、皇太子付きの所の長以上の者を流罪とする処分が行われた。ただし官を帯びていた二八名は、流罪を軽減し権官(ごんかん)に任命する左遷とした。これにより彼らが将来「藩邸の旧臣」として恒貞親王即位後に活躍できる可能性もなくなった。そして春宮の殿上（てんじょう）の雑色（ぞうしき）および帯刀、品官の六位以下の総計六〇余人も配流となった。このように恒貞親王を支えたほぼすべての人々が処分されてしまった。

そして二十八日には首謀者とされた逸勢は本姓を剥奪し、非人の姓を付けて伊豆国に流し、また伴健岑は隠岐国に流した。

いっぽう七月二十五日には、藤原愛発解任による空席分の大納言に良房を任じるなど、新しい人事が行われた。源常（ときわ）は恒貞親王の東宮傅（とうぐうのふ）も兼ねていたが、処分の対象とはされず右大臣に留まった。

道康親王の立太子

八月一日には左大臣藤原緒嗣（おつぐ）、右大臣源常ら一二人から、立太子を早く行うことを促す上表が出された。翌日これに対して仁明天皇が「自分は徳に欠け賢明な子を持たない」とし、ふさわしい人物を選ぶべきであるとする詔を発した。これに対し四日に公卿らが、皇子道康親王は皇統の嫡系であり、性格も温厚で慎み深く、国中のことに心をかけ、諸侯からも称賛されているので、道康親王以外に適任者はいないとして、旧儀に准じて立太子することを請願する上表を再度提出した。

このような臣下からの推戴を受けて、最終的に道康親王の立太子が行われ、源常が道康親王の皇太子傅、安倍安仁（あべのやすひと）が春宮大夫となった。そして承和の変とその結果が桓武天皇陵に報告された。

恒貞親王の帰院と橘逸勢の死

八月十三日に、恒貞親王は宮中から小車に乗り、神泉苑の東北隅で牛車に乗り変えて、母正子内親王のいる淳和院に送り届けられた。

これより前に世間では、「天（あめ）には琵琶をぞ打つなる、玉児（たまのこ）牽く裾（すそ）の坊に、牛車は善けむや、辛苣（からさち）の小苣の華」という童謡（わざうた）が歌われたという。殿上で琵琶の遊びが楽しまれているのに、着飾った女性たちが行きかう京内を、牛車に乗るのはよいことなのか、苦いチシャの花のように辛いのだろうかと、恒貞親王の心情を予見するかのような童謡であった。

嘉祥（かしょう）三年（八五〇）五月十五日の記事によれば、奇（く）しくも同じ八月十三日に、逸勢は伊豆国への配流の途中、遠江国にある板築（ほうづき）駅で死去した。

最終的には、恒貞親王の廃太子と春宮坊関係者の粛清を行い、道康親王の立太子とそれを支える新体制人事を構築することで、仁明天皇皇統の直系継承の見通しがつけられた。これによって両統迭立状態が解消され、廃太子が繰り返された皇位継承から、直系血統重視の皇位継承が正統化され、安定化していくことになった。

二　嘉智子の選択と判断

では嘉智子はこの承和の変にどのようにかかわっていたのであろうか。

謀反の首謀者とされた人々を逮捕した当日である十七日の記事には、これより前に平城天皇第一皇子で当時弾正尹(だんじょうのいん)であった阿保親王が、太皇太后嘉智子のもとに赴き緘書を上呈したことがみえる。

阿保親王緘書

この密封した書状には、伴健岑が謀反計画を阿保親王に打ち明けたことが記されていた。すなわち十日に伴健岑が阿保親王のもとに来て、「嵯峨上皇が亡くなろうとしており、国家の乱が起きようとしている、皇子を奉じて東国に入ろうと思う」と述べたという。緘書は長文で、このほかにもおそらく橘逸勢の情報などたくさんの内容が記されていたらしいが、正史では省略されている。

嘉智子はすぐに藤原良房を呼び寄せ、秘かにこの緘書を渡した。そしてさらにこのことが仁明天皇に伝えられた。

上呈された時期は十一日頃で、この日に良房が右近衛大将に任じられたのは、仁明天皇とともに冷然院に滞在していた恒貞親王の身柄を確保しておくためでもあったと推測されている（吉川真司「藤原良房・基経」）。そしてこの緘書を根拠に、前述したように嵯峨太上天皇の崩御と葬儀の終了を待ったうえで、謀反計画の発覚を公表し、首謀者たちの逮捕が行われた。

緘書と嘉智子

なぜ阿保親王は最初に嘉智子に謀反計画の存在を報告したのであろうか。

王権を絶大な権威で取りまとめていた嵯峨太上天皇が崩御した場合に、「太皇太后聖国母」の嘉智子は、王権の最長老としての権威を引き継ぐ存在であった。そして嵯峨太上天皇によって示されていた皇位継承において、当事者である現天皇の仁明天皇、皇太子の恒貞親王、さらにそれを引き継ぐ可能性がある道康親王に対して、母や祖母として最も強い親権を持っていた。また謀反計画者の中に橘逸勢などの名も挙がっており、最も橘氏の動きを抑制できる存在でもあった。また伴氏も清友の母、すなわち嘉智子の祖母の出身氏でもあった。

阿保親王が緘書を嘉智子に届けたのは、この事態に対する影響力を最も及ぼすことができる嘉智子に期待し、その適切な判断を仰ぐためであったと考えられる。

光明皇太后の告諭宣命

かつて天平宝字元年（七五七）六月二十八日に、橘奈良麻呂らの謀反計画が密告によって露見し、七月二日にその実行を未然に抑えるための宣命が孝謙天皇から出された。

この時きわめて異例ながら、光明皇太后自らも、右大臣以下の群臣を招き入れ、汝らは自分の近親であり、また大伴氏と佐伯氏も自分の一族のようなものとし、よく朝廷に仕え助けよと命じた宣命を出した。そしてさらに翌三日夕方にも、光明皇太后は計画の関与が疑われた塩焼王、安宿王、黄文王、橘奈良麻呂、大伴古麻呂を呼び、五人が謀反を起こすとの密告があったが、汝らは私の近親者であり、一つも私を怨むような者とは思えず、汝らには天皇が大変高い地位を与えておられるので、何も怨むことはあるまいと思っており、汝らの罪を許すので、今後このようなことのないようにせよと命じた宣命を、藤原仲麻呂を介して伝えた。

この恩詔に対し五人は頭を下げて謝意を示し帰っていったが、翌四日に小野東人の自白を受けて、五人にも勘問が行われ処罰されていった。光明皇太后の告諭は実行を抑える一定の効果があったが、結果的には首謀者たちを守るものではなかった。

嘉智子の判断

嘉智子の場合も、外孫の恒貞親王や橘氏、さらに伴氏などが関係者であり、光明皇太后と同じような立場にあったといえる。しかし嘉智子は光明皇太后のように直接的な告諭行動をとることなく、即座に良房を呼んで緘書を渡し、さらにこれを仁明天皇に伝えさせた。危篤状態とはいえまだ嵯峨太上天皇の生前であり、崩御までは謀反側も動かないと判断したと考えられる。

嘉智子は政治的な関与をしなかったとする説もあるが（安田政彦「九世紀の橘氏」）、嘉智子が最初に良房に相談したこと自体が、嘉智子の政治的な判断を示している。

嘉智子の選択

少なくとも前述したように、承和九年七月二十三日の廃太子の宣命に「太皇太后の御言にも此の如くなも思ほせる」とあることから、嘉智子が恒貞親王の廃太子に同意したことは間違いない。そして廃太子すれば、道康親王が次期皇太子の第一候補者になることは目に見えていたといえる。謀反計画の鎮圧、そして皇位をめぐる処理に嘉智子の意思も働いたと考えられる。

嘉智子にとって道康親王と恒貞親王はいずれも孫であった。しかし嵯峨・仁明天皇系の嫡孫の道康親王を選んだ。

正子内親王の怨み

ただしこの嘉智子の選択に対して、恒貞親王の母正子内親王は震えるほどに怒り、悲しみのあまり泣き叫んで、母を怨んだという。正子内親王の崩伝記事にみえるこの激怒の様子から、母嘉智子の意思によって恒貞親王の廃太子、道康親王の立太子が誘導されたことを感じ取ったことが知られる。

また良房に最初に緘書を渡したのは、嘉智子がこのような謀反計画があったからには、最終着地点は恒貞親王の廃太子と道康親王の立太子であると判断し、道康親王の外伯父であり、仁明天皇の「藩邸の旧臣」でもある良房が、当事者の一端を担うと判断したためと考えられる。

嘉智子と良房

嵯峨太上天皇と嘉智子が、最側近の藤原冬嗣の娘順子、すなわち良房の妹を仁明天皇に入内させ、道康親王が誕生していただけでなく、良房に当麻氏所生の源潔姫を嫁がせ、天長五年（八二八）には二人の間には明子が誕生していた。嘉祥三年（八五〇）に惟仁親王（清和天皇）を産む明子が、いつ道康親王に嫁したかは不明であるが、承和九年（八四二）には十五歳になっており、道康親王との婚姻が可能な年齢になっていた。

良房は、嘉智子自らの婚姻に影響を与えた可能性がある冬嗣の子で、母美都子は嘉智子実姉の安万子が嫁していた藤原三守の姉でもあり、嘉智子にとっては、信頼できる人物であった。

橘氏への判断

また良房に緘書を託したのは、首謀者に橘氏が含まれていたためでもあったと考えられる。そしてこの嘉智子の決断は、橘氏にとって処分された者と、地位を確保あるいは上昇させた者が出るという、二つの相反する結果に繋がった。

首謀者の一人とされた橘逸勢は、嘉智子伯父入居の子で、書に優れ、後には嵯峨天皇、空海と並んで三筆とも称されるほどであった。延暦期の遣唐使に伴われて入唐し、現地の文人から「橘秀才」と称され、帰国後はいくつかの役職に就いたが、老病を理由に出仕していなかった。しかし承和七年になって、承和の変当時の役職でもある但馬権守に任じられていた。ただし伴健岑との関係、また恒貞親王との関係は史料からは不明である。後に逸勢が免罪され贈位が行われた嘉祥三年（八五〇）五月十五日の記事によれば、逸勢は拷問に服さなかったという。おそらく本人は無実を主張し続けたと考えられる。

橘姓剥奪と非人姓

しかし逸勢に対する処分は単に流罪とするだけに留まらず、橘姓を剥奪し非人姓を付けるほど厳しいものであった。この点はかつて光明皇太后も関係した橘奈良麻呂の変における孝謙天皇の処分法と類似している。この時は拷問により獄死した道祖王を麻度比、黄文王を久奈多夫礼、賀茂角足を乃呂志と名を貶めている。さらに称徳天皇となった後も、異母姉妹の不破内親王を厨真人厨女、側近であった和気清麻呂や広虫を別部穢麻呂や狭虫などとしている。これは武則天（則天武后）の貶姓による刑罰の影響があった（勝浦令子『孝謙・称徳天皇―出家しても政を行ふに豈障らず―』）。

逸勢に対して名ではなく姓を貶めたのは、仁明天皇や嘉智子、とりわけ嘉智子の逸勢に対する感情的な怒りを示す必要があったためと考えられる。このような橘姓を剥奪する身内への厳しい処分を行い、逸勢の罪を際立てることによって、関連する橘氏の処分を最小限に留めるためであった可能性もある。

逸勢の御霊

ただし逸勢が死亡した約半月後の九月三日に、幼い孫の珍令を配所から旧所に呼び戻すことを許していた。そして事件から七年ほど経過した嘉祥二年（八四九）十月二十六日に、男子の龍剣と実山たちを本姓の橘に戻し、彼らの入京を許している。しかし嘉智子が嘉祥三年五月四日に崩御するまでは、逸勢本人の免罪は行われず、ようやく崩御直後の五月十五日になって、逸勢に正五位下の贈位が行われた。そして娘の尼妙冲（みょうちゅう）が遠江国板築駅近くの墓で守ってきた逸勢の遺屍を背負って京に戻り本郷に埋葬した。さらに仁寿（にんじゅ）三年（八五三）五月二十五日に従四位下とされた。その後貞観（じょうがん）五年（八六三）五月二十日に神泉苑で行われた御霊会（ごりょうえ）では、無念の死をとげて怨霊となった人々の祟りを畏れ、慰撫の対象とされた六名の一人とされていった。

なお伴健岑は、貞観七年五月に至って寛宥の処置がとられ、出雲国に遷配された。

橘氏の処分者

逸勢以外に処分された橘氏の関係者は、永名など逸勢の近親や、系譜は不明であるが田舎麻呂（いなかまろ）、忠宗（ただむね）も配流された。そしてさらに嘉智子の甥たちにも及んでいた。前述したように七月二十六日に、恒貞親王の春宮坊以下の関係者にさまざまな処分が行われたが、左遷処分者二八名の中に橘氏が三名おり、左京少進正六位上橘末茂が飛騨権守、主殿助正六位上橘清蔭が加賀権掾、肥後介従五位下橘真直が筑後権介とされた。末茂の系譜は不明であるが、清蔭と真直を『尊卑分脈』では岑継の男子、すなわち氏公の孫とする。しかし真直は、仁寿二年（八五二）六月二十日の卒伝記事から、氏公の第三子であることは明らかである。なお清蔭の父を嘉智子兄の氏人とする説もある。

　ただしこれらの処分者たちは、承和十二年（八四五）に処分が解かれ入京を許されていった。たとえば真直は中務少輔になり、最終位は従四位下となり、卒伝記事では仁明天皇がことに憐愛したとある。

氏公と岑継

　いっぽう真直の父氏公は大納言に残留、氏公の子で仁明天皇乳兄弟の岑継も蔵人頭、右中将兼兵部大輔に残留し、氏人は刑部卿となっている。このほかに嶋田麻呂系であるが、変後の人事で、海雄が刑部少輔さらに兵部少輔、宗雄が侍従、また系譜は不明であるが数道が衛門権佐となっている。なおこの時、嘉智子の姉藤原真夏室の所生子藤原平雄も侍従となっている。

　その後氏公は承和十一年（八四四）七月二日に右大臣、承和十二年正月七日には従二位となったが、二十七日に食封一〇〇〇戸を返納している。承和十四年十二月十九日に没するが、晩年は病になり私宅に移り世俗のことを視ることはなかったという。

また岑継は承和十一年正月十一日に参議、嘉祥二年（八四九）正月十三日に権中納言となり、仁明天皇や嘉智子崩御後であるが、斉衡二年（八五五）正月七日に正三位、三年十一月に中納言となったのが最高位と官であった。

第九　晩年の嘉智子

一　冷然院還御

嵯峨太上天皇四十九日法要

承和の変が一定の終息を迎えた承和九年（八四二）九月四日、嵯峨太上天皇の「七七斎」すなわち四十九日法要が行われた。法要の場は嘉智子御願の尼寺である檀林寺であった。檀林寺が嵯峨山陵に近接し、嵯峨太上大皇の薄葬の遺詔で、追善法要は都合のよい「便寺」で行えと指示されていたことに符合し、おそらく一時的に「陵寺」の役割を果たしたといえる（西山良平「〈陵寺〉の誕生―嘉祥寺再考―」）。檀林寺の初見史料から六年後にあたり、一定程度の堂舎が整っていたと考えられる。

嘉智子の冷然院遷御

しかし四十九日法要の三ヵ月後の十二月五日になると、嘉智子は嵯峨院から京内の冷然院に遷御した。そしてこれ以降、冷然院が晩年の嘉智子の居所となっていった。

嘉智子が遷御した翌年の承和十年は、嵯峨太上天皇の諒闇のために朝賀が行われず、嘉智子に対する朝覲の記事もない。しかし承和十一年から、仁明天皇と嘉智子両人が崩御する嘉祥三年（八五〇）までの間で、記録に残っている朝覲の例は、すべて冷然院で行われている。

冷然院は、かつて皇太后時代に嵯峨太上天皇とともに過ごした院であったが、嘉智子らが嵯峨院に遷御する約半年前の承和元年（八三四）二月十七日に、武蔵国幡羅郡の荒廃田一二八町が奉充されていた。そして嵯峨院遷御後の承和二年三月十五日に冷然院の印一面が鋳造されており、皇室の離宮としての経営が維持されていった。承和五年十月十二日には、諸司の官人の五位以下で書に長けた者四〇人を冷然院に召集し、仁明天皇御願の『金剛寿命陀羅尼経』一〇〇〇軸を書写させていた。また前述したが同年十一月二十九日には、嵯峨太上天皇が行幸したように、嵯峨太上天皇にも利用されていた。承和九年四月十一日には仁明天皇が内裏修理のために遷御し、いわゆる「仮御所」として利用していたが、嘉智子が冷然院に遷御する約半月前の十一月十七日に、仁明天皇は冷然院から内裏に戻っていた。

嘉智子が京内の冷然院を本拠とすることによって、逆に嵯峨院や檀林寺との関係は希薄になっていった。他のキサキたちが残っている嵯峨院ではなく、夫没後の居所として冷然院を選択できたのは、嘉智子が仁明天皇の母后、太皇太后であったためであろう。なお冷然院は貞観十七年（八七五）正月二十八日に焼失するが、その時殿舎五四宇、秘閣収蔵の図書や文書が灰燼に帰したという。さらに天暦三年（九四九）十一月の焼失後に再建された時、冷泉院と改称されていく。

正子内親王の出家

いっぽう嘉智子が冷然院に遷御した同日に、正子内親王が落髪入道した。正子内親王崩伝記事では、承和七年五月の淳和太上天皇崩御を記した後に皇太后が落髪して尼となり、やつれ細ったとしている。このように夫の死後に出家する後家尼的な表現になっているが、すでに二年以上経過しており直接的な出家動機ではない。実際には承和の変によって所生子の恒貞親王が廃太子されたことが、引き金となったといえる。

二　観心寺講堂如意輪観音と法華寺十一面観音

観心寺講堂の造営

嘉智子は嵯峨太上天皇の崩御直後には出家していない。しかし以前に増して仏教活動に熱心になっていった。その一つが観心寺講堂の造営と如意輪観音像の造像である。現在大阪府河内長野市寺元に所在する観心寺は、葛城修験の修行場であった地域に位置し、「観心寺縁起実録帳写」には、大宝年中（七〇一〜七〇四）に修験道開祖の役小角が草創した雲心寺を、空海が再興して観心寺と改めたとする伝承がみえる。ただし元慶七年（八八三）九月十五日作成の『観心寺勘録縁起資財帳』に引用された太政官符などによれば、観心寺は実恵の弟子である真紹が、天長年間（八二四〜八三四）の初め頃から山中を道場として居住し、承和三年（八三六）に申請した寺地が賜与されていた。さらに私寺でありながら、承和十年十一月十四日に河内国守を俗別当とすることが定められた。その後貞観十一年（八六九）五月二十七日には定額寺となっていった。

『観心寺勘録縁起資財帳』に、正子内親王が貞観十六年七月九日に古市庄を「嵯峨院大皇太后御願堂」の修理料のためとして施入したことがみえる。この嘉智子御願堂は、資財帳に記されている「五間檜皮葺講堂」に当たるとされている（西川新次「観心寺の仏像」（上）（下））。

講堂造営年

講堂の造営年は、真紹が承和十年十一月に仁明天皇の内供奉十禅師となり、同年勅許制となった真言宗の「伝法職位」を授与され、また同年十一月十四日に観心寺に俗別当が定められ河内国守が任じられたことなどから、承和十年とみる説（佐藤全敏「観心寺如意輪観音像　再考」）が妥当であろう。なお俗別当設置の二日後である十一月十六日に、参議で道康親王の春宮大夫でもある安倍安仁が、校畿内田使の河内和泉長官に任じられたことを重視する説もある（三橋由吾「観心寺如意輪観音像についての一考察」）。

嘉智子は前述したように、実恵が企画した承和三年の長安清龍寺への僧派遣の外護者となり、また承和八年には実恵から灌頂を受けていた。このような実恵との結びつきを通して、真紹の観心寺造営を支援し、御願堂として講堂を造営施入したといえる。なお実恵は承和十四年に河内国で没し、観心寺のある檜尾山に葬られた。

講堂安置像

『観心寺勘録縁起資財帳』によれば、講堂は五間の檜皮葺で、七躯の彫像と三鋪の画像が安置されていた。彫像は金色仏眼仏母如来像・金色弥勒如来像・檀色薬師如来像・綵色如意輪菩薩像・唐聖僧像・綵色毘沙門天王像・双天像、画像は絵毘盧舎那像・聖観音像・金剛童子像である。このうち画像の絵毘盧舎那像と金剛童子像は、もとは観心寺の根本的な堂宇である如法堂の安置像であったとされている（紺野敏文「観心寺如意輪観音像の風景」）。なお薬師像は沙弥、毘沙門天王像は俗人が願主である。

如意輪観音菩薩像

彫像の中で四番目に記されている「綵色如意輪菩薩像」は、願主の名はみえないが、高さ三尺余りの木像とあり、これが現金堂の本尊である国宝の「如意輪観音菩薩像」（口絵）と一致し、承和期の様式を示す仏像で、嘉智子が施入した当初の主尊とされている

（西川新次「観心寺の仏像」（上）（下））。

講堂の造営の目的は、従来は嵯峨太上天皇の病気の平癒、または追善のための造営と推測されていた。しかし近年、病弱であった仁明天皇の身体安穏を祈願したものと推測する説が出されている（佐藤全敏「観心寺如意輪観音像　再考」）。

いっぽう観心寺自体が、空海決・実恵記とされる『四種護摩口決檜尾』にみえる四種護摩修法（息災法、増益法、敬愛法、降伏法）を行う道場として構想されており、この中で赤色の壇や供具を用いる敬愛法の本尊が如意輪観音であること、実恵撰の『檜尾護摩法略抄』によれば、敬愛法が総じて「和合親睦」を祈る修法で、灌頂を前提としたものであることなどから、実恵から灌頂を受けていた嘉智子が、承和の変という政変下で和合親睦による鎮護国家を願ったものとする説もある（高橋早紀子「観心寺如意輪観音像と敬愛法―観心寺の寺院構想と橘嘉智子の御願をめぐって―」）。

これに対しては、本像の宝冠に化仏がないことは七星如意輪曼荼羅と符合し、その典拠である不空訳『七星如意輪秘密要経』が七星如意輪法によって敵国の大軍が退散したことを説くことから、むしろ降伏祈願であり、仁明天皇を政治的動乱から守るという嘉智子の「御願」に通じ、図像の面からも功徳の面からも本像の典拠としてふさわしいとする説も出されている（三橋由吾「観心寺如意輪観音像についての一考察」）。

仁明天皇の身体安穏は政治状況の安定化に深くかかわるが、如意輪観音像に特化する点では、「和合親睦」や「降伏」の方がより説得力があるといえる。なお七星如意輪曼荼羅の確実な請来は承和十四年に帰国した恵運によるが、それ以前に請来された可能性も十分考えられる。

観心寺の如意輪観音像は、豊かな肉づきを持つ女性性が表現されている。中国の作例でも早い時期から如意輪観音像の女性的な表現が目立つとされている（彌永信美「如意輪観音と女性性」）。また如意輪観音を玉女に見立てる説もある（井上一稔「観心寺如意輪観音像と檀林皇后の夢」）。これによれば、転輪聖王の七宝の一つに美貌の妃である玉女宝があり、『大般涅槃経』第十二巻では、玉女は王の側に侍りその卓抜な通力をもって王の身体を護持し、かつブレインとしての働きを果たす者とされ、また如意輪観音の説く三種の真言による三昧により、転輪聖王の七宝のような功徳があるとする儀軌に、『都表如意摩尼転輪聖王次第念誦秘密最要略法』があるとする。この経を日本に請来した確実な僧は、貞観七年（八六五）に帰国しその後真紹から観心寺を任された宗叡であるが、承和十一年（八四四）に帰国した円修が請来した可能性、また円修と交流のあった実恵の弟子恵運が、別の如意輪観音関係の経軌を請来しており、恵蕚とも交流があった人々が、九世紀前半の唐の如意輪観音信仰の高まりを、嘉智子生存中の日本に伝えたと推測している。ただしこのような玉女観自体は、宗叡の帰国以降に意味づけられたとする見方もある（佐々木守俊「出現するほとけ―密教経軌の記載を中心に―」）。

嘉智子が恵蕚を派遣した五臺山は、文殊信仰が最も著名ではあるが、宝幡だけでなく鏡を奉納したことは、文殊菩薩とともに、観音菩薩にも奉納することを想定していた可能性がある。観音菩薩に鏡を奉納することは、八世紀に孝謙太上天皇が石山寺に勅願鏡を奉納した例、また十世紀の『筑紫国観世音寺資財帳』に仏物として多数の宝鏡や円鏡、また観世音菩薩物に鏡三面が計上されている例、十一世紀前半の観音霊場代参の例ではあるが、『更級日記』によれば、鏡を鋳させて長谷寺の観音に代参させて奉納し、自らは参詣者（使）が戻るまで精進を続けている例がある（勝浦令子「平安期皇后・皇太后の〈漢〉文化受容」）。

また嘉智子没後ではあるが、『宝慶四明志』巻十一、十方律院六、開元寺条には、恵蕚は大中十三年（八五九・貞観元）と推定されている六度目の帰国時に、五臺山の「中臺精舎」の端雅な「観音貌像」を日本に請来しようとして、許可を得て肩に担いで運び、船

法華寺十一面観音像

に載せたものの嵐に会い、夢に見た胡僧のお告げで普陀山に安置したが、これが明州開元寺の「不肯去観音」であるという伝承が残されている。

いっぽう法華寺の十一面観音菩薩像も、唐ではなく日本で九世紀後半に制作されたものとされ（長岡龍作「仏像表現における「型」とその伝播（下）―平安初期菩薩形彫刻に関する一考察―」）、光明皇后の十一面観音信仰を継承し、光明皇后所縁の十一面観音菩薩像を模刻したものと推測されている（中野聡「法華寺十一面観音菩薩像の性格」）。また承和年間に施入された観心寺如意輪観音像との共通性が多くみられるとされている（西川杏太郎「法華寺十一面観音菩薩立像」）。

十一面観音菩薩像（法華寺蔵）

光明皇后を皇后の手本としてきた嘉智子が、この造像の制作に関与していた可能性は高い。「橘嘉智子伝」で、嘉智子は成人前に法華寺で苦行尼禅雲から、将来天子と皇后の母になるという予言を得ていたが、後にこの尼の消息を尋ねた時はすでに亡くなっていたとしている。仁明天皇の即位後の承和年間に法華寺に問い合わせたことが、制作に繋がったと考えられる。そして嘉智子が「手は膝に過ぎ」とされた姿は、法華寺十一面観音像にも通じるものである。

嘉智子の光明皇后観

嘉智子は祖父奈良麻呂(ならまろ)の生殺与奪を握っていた光明皇太后を、必ずしも祖父の仇と認識してはいなかったと考えられる。むしろ高祖母県犬養橘三千代(あがたのいぬかいのたちばなのみちよ)を介して光明皇后に連なり、彼女らの氏神祭祀を継承しただけでなく、市に関する夢、また法華寺尼予言譚を語ることによって、光明皇后の皇后権威とそのイメージを積極的に嘉智子自身に融合させていたといえる。これは嘉智子が行った積極的なイメージ戦略であり、その最後の一つがこの法華寺十一面観音菩薩像の造像であったといえよう。

三　嘉智子と教育

学館院の創設

嘉智子は晩年に橘氏の教育にも力を注ぐようになっていった。

「橘嘉智子伝」によれば、嘉智子は右大臣氏公(うじきみ)と議して、橘氏の子弟のために儒教の経書を朝夕読み習わせる学舎を創設した。この施設は学館院(がっかんいん)といい、学官院・学宧院とも記される。創設時期は明確でないが、「橘嘉智子伝」の記事から推測すると、氏公が右大臣であった時期と考えられ、承和十一年（八四四）七月以降となる（桃裕行『上代学制の研究』）。

この頃有力貴族は、氏の子弟が大学入学前の基礎教育を行う寄宿施設を、大学寮の近辺に設けるようになっていった。代表的なものである藤原氏の勧学院は、弘仁十二年（八二一）に冬嗣が創設していた。平安京の大学寮は左京三条一坊にあり、同じ条坊内の南に和気氏の弘文院、藤原氏の勧学院、在原氏の奨学院などが隣接して設置されていった。

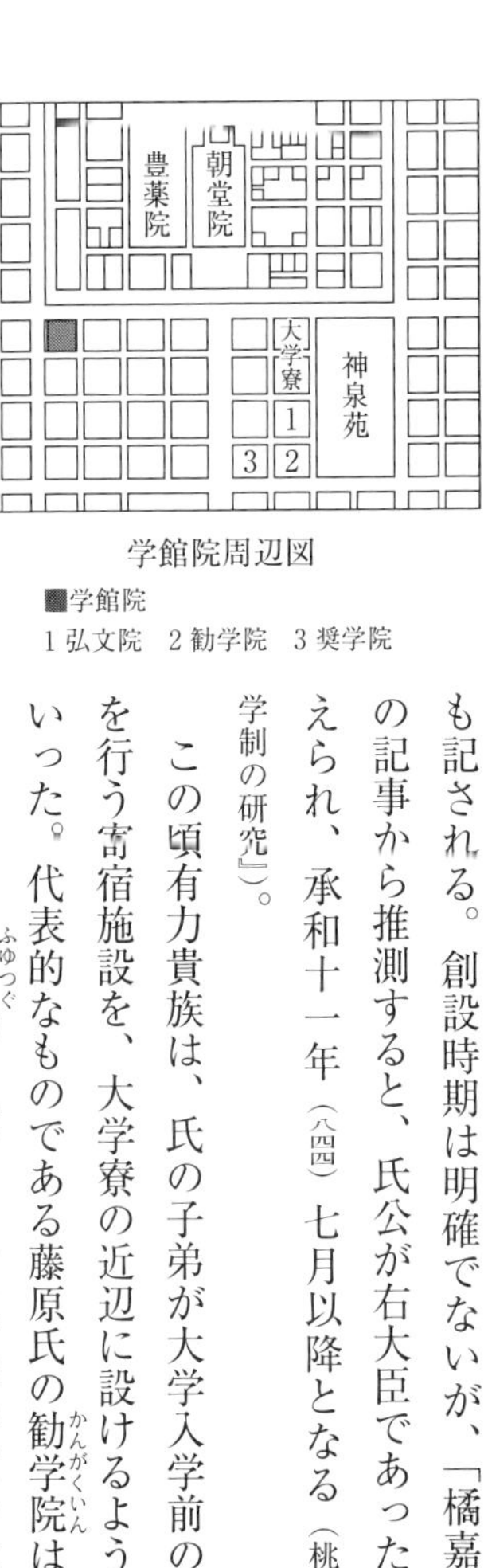

学館院周辺図

■学館院
1 弘文院　2 勧学院　3 奨学院

いっぽう学館院の場所は、『伊呂波字類抄』「梅宮」によれば二条西大宮辺とあり、右京三条一坊の北西隅にあった。大学寮とは朱雀大路、穀倉院で隔てられ、他氏の学舎のように隣接していなかった。なおここにも橘氏の氏神として梅宮の末社「酒殿社」があった。

これらの学舎は、その後に大学別曹として公認されていった。本来学生は大学寮内の直曹（寮家）に起居することが前提となっていた。三善清行『意見十二箇条』所引の『延喜式』に先行する「式」には、寮家に住まない学生には薦挙、すなわち任官試験の受験資格を認めないとする規定が明確化されていた。これに対して、特定の氏の学舎をこの直曹と同格の施設として公式に認めたものが大学別曹である。これによって別曹に起居する者も受験資格を認められることになる。たとえば勧学院は、正確な時期は不明であるが、創設から貞観十四年（八七二）までの間に別曹として公認された。しかし学館院が大学別曹として公認されたのは、後述するように創設から百年以上後の康保元年（九六四）であった。

嘉智子が橘氏の子弟の教育に力を入れて学館院を創設したことを、「橘嘉智子伝」では春澄善縄らと考えられる「時の人」が「漢鄧皇后」に比したと記している。「漢鄧皇后」は前述した後漢の鄧皇后であり、美貌、吉夢、廃された后がおりその後任として立后されたことなど、嘉智子と類似する要素が多い人物であった。

漢鄧皇后の教育

鄧皇后は、和帝没後の殤帝と安帝の時代に、皇太后として臨朝聴政を行っていたが、元初六年（一一九）に詔を下し、和帝の弟である済北王と河間王の子で、男女五歳以上の者四〇余人、また鄧氏の近親の子孫から三〇余人を召して、彼らのために邸第を開放して

奈良麻呂没官書

経書を教え学ばせ、自らも試験を行ったという。さらに幼い者には教育係をつけて、朝夕宮に入れて懇切丁寧に指導し、恩愛ははなはだ手厚かったという。

嘉智子とは、鄧皇太后が外戚の子弟のために教育の場を提供した点が類似する。ただし鄧皇太后は男女を対象としていたが、嘉智子の場合は男子だけであった点が異なる。また鄧皇太后の教育施設は王族も対象であったが、学館院は皇族の教育施設ではなかった点でも異なる。

ただし嘉智子は学館院創設以前に、所生子の一人である秀良(ひでよし)親王のために、外戚の財である橘奈良麻呂の書籍を継承させていた。

第六で触れたが、嘉智子が皇太后時代の四十七歳の時、十六歳の秀良親王は天長九年(八三二)二月十一日に冷然院で元服し、二品を授けられたが、同年の五月二十九日に「没官書」一六九三巻が賜与されていた。この時の記事では「没官書」の由緒は書かれていないが、二年後の承和元年(八三四)十月四日にも昔没官された「橘朝臣奈良麻呂家書」四八〇余巻が「外戚の財」として賜与されており、いずれも奈良麻呂の変で官に没収されていた奈良麻呂家の書籍であったと考えられる。

『三宝絵(さんぼうえ)』下巻一〇話によれば、志賀寺伝法会(しがでらでんぽうえ)は、天平勝宝(てんぴょうしょうほう)八年(七五六)三月五日に、天智天皇創建の志賀寺（崇福寺）には、僧は多いが学べる所が少ないことから、奈良麻呂が華厳経をはじめとする諸大小乗経律論疏などを読ませる伝法会を始め、その料として米一万斤、田二〇丁を施入したことに由来すると伝えている。そしてそれ以降『三宝絵』が書かれた十世紀後半でも、橘氏の人々が参詣して行われているとする。奈良麻呂が生前から僧侶教育にも力を注いでいたことが知られるが、儒教書だけでなく経典類を含めた貴重な書籍を多く所蔵していたと考えられる。

奈良麻呂旧蔵書籍は、淳和天皇の時に没官を解かれ、さらに仁明天皇の時に巻数が追加されて、いずれも秀良親王に賜与されたが、これを提言したのは嘉智子と考えられる。ここから当初は嘉智子が橘氏の子弟ではなく、実子である秀良親王に橘氏の知的資源を継承させ、その教育に力を注ごうとしていたと考えられる。そして嘉智子はそれから一〇数年後になって、橘氏の子弟の教育にも関与するようになっていったといえる。

橘奈良麻呂の贈位

なお学館院が創設される数年前と考えられる承和十年（八四三）八月十五日に、仁明天皇は外曽祖父である奈良麻呂に対し、福と禍がかわるがわる生じ、測りがたいところがあるが、すでに墳墓に埋葬されており、福禄が長くなかったことを悼み、忠貞を遂げられなかったことを悲しみ、恩典を施すとして、無位から従三位を贈位していた。

是也除内外氏之外未嘗言神異之事性敦慈愛内外親戚
無遠近皆養護之但於立議則先賢能而後親戚　弘仁天皇及
時大臣皆欲以大后弟之右大臣為宰相　太后曰恐天下以帝為
私於妾固辞不聽又諸親戚非有才能勲労未嘗為之請
官爵唯勧以才學勵以德行仍立一院以為橘氏學書之處
今學官院是也

『伊呂波字類抄』の学館院関係記事
（大東急記念文庫蔵）

橘氏優遇の辞退

『伊呂波字類抄』「梅宮」に引用された「譜牒男巻下」には、次のような記事がある。嘉智子は慈愛深く、内外の親戚を遠近の差なく擁護し、また議する時は賢能を優先し、親戚は後回しにしていた。そして「弘仁天皇（嵯峨）」と時の大臣が、氏公を「宰相（参議）」に採用しようとした時、これを固辞して許さなかった。また親族でも才能や勲労を持たなければ、いまだかつてこの者のために官爵を請うことはなかった。ただ才学を勧め、徳行を励まし、一院を設立して橘氏の学書の処としたのが、今の学館院であるとしている。

実際に橘氏優遇に対して、嘉智子は自制していたと考えられる。嵯峨天皇時代に、橘氏からは、嶋田麻呂の男子で、桓武女御常子の弟の常主が、弘仁十三年（八二二）に参議となっているが、氏公が参議となったのは、仁明天皇即位後の天長十年（八三三）であった。この点に関して、鄧皇后が立后した直後、和帝が鄧氏一族に官爵を与えようとするたびに、皇后は哀願して辞退していたため、兄の鄧騭でさえ和帝の時代には虎賁中郎将にすぎなかったとみえる点と類似するといえよう。嘉智子自身が鄧皇后の事績を意識的に模範としたのかは史料的には不明であるが、その可能性も十分考えられる。

四　嘉智子と禅受容

唐禅僧の招聘

嘉智子が六十二歳になっていた承和十四年（八四七）七月、嘉智子の念願だった唐の禅僧がようやく来日したと推測されている（田中史生「入唐僧恵蕚に関する基礎的考察」）。前述したように「橘嘉智子伝」には、恵蕚を派遣して僧伽和上や康僧（後僧会）に繍文袈裟、五臺山に供物を献じたことだけが記されていたが、元亨二年（一三二二）成立の『元亨釈書』巻六「義空伝」には、嘉智子が唐地の禅化を欽い、恵蕚に金幣を委ねて禅僧の招聘を依頼し、義空が来日したことを記している。なお『元亨釈書』巻十六「恵蕚伝」には、「斉衡初」（八五四）に橘太后の詔に応じて派遣された恵蕚が、斉安禅師に謁見して、義空を得て帰国したとあるが、嘉智子没後である「斉衡初」は誤伝である。

斉安禅師

斉安禅師は馬祖道一の弟子で、杭州塩官県霊池院（寺）で活動していた禅僧であり、僧梵日など新羅から参禅する者もおり（李侑珍「新羅の禅宗受容と梵日」）、この地域では著名な僧であった。斉安は会昌二年（八四二・承和九）の年末に没しており、恵蕚が斉安のもとを訪ねて禅僧の招聘を依頼したのは、会昌元年に嘉智子の命による五臺山参拝の任務を終えて、同年秋に天台山に赴く途中であったと考えられている（田中史生「入唐僧恵蕚に関する基礎的考察」）。越州会稽で康僧（後僧会）に嘉智子が作成させた繡文袈裟を献じた頃でもあった。しかし会昌二年春に恵蕚が明州から李隣徳の船で帰国した時は、禅僧を伴っていなかった。

義空の来日

その後恵蕚は、会昌四年初頭前後に、再度五臺山に供物を送るために入唐していったが、今回の派遣も嘉智子の支援を受けたものと考えられる。しかしこの間、唐では武宗による会昌の廃仏の嵐が吹き荒れ、恵蕚らも五臺山に赴くことができず、また還俗を余儀なくされた。会昌四年に蘇州南禅院献納本『白氏文集』をいち早く書写させ、この年に帰国した日本官人で大神氏出身と考えられる神侯男らに託して、支援者の嘉智子に奉呈したと推測されている（田中史生「入唐僧恵萼に関する基礎的考察」）。

恵萼はしばしば唐に留まっていたが、承和十四年（八四七・大中元）七月八日、天台宗僧円載傔従の仁好や真言宗僧恵運たちと、唐海商の張友信の船で帰国した時、斉安の弟子義空を日本に伴うことに成功したとされている。義空は会昌の廃仏によって、唐での仏教活動が困難なことを契機に、来日を決意したと考えられている。

義空の東寺西院止住

『元亨釈書』「義空伝」では、来日後に義空を東寺の西院に安置し、皇帝（仁明天皇）が厚遇し、嘉智子は檀林寺を創り居り、時々教えを問うたとある。しかし前述のように檀林寺は、義空来日の一一年前である承和三年（八三六）に造営されていることが確認でき、「橘嘉智子伝」檀林寺記事でも、持律の比丘尼を止住させた尼寺とあるだけで、義空に関する言及はない。その点から檀林寺創建と禅僧義空とは直接的には無関係であったといえる。

義空の伝に檀林寺が登場する言説は、『元亨釈書』が初見であり、これ以降の義空に関する史料は、義空は嘉智子発願の嵯峨檀林寺に移ったとも伝える。しかし義空は一貫して東寺西院に止住していた可能性が高い（大槻暢子「唐僧義空の招聘とその背景」）。中世に禅宗が盛んになり、檀林寺が当初から禅寺として造営されたと解釈していったことによる後付けと考えられる（勝浦令子「檀林寺の変遷―公卿別当と僧別当をめぐって―」）。

嘉智子は前述したように、嵯峨太上天皇の崩御後は、嵯峨院を離れて冷然院を居所としており、教えを問うたとしても京内であったと考えられる。なお義空が東寺に入った時期の東寺長者が実恵と真済（しんぜい）であり、この年の十月以降に実恵が没すると、真紹が長者になっている。嘉智子との結びつきから、東寺に入ったと考えられる。

しかし義空は日本で骨を埋めることなく、唐に帰っていった。その時期は嘉智子が没した嘉祥三年（八五〇）から四年後、大中八年（八五四・斉衡元）かと推定されている。期待したほど禅に関心が集まらず、また一番の支援者である嘉智子を失ったこともあるが、この頃には会昌の廃仏も終わり、唐では仏教再興の時期を迎えており、日本に避難している必要もなくなったことが大きかったと考えられる。義空は在唐新羅系海商の李隣徳とも知己の間柄であった。また唐僧や唐商徐公直（じょこうちょく）たちなどから来た書簡が『高野雑筆集』末尾に一八通残っており、この「唐人書簡」から、来日後も彼らとの関係を持続し、唐の情報を得ていたことが知られている（高木訷元「唐僧義空の来朝をめぐる諸問題」）。いずれにしても義空の帰国によって、結果的にはこの時期に禅宗が定着するには至らなかった。

「日本国首伝禅宗記」

恵蕚は義空が帰国する便でまた入唐したが、この時蘇州開元寺の契元に依頼して、義空顕彰の碑「日本国首伝禅宗記」を作成して船載した。この碑は平安京羅城門のそばに建立されたが、門倒壊によって粉砕され、断片となったものが東寺講堂の東南隅に置かれたものの、ほとんど判読不能となったという。なお近世の『本朝高僧伝』巻十九「義空伝」は、永祚二年（九九〇）の大風による倒壊としている。

『元亨釈書』「義空伝」の賛の部分で、虎関師錬は東寺で自ら模印した四片の字は鮮明であったが文の判読はできず、斑に見えたのを「世言」と照らし合わせて検討すると、少し明らかになったとしている。この「世言」は「橘后」が空海から「密法」を学び、さらに邁ぐれた法を問うと、空海が大唐には達磨が伝来した「仏心宗（禅宗）」があり、唐で少しは聞いていたが、いまだ究める暇がなかったと答えたので、これにより后は恵蕚を遣わしたと記す。

「世言」

しかしこの「世言」は空海に結び付けた中世以降の言説の可能性がある。嘉智子が恵蕚を五臺山に派遣し、恵蕚が斉安に禅僧招請を依頼したのは空海没後五、六年が経過しており、またその三年後頃に再度派遣し、実際に義空が来日したのは空海没後一二年目である。たとえ空海が唐仏教の情報を伝えたとしても、禅を積極的に勧めた可能性は低かったと考えられる。

禅情報の入手経路

空海や九世紀の真言宗僧が禅に関心を持っていた形跡はなく、承和度遣唐使に伴って派遣された真言請益僧円行の請来目録には、禅関係の書籍の請来はない。逆に天台宗では、最澄が入唐以前から行表に達磨の法門を、入唐時天台山で牛頭の法門を学び、また多くの禅籍を請来しており、禅思想の吸収にも積極的であった。円仁・円珍も禅籍を多く請来しており、彼らの入唐求法目的は密教だけでなく、禅思想の導入整備もあり、これにより日本天台の特徴である天台円教・禅宗・円頓戒・真言密教の四宗相承が形成されていった。

十一世紀初頭の中国禅宗史である『景徳伝燈録』巻二十七には、中国の天台宗で重視された善慧大士・慧思・智顗などとともに、宝誌・僧伽・万廻が「禅門達者」として挙げられている。僧伽は前述したように嘉智子が恵蕚に袈裟を献じさせた神異僧であり、坐して入定した遺体を漆布で処理されていたが、これが禅定印とされた。

嘉智子は天台宗を含む入唐僧による情報や、禅とも結びついた神異僧信仰なども手掛かりにしながら、最も発展しつつある唐代の禅宗に関心を示し、恵蕚を派遣したものと考えられる（勝浦令子「平安期皇后・皇太后の〈漢〉文化受容」）。

観心寺唐聖僧像

僧形坐像（観心寺蔵）

僧形坐像（千手寺蔵）

なお観心寺講堂安置像の五番目に記されていた「唐聖僧像」は、現存する一木彩色の僧形坐像とされ、「木造厨子入聖僧坐像」の名称で国の重要文化財となっている。

この観心寺の僧形坐像と法量、品質構造、作風が酷似する彦根市千手寺の僧形坐像、京都市善願寺のA・B二体の僧形坐像の計四体は、九世紀前半に唐の同一工房で制作された一具と推定されている（山名伸生「観心寺僧形坐像と三体の新出類例」）。そしてインドあるいは西域の僧形である観心寺の像は講義する高僧、千手寺がこれを聞く弟子の対、漢人の僧形である善願寺のA像が高僧、B像が弟子の対と考えられている。さらにこれらを、東寺観智院旧蔵、現MOA美術館所蔵の「伝法正宗定祖図」などと比較し、貞元十七年（八〇一・延暦二十）成立の禅宗史書『宝林伝』など、当時の禅宗思想を背景に制作されたもので、嘉智子、義空、実恵の繋がりによって、観心寺に贈られ安置された可能性も指摘されている（松原瑞枝「観心寺僧形像の平安仏教美術史上の意義について」）。

ただし禅と関係する僧形坐像の請来は、承和十四年の義空の来日時まで待たずとも、会昌元年（八四一・承和八）に恵蕚が斉安に謁見したものの、禅僧の招聘は叶わなかったため、その代わりとして禅僧像を承和九年の帰国時に請来した可能性なども含め検討していく必要があろう。

第十　嘉智子の崩御とその後

一　仁明天皇と嘉智子の崩御

冷然院朝覲

仁明(にんみょう)天皇が嘉智子のいた冷然院(れいぜんいん)に正月朝覲行幸(ちょうきんぎょうこう)した記録は、承和(じょうわ)十一年（八四四）、十三年、十四年、嘉祥(かしょう)三年（八五〇）の四例が残っている。承和十二年にみえないのは、大雪のために元日の朝賀も行われなかったことが原因と考えられる。

嘉智子が五十九歳になった承和十一年正月三日の例では、終日宴と楽が行われ、お供した五位以上の者には禄が賜与された。この年は正月行事とは別に、三月二十六日にも嘉智子への朝覲が行われ、侍従以上に宴と禄が賜与されている。なお八月二十日に嘉智子が病気になった時は、天皇が使者を派遣して状況を問うている。

また承和十五年（嘉祥元・八四八）の記録がないのは、正月四日の記事に仁明天皇の体調不良がみえるので、これが原因であった可能性がある。ただし仁明天皇が四月五日や十七日に冷然院へ行幸した記事があり、その時嘉智子に対面した可能性がある。

翌嘉祥二年も、前年の水害を理由に朝賀が取りやめられており、正月朝覲の記録がない。しかし三月二十一日に仁明天皇が双岳に行幸した帰り、冷然院にも寄って魚を観ており、この時に母に対面した可能性がある。このようにして仁明天皇は可能なかぎり母嘉智子に対する孝礼を尽くしていた。

仁明天皇の四十賀

嘉祥二年（八四九）に仁明天皇は四十歳を迎えた。古代では四十歳から長寿を祝う風習があり、賀の祝いとして三月二十六日には、興福寺大法師たちが聖像、おそらく観音像四〇体を造り、『金剛寿命陀羅尼経』四〇巻を書写して、四〇師が四万八〇〇〇巻を転読した。さらに不老長寿の仙薬を提げて天皇に伺候する天人の像、また天の川に昇り長生を得た浦島子と、天から往来する吉野の神女の様子を像にして、これに長歌を添えて献じた。法師らは藤原良房邸に宿泊しており、この祝いは良房の配慮を背景にしたものと考えられる。なお良房自身は十二月二十六日に清涼殿で献物しており、これも四十歳の祝いの一環であったと考えられる。

また八月十一日には三河守の安倍氏主が、白馬四〇疋・牛四〇頭・支子四〇斛を献上している。若い頃から無頼派の弓の名手で、痛手を負っても粘り強く盗賊を退治し、仁明天皇の皇太子時代に帯刀舎人に取り立てられていた人物であった。

嘉智子の贈答品

　十月二十三日には、嘉智子自らが多くの品々を献じて母としての祝意を示した。まず黒漆に平蒔絵を施した厨子一〇基には彩帛が盛られていた。そして机二前のうち、一前には沈香で造った山に純金の鶴に挿頭花を銜えさせたものを配した御挿頭、もう一前には和琴二面が載せてあった。また黒漆厨子六基には御菜が盛られていた。そして衾と掛衣を納めた赤漆の韓櫃は八〇合、さらに櫃飯も八〇合であった。食器を載せる台である中取五二前には、それぞれに折櫃食二〇合が載っていた。そして酒魚菜等を盛った缶は四〇〇口であった。また黒漆棚厨子四〇基のうち、二〇基には菓子唐餅、二〇基には鮮物乾物が盛られていた。その山海珍味はおよそ数百捧という盛大なものであった。この日に仁明天皇は紫宸殿に出御して、音楽が互いに奏でられ、終日歓しい時を過ごし、五位以上の人々に賜禄が行われた。

　八〇合という天皇の年齢の倍を数える品々も含まれていることから、八十歳に至る息子の長寿を願う母の思いがうかがえる。さらにこの日、嘉智子は銭五〇万をもって京中の飢民に賑恤し、また新銭四〇貫文を布施として、七大寺および梵釈寺、崇福寺、延暦寺などで誦経させ、目に見えない仏の加護をも祈願していた。

仁明天皇の病歴

仁明天皇は前述したように幼い頃から病弱で、七歳の時に腹にしこりができる病、八歳では臍の下が絞り込まれるような痛みがある病を患っていた。さらに十四歳で元服した二年後には胸の病となり、その症状は、最初は胸の中心が痛み、やがて錐で刺すような痛みとなり、ついに激しく刀で割くようであったという。すでに俊子内親王と芳子内親王の二人の娘たちに先立たれていた嘉智子にとって、幼少から多くの持病に苦しんできた仁明天皇が、幸いにも四十歳を迎えることができたのは、感慨深いものがあったと思われる。

仙薬の服用

仁明天皇は自らの病弱を克服するために、医師顔負けの医術の知識を持ち、草木薬を服用していたが、さらに「冷泉聖皇」すなわち父嵯峨天皇が、淡海海子（海直淡海）の説に従って勧めた、道教の不老長寿の仙薬である金液丹を服用していた（小塩慶「九世紀前半における医療の転換―『続日本後紀』嘉祥三年二月癸卯条再考―」）。この薬には水銀と硫黄の化合物である丹砂（硫化水銀）が含まれており、内薬司の医師たちからは禁じられていた。四十歳ほどの寿命を得たのは、このような諸薬のおかげであったのかもしれないが、長寿への思いとは裏腹に、体内に蓄積されていった毒素による体調不良も進行したと考えられる。

最後の朝覲行幸

そしてこの年、仁明天皇は深刻な体調不良が目立ちはじめていた。三月十四日、六月二十四日には内竪（ないじゅ）を諸寺に派遣して誦経させていた。

翌嘉祥三年（八五〇）正月四日に行われた朝覲行幸は、二人にとって最後のものとなった。このことを予感してか、嘉智子はいつもよりも仁明天皇との別れを惜しんだ。母は息子の体調が尋常ではないことを感じ取っていたのであろう。

この日は北風がしきりに吹き、白い雪が紛々と舞っていたが、いつもながらの宴と楽が催され、参列した親王以下多くの人々に禄が賜与された。しかしばらくして天皇は殿舎から降り、南の階の下で笏（しゃく）を正して跪き、左大臣の源常（ときわ）と右大臣藤原良房を召した。そして母嘉智子から「私は奥深い宮中に居り、いまだにわが帝が御輦（ぎょれん）に乗るところを見たことがありません。今日は自分の目の前で乗るところを見せてほしいのです」と命じられたが、再三固辞し、ついに命に従わなかった。このことを大臣らはどう思うかと尋ねた。

前述したように『西宮記（さいきゅうき）』の朝覲の儀式次第では、天皇は門で御輿（輦）を降り、筵（むしろ）を敷いた道を歩いて宮内に入ることが通例であり、明記されてはいないが還御する時も同じように門まで歩くことになっていたと考えられる。

仁明天皇の諮問に対し、大臣らは礼を敬い、命に従うことを奏した。そこで天皇は登殿し、母の御簾の前で北面して跪き、そして鳳輦が階のもとにつけられると、殿から下りてこれに乗って退出した。これを左右で見ていた者たちは涙を拭い、南面が原則の天皇が母の願いを聞き、北面して地に跪いたことは、孝敬の道が天子から庶民に至るまで通じていることだと語ったという。

仁明天皇の病状悪化

この朝覲行幸が母子の永遠の別れとなってしまった。

朝覲行幸の二日後に仁明天皇は体調を崩し、一連の正月行事では白馬節会と射礼には出御できず、踏歌節会や内宴などは御簾を垂れたまま観覧して凌いだが、二月に入るとさらに悪化の一途を辿った。二月一日には皇太子道康親王が殿上に侍候し、公卿も待機したが、五日にはさらに重篤となり、皇太子、左右大臣を病床に召し、遺制を伝えるまでに至った。その後は加持、桓武天皇の柏原山陵への遺使、諸寺での誦経、転読など、さまざまな病気平癒の祈願が連日のように行われた。

嘉智子の苦悩と秀子内親王の薨去

そして二月十九日になると、仁明天皇の病状を心配し、嘉智子自身も苦しみのあまりたびたび悶えて気絶するに至り、宮中から派遣された安否を問う使が、絶え間なく行き来したという。

このような最中、追い打ちをかけるように、二月二十五日に嘉智子所生の秀子内親王が没した。俊子内親王、芳子内親王に次いで、嘉智子にとって三人目の逆縁となった。

三月に入っても、仁明天皇の病気平癒の転読、誦経が行われ、十一日には天皇は永不殺生の戒を受戒した。十四日には柏原山陵の祟りが卜われ、翌日に祟りを鎮める処分をしたが、この日に症状がさらに悪化していった。十七日に固関使が派遣され、十九日に天皇は落飾出家して受戒し、この時天皇の子である宗康親王や源多もともに出家した。しかし二十一日にとうとう清涼殿で崩御した。

仁明天皇の崩御

崩御の翌日に御葬司が任命され、二十五日に山城国紀伊郡深草山陵で葬送が行われた。遺詔によって、綾羅、錦繍は用いず帛布で代用し、葬送のための奏楽や邪気祓いの方相の儀はすべて停止した。

仁明天皇深草陵

四月十四日に一丈間隔に樹木を植え、十六日には深草山陵に文徳天皇の即位を報告している。後の仁寿元年（八五一）二月十三日には、仁明天皇の清涼殿を山陵の側に移築して嘉祥寺の堂とした。貞観三年（八六一）六月十七日に兆域の四至が定められ、貞観八年十二月二十二日にはさらに改定されていった。『延喜式』諸陵寮には兆域は東西一町五段、南七段、北二町、守戸五烟となっている。なお深草陵は『陵墓要覧』では京都市伏見区深草東伊達町に比定されている。

嘉智子の出家

仁明天皇の崩御の二日後、三月二十三日に嘉智子が出家した。これを伝える正史記事では、嵯峨太皇太后が病によって入道したとみえ、公式の直接的な出家動機は嘉智子自身の病としている。

いっぽう「橘嘉智子伝」では、「仁明天皇不予甚だ重きに及び、后哀戚毀容し、遂に髪を剃り尼となり、冥救を求むるなり。天皇崩じて後、相尋いで后亦崩ず。時に年六十五」とみえる。すなわち息子である仁明天皇の重篤な病状に接して、悲しみのために嘉智子の容貌はやつれ、ついに髪を剃り尼となって、仏の加護を求めたとある。つまり出家は仁明天皇の崩御前のように記している。出家時期の前後関係や出家動機の表現が若干異なっている。おそらく仁明天皇の死を知って病が進行したことが最終的な引き金になったといえるが、いずれにしてもこの時期の女性の出家は、夫の死を契機とする出家ではなく、子の病や死もしくは自身の病を直接契機とする例が多いことが特徴である（勝浦令子『女の信心―妻が出家した時代―』）。

嘉智子の崩御

仁明天皇の六七日斎会、すなわち四十二日の法要が行われた翌日の五月四日には、嘉智子自身も崩御し、六十五歳の生涯を閉じた。

出家場所、崩御場所について、いずれも史料が残っていない。嵯峨院で崩御したとする説もあるが（林屋辰三郎「後院の創設—嵯峨上皇と檀林寺をめぐって—」）、晩年は一貫して冷然院を居所としており、嵯峨院の可能性は低く、冷然院で崩御した可能性が高い。ただし出家したこともあり、檀林寺に入寺していた可能性も考えられなくはない。いっぽう法要に関する史料も残っていないが、嵯峨太上天皇の四十九日が檀林寺で営まれたことを考えると、檀林寺で法要が行われた可能性は考えられる。

母子草の民間訛言

『日本文徳天皇実録』では、嘉祥三年（八五〇）五月五日の葬送を伝える記事に続き、次のような民間訛言（かげん）の記事を載せている。

> 今茲（ことし）三日　餻（くさもちい）を造るべからず。母子無きを以てなり。識者聞てこれを悪（にく）む。三月に至りて、宮車晏駕（あんが）す。是月また大后（ママ）山陵の事あり。其の母子無きこと、遂に訛言の如し。此間、田野草あり。俗に母子草（ははこぐさ）と名づく。二月始めて生じ、茎葉白く脆（もろ）し。三月三日に属（あ）う毎に、婦女これを採り、蒸し擣（つ）きて以て餻となす。伝へて歳事となす。今年此草繁らざるに非ず。生民の訛言、天その口を仮（か）る。

嘉智子の山陵のことがある以前に、民間の訛言、すなわち誤った風評で「今年は三日餻を作れない。母子がないからである」と言われたことに対して、識者が批判していたが、三月に仁明天皇が崩御し、是月にまた太后山陵のことがあり、母子が亡くなったことは訛言の通りであった。さらに母子草の説明をし、三月三日に採取し蒸して搗き草餅にするのが民間の歳事であるとしたうえで、今年この草が繁らなかったのではなく、人民の訛言は天がその口を借りたものだとしている。

日本における母子草の初見史料は、この記事とされているが、ハハコグサはキク科ハハコグサ属の越年草で、春の七草のひとつであるゴギョウ、漢名は鼠麴草（そきくそう）とされる。なお『延喜式』内膳司28供奉雑菜の中に「波波古五升〈三月〉」とあり、『訳注日本史料延喜式』下巻の頭注ではキク科ヨモギ属の多年草のイヌヨモギ、もしくはゴギョウとする。

三月に母子草を用いて餅を作成することは、中国南北朝時代の年中行事を記した『荊楚歳時記』に、三月三日に「黍（鼠）麴菜の汁を取り、羹（あつもの）を作り、蜜を以て粉に和す。これを龍舌料（りゅうぜつはん）と謂い、時気を厭（おさ）う」とあり、この風習の影響も指摘されている。

この「民間訛言」記事は編纂者の都良香（みやこのよしか）によるものであるが、ただし嘉智子が崩御したのは五月であり、ここには事実誤認が含まれている。

二　嘉智子の葬送と陵墓

薄葬遺令

崩御の翌日である五月五日には、嘉智子は深谷山に葬られた。正史記事では嘉智子が薄葬を遺令し、山陵を営まずと記されている。

　嘉智子が薄葬を遺令し山陵の造営を禁じたのは、承和九年七月十五日の嵯峨太上天皇の遺詔に倣ったものと考えられる。なおそれ以前にも承和五年（八三八）十二月二十六日、嘉智子所生の芳子内親王が没した時、内親王本人も薄葬を願っていたのかは不明であるが、嘉智子が自ら喪事の監督警護する任に当たる朝使の派遣を取りやめる指示を出していた。

嵯峨太上天皇の薄葬

　嵯峨太上天皇は遺詔で、前漢と魏の二人の文帝の薄葬の影響を受けつつ、死後の送終法、山陵や法要について詳細な薄葬の指示をしていた。

　陵墓については、山北の静かな無用の土地を選んで、三日のうちに埋葬するようにとし、その管理は所生子の中の年長者が私的に墓守を置き、三年後に停止すること、仏教の儀式は無視できないので、三七日、七七日、一周忌だけ便寺で仏事法要を行い、いっぽう国忌（こき）は禁じ、仁明天皇一人だけが一身の間だけ、便寺とは別の寺で使者を派遣して誦経し、他の所生子がこれに倣うことは不要とした。そして前述したように承和の変直前であったこともあり、遺詔にあった三日もたたない崩御翌日に、「山北幽僻の地」を山陵として埋葬した。

この嵯峨太上天皇の薄葬と山陵造営の否定は、すでに行われていた淳和（じゅんな）太上天皇の薄葬と共通するものであった。

淳和太上天皇の薄葬

淳和太上天皇は、崩御する二日前の承和七年（八四〇）五月六日に、恒貞（つねさだ）親王に対して、葬送は簡素にし、朝廷から下賜される葬具は返還すること、葬とは蔵（かく）すことであり、他人が観るべきではないので、葬送は夜に行い、追福も倹約し、また国忌や荷前（のさき）は朝廷に停止を願い出るようにせよと遺命していた。さらに人は死ぬと魂は天に帰り、地上には空しく冢墓（ちょうぼ）が残るだけであり、そこに鬼物が憑くと、ついに祟りをなし、長く累を残すと聞いているので、自分の骨は砕いて粉にして山中に散らすようにと重ねて命じていた。

この遺命は近臣たちに衝撃を与え、藤原吉野（よしの）は、かつて散骨が行われたのは宇治稚彦（うじわかひこ）皇子という親王の例であり、天皇の山陵を造らないことは聞いたことがなく、宗廟である山陵なしに臣下は何を仰げばよいのかと奏上した。病床の太上天皇は答える気力もなくしていたので、嵯峨太上天皇に奏聞して判断をしてもらうように命じたが、崩御後に遺命とは異なり、おそらく嵯峨太上天皇の判断を仰ぐことなく、通例の山陵造営が始まった。

散骨の実施

しかし十三日になって、山陵の造営と葬送の監督保護をする勅命を受けた役人たちが淳和院に遣わされたが、淳和院側は遺詔によるとしてこれを受けず、遺詔のとおりに、その夕べに山城国乙訓郡物集村で骨が砕かれ、大原野西嶺の山上で散骨が行われた。遺詔を貫徹させたのは皇太后正子内親王の主張によるものといえる。なお散骨は一般的には行われていたが、天皇の散骨はこれが初めてであった（山田邦和「淳和・嵯峨両天皇の薄葬」）。

正子内親王の薄葬

後に皇太后正子内親王自身も元慶三年（八七九）三月二十三日に、夫淳和太上天皇や父嵯峨太上天皇の遺制のごとく、柩材の槻の中に入れ、嵯峨の山腹に挿し、墓守を置かず、国忌も行わないようにと遺命して崩御した。

嘉智子「嵯峨陵」

これらの遺詔や遺命によって、『延喜式』諸陵寮には嵯峨太上天皇・淳和太上天皇・皇太后正子内親王の陵墓の記載はない。しかし嘉智子の陵墓は、山陵不造営の遺令にもかかわらず記載されている。すなわち太皇太后橘氏の陵名は「嵯峨陵」とされ、山城国葛野郡に所在し、兆域は東西六町、南二町、北五町で、陵を管理する守戸は三烟としている。ただし「頒幣之例に入れず」とあり、遺令にあったと考えられる荷前の辞退は受け入れられていた。

このことから嘉智子の陵墓は兆域の設定と管理だけは行われたことになる。ただし皇太后乙牟漏(おとむろ)の高畠(たかはた)陵、贈皇后帯子(おびこ)の河上(かわかみ)陵、贈皇太后旅子(たびこ)の宇波多(うはた)陵、そして贈皇后高志(こし)内親王の石作(いしづくり)陵の守戸が、それぞれ五烟であるのに対して、嘉智子の守戸が三烟である点は、嘉智子の遺令を受け入れて簡素にしたといえる。

なお『陵墓要覧』によれば、嵯峨陵は円形で、所在地は京都市右京区嵯峨鳥居本深谷町となっている。ただしこれは明治四十五年(一九一二)になって現在地に治定されたものをもとにしているにすぎない。

嵯峨太上天皇遺詔の否定

『延喜式』にみえる兆域の設定が行われた時期は不明であるが、おそらく仁明天皇の兆域設定とほぼ同じ、遅くとも貞観年間頃であった可能性がある。いずれにしても嘉智子の陵墓に兆域が設定され、守戸が置かれたのは、仁明天皇の深草山陵が造営されたことに準じたものといえる。

仁明天皇崩御の六年前である承和十一年(八四四)八月五日に、藤原良房の指示を受けた学者の春澄善縄(はるすみのよしただ)と菅原是善(これよし)が、先帝遺戒には「世間は物怪(もののさとし)があるたびに祟りを先霊に寄せるが、謂われがない」とあるが、今物恠を卜筮(ぼくぜい)させると先霊の祟りが明らかと出たため、そのどちらに従うべきかについて、多くの中国古典の例を検討したところ、卜筮を信じるべきであり、君父の命令は適宜取捨すべきで、改めるべきものを改めることに何の疑問もないと奏上した。朝廷はこれに従うこととなり、嵯峨太上天皇の遺詔を否定するに至った。

淳和・嵯峨両太上天皇が天皇の霊魂供養そのものを否定し、山陵を造営させなかったことに対し、山陵祭祀が全面的に再開されて、これにより仁明天皇の時に山陵造営が復活した。また仁明天皇崩御直後の嘉祥三年(八五〇)三月二十七日に、嵯峨太上天皇の「嵯峨山陵」に、中納言安倍安仁(あべのやすひと)を派遣して暴風雷雨による樹木倒壊の状況を視察させており、山陵に対する配慮が行われていた。

なお嵯峨太上天皇の遺詔にもかかわらず、七回忌にあたる嘉祥元年七月十五日に、「国忌」として高雄山寺(たかおさんじ)と清涼殿で法要が行われた。ただし『延喜式』治部省では、嵯峨太上天皇・淳和太上天皇・皇太后正子内親王の三名と同様に、嘉智子も国忌の対象とされていない。おそらく嘉智子の遺令にも国忌の辞退があったと考えられる。

三　嘉智子崩御後の変化

文徳天皇即位

仁明天皇の崩御によって、嘉祥三年（八五〇）に道康親王は即位し、文徳天皇となった。ただし在位中は内裏を常の居所とはせず、内裏の東方の東宮雅院、さらに内裏北東の梨本院、さらに冷然院におり、紫宸殿ではなくこれらの院で政務や儀式を行っていた（目崎徳衛「文徳・清和両天皇の御在所をめぐって」）。

しかし父仁明天皇と同じように病弱だった文徳天皇は、天安二年（八五八）八月二十七日に三十二歳の若さで崩御した。

幼帝清和天皇の誕生

文徳天皇の女御藤原明子所生の惟仁親王は、更衣紀静子所生の第一親王惟喬親王を差し置き、父文徳天皇の即位に伴い生後八ヵ月で立太子していたが、文徳天皇崩御後、九歳で即位し清和天皇となった。異例の幼帝の外祖父となった藤原良房は摂政となり、摂関政治への扉が開かれていった。そして天皇の母が皇太夫人、皇太后となり、母后としての役割を果たす時代に変化していった。

皇統の変化

このように嘉智子も推進した仁明天皇系統の皇統の一本化は、文徳天皇、清和天皇、さらに陽成天皇と続いたが、陽成天皇の不祥事で、皇統が仁明天皇の女御藤原沢子所生の光孝天皇の系統に移り、その後宇多天皇、醍醐天皇へと繋がっていった。この皇統も嘉智子と血縁としては繋がっていたが、次第に嘉智子との血縁意識は希薄になっていった。

梅宮祭の停廃

嘉智子が遷祭した梅宮社の祭は梅宮祭と称され、毎年四月と十一月のそれぞれ上酉の日に官祭として行われていた。しかし元慶三年（八七九）四月二日に春祭、同年十一月六日には秋祭も停止され、さらに官祭として行うことは今後停廃するとされた。玄孫の陽成天皇の時期であり、血縁意識が希薄となり、梅宮社の神を皇室外戚神として位置づけられなくなった。しかし次に即位した光孝天皇は嘉智子の孫にあたり、元慶八年（八八四）四月七日の勅で、再び梅宮祭を復活させた。しかし次の宇多天皇は嘉智子の曽孫にあたるが、『伊呂波字類抄』によれば、「寛平」にまた停止している。『年中行事秘抄』によれば、宇多天皇は自身の外祖母当宗氏の氏神を、仁和五年（八八九）四月に「天皇外祖母之氏神」として祭るようになった。このように皇室外戚神としての位置づけは弱まり、官祭としての梅宮祭はしばらく途絶えていった。

嘉智子崩御後の檀林寺

檀林寺は嘉祥四年（八五一）二月二十七日の文書「山城国高田郷長解」（大和東大寺文書〈根

岸文書〉、『平安遺文』一〇〇号）に、証刀禰の一人として造檀林寺使史生の人物がみえ、嘉智子の崩御後もしばらくは造営が続いていたと考えられる。

また『東大寺要録』巻第三、供養章之余には、貞観三年（八六一）三月十四日に行われた東大寺大仏供養の法会に際して、綿を奉加した七寺の一つとしてみえる。檀林寺は綿を奉加した七寺中唯一の尼寺であるが、延暦寺の八〇〇屯に次ぐ二二九屯半と、残る寺を大きく引き離している。仁明天皇と嘉智子没後であり、寺封五〇〇戸がすでに収公されていた可能性もあるが、この時期でも経済的に潤沢な寺であったことがうかがえる。

檀林寺は後に諸大寺、あるいは二十五大寺の一つに数えられたように、橘氏の氏寺ではなく、官大寺として公卿が別当として管理する寺とされた。

檀林寺公卿別当の成立

『扶桑略記』元慶五年（八八一）十二月十一日によれば、恒貞親王が淳和院、大覚寺、檀林寺を合わせた三所の行事を、同じ一家のごとく永く公卿別当を置き検校することを申請し、これを陽成天皇が勅許している。

淳和院は、皇太后正子内親王が承和九年（八四二）に出家した後に尼生活を送っていた。貞観二年（八六〇）五月には大斎会を催し、諸寺の名僧を招いて『法華経』を講じさせ、円仁から菩薩戒を受けて、法名良祚を得ていた。恒貞親王も嘉祥二年（八四九）頃に沙弥戒を受けて出家し、大斎会の時に具足戒（ぐそくかい）を受けており、母とともに宗教生活を送っていた。淳和院は皇太后の没後は尼寺となり、西院とも呼ばれた。

また大覚寺は貞観十八年二月に正子内親王が令旨で嵯峨院を寺とすることを申請し、清和天皇の勅許を得て仏寺としていた。この時恒貞親王も造像、写経、また庄牧数十処を施入するなど、大覚寺の造営に積極的にかかわっていた。

公卿別当は俗別当とも称されるが、この時は淳和院・大覚寺・檀林寺の三所をともに検校することとされている。ただし中納言となっていた氏公（うじきみ）の男子岑継（みねつぐ）が貞観二年に没しており、元慶五年当時に橘氏の公卿はおらず、この時檀林寺公卿別当に橘氏が補任されたとは考えられない。

檀林寺の尼供養

檀林寺は十世紀初頭においても、尼寺として機能していた。『扶桑略記』裏書の延喜（えんぎ）二年（九〇二）八月十五日の記事によれば、宇多太上天皇が一五〇余口の尼を檀林寺に招請し、布施供養を行い、朝には『法華経』を講じ、夜には『最勝王経』を講じる法会が行われ、導師を二人の尼が勤めたとある。

法会が八月十五日に檀林寺で行われた理由は不明であるが、宇多太上天皇にとって嘉智子は父方曽祖母であり、橘広相（ひろみ）の娘である女御橘義子（よしこ）は、まだ源定省（さだみ）であった若い頃からの配偶者であり、所生子に斉中親王・斉世親王・斉邦親王・君子内親王がいた。

橘氏の弱体化

嘉智子崩御後、橘氏からは嘉智子の兄氏公の男子岑継が中納言になったが、その子孫は少納言止まりとなった。また嘉智子の伯父のうち、入居の系統は逸勢の件以降ふるわず、嶋田麻呂の系統が主流となり、広相などが出たものの、次第に政界の地位を保つ力がなくなっていった。すなわち橘氏公卿は九世紀後半では岑継、広相、十世紀前半では澄清、良殖、公頼が出ているが、中納言にまでなったのは岑継、澄清と公頼だけである。

また橘氏の女性では、氏公の娘房子と、父は不明であるが忠子が、それぞれ文徳天皇の女御となったものの所生子はなかった。そして休蔭の女子が清和天皇との間に貞固親王を産み、前述した義子が親王三名と内親王一名を産み、宇多天皇女御となったが、その後は天皇との婚姻例は見られなくなった。ただし女官や乳母などとして活躍する例は続いた。

橘氏の氏寺は山城国綴喜郡の井手寺であったが、十世紀初頭において、橘氏の女性が檀林寺に入寺するなど深い関係を持つ寺であったのか、またこの頃に檀林寺公卿別当に橘氏が補任されたのかは不明である。

檀林寺の火災

檀林寺は、『扶桑略記』の延長六年（九二八）三月十三日の記事によれば、この日の夜に金堂から出火した火災は諸堂舎をことごとく焼きつくし、ただかろうじて塔、宝蔵、政所町などが残ったと記されている。

十一世紀中頃の檀林寺

　この延長六年の火災以降、辞典類などでは檀林寺が衰退し、平安中期もしくは一条天皇の頃には廃絶もしくは荒廃したととらえていることが多い。その根拠とされたのが、十一世紀中頃の『赤染衛門集』の次の詞書と歌である。

　檀林寺のかねの、つちのしたにきこゆるを「いかなるぞ」ととへば、「鐘堂もなくなりて、御だうのすみにかけたれば、かうきこゆるぞ」といひしに、きさきのおぼしおき、あはれにて、

　ありしにもあらずなりゆくかねの音つきはてむよぞあはれなるべき

しかし『赤染衛門集』は「鐘堂」がないとするが、「御だう（堂）」は存在しており、鐘がその隅に懸けられていると記している。すなわち鐘堂の施設がないため、本来聞こえるべき鐘の音ではないことを嘆いているにすぎない。

　檀林寺域周辺からは、平安前期の軒平瓦や軒丸瓦が出土するが、いっぽうで採集された軒丸瓦の中には、平安中期に創業し十一世紀代まで操業した官窯の森ケ東瓦窯の製品と共通する点が多い軒丸瓦も採集されており、この窯の製品である可能性が指摘され

ている。『赤染衛門集』に御堂がみえ、瓦の年代である十一世紀後半から十二世紀にかけて堂舎が残っていた可能性は否定できないといえる（寺升初代「檀林寺跡周辺採集の古瓦について」）。

このように十世紀前半の火災後、十一世紀中頃までに「御堂」などの堂舎は再建されており、往時の状況からは一定の衰退はうかがえるものの、堂舎もない廃寺ではなく、官大寺の一つと認識される寺として存続していたといえる。

橘好古

十世紀中頃である康保三年（九六六）に、橘好古が所宛によって檀林寺公卿別当となったことが、『台記』久安三年（一一四七）四月十七日条にみえる後日（六月）の記事から推定できる。好古は天徳二年（九五八）に参議となり、康保三年には従三位に叙され、権中納言に任じられており、元慶五年制の檀林寺公卿別当の条件を満たしていた。

学館院の大学別曹化

これより前の康保元年に、好古は学館院を大学別曹とすることを申請し、これが村上天皇から勅許されており、さらに康保四年三月二十二日の所宛で、学館院別当にも補任された。このことから好古は嘉智子と橘氏公が創設した施設の格上げと管理に積極的に関与していたといえる。

橘氏是定の成立

しかし永観元年（九八三）の参議橘恒平没後、橘氏の力は衰え、参議以上の人物が出なくなった。恒平の生前から橘氏外戚の王卿が氏爵推挙権の任にあたる慣例は存在したとされているが、恒平没後に故中納言橘澄清の娘（藤原中正室、藤原時姫母）の孫にあたる大納言藤原道隆が是定となり、これが恒例化した。その後橘氏と外戚関係にある藤原氏、特に九条流、また源氏が是定を担当するようになっていった（竹内理三「氏長者」）。是定とは氏の長者にかわって、その氏人の叙爵を申請する他氏の人をさす。また橘氏是定は学館院と梅宮社の別当補任権を持ち、学館院別当には橘氏長者を任じた。

梅宮祭の復活

梅宮祭は長らく途絶えていたが、『年中行事秘抄』によれば、一条天皇即位の約三ヵ月後である寛和二年（九八六）十一月二十一日の宣旨で、御願によって新たに復旧した。なお『伊呂波字類抄』では「永延（九八七～九八八）」以後に祭るようになったと表現している。一条天皇の母藤原詮子の外祖母が橘澄清の娘であり、一条天皇自身は外曽孫にあたる。そして詮子同母兄の道隆が橘氏是定となったことから、梅宮祭の復活を勧めたと考えられる。

権中納言の別当

十一世紀の檀林寺公卿別当の史料はみえないが、十二世紀中頃の公卿別当は、近衛天皇の代始所宛で藤原公能、高倉天皇の代始所宛で平時忠が任じられたことが確認できる。さらに十三世紀前半には藤原家嗣が別当となっており、いずれも権中納言であった。

このように十世紀から十三世紀前半までの檀林寺公卿別当は、権中納言が補任され、橘氏の例もあったが、藤原氏や平氏の例もあり、特定の氏に固定されていなかった。

檀林寺僧別当

いっぽう檀林寺僧別当も、九世紀後半には存在していた可能性があるが、その実態がわかるのは十一世紀前半からである。十一世紀に檀林寺が僧寺となっていた可能性も皆無ではないが、尼寺の法華寺にも僧が別当として任じられており、僧別当の存在をもって尼寺であることを否定することはできない。

十一世紀前半の檀林寺僧別当は、『朝野群載』巻十五、暦道の長治二年（一一〇五）二月二十一日「暦道叙爵請奏」に、興福寺の宿曜師「隆昭（証昭）」が造暦の勧賞として長暦三年（一〇三九）頃に任命された例がある。その後、『僧綱申文』承徳二年（一〇九八）十一月の厳済申文によれば、承徳二年以前に他氏出身の永算、永尊などが補任されていたが、橘義済の男子である厳済が檀林寺は曩祖草創道場であり、創建後数百歳の間、橘氏出身の僧が別当職に補任されていたと主張し、「興隆の勤を致さん」と橘氏出身である自分への補任を申し出ている。

厳済の管理維持

宿曜師の勧賞例もあり、厳済が主張したように創建当初から代々橘氏出身の僧が任じ

「山城国葛野郡班田図」

られていたとは必ずしもいえない。厳済は後に後三条天皇御願の円宗寺の寺主・上座、白河天皇御願の法勝寺の寺主になり、さらに金泥一切経供養の賞で法眼にも任じられ、寺務能力に長けた人物であった。申請どおり檀林寺僧別当になっているとすれば、橘氏僧が別当として管理すべき寺との認識から、たんなる名誉職ではなく、規模は不明ながら実質的な堂舎の維持に尽力した可能性もある。藤原氏出身ながら祖母が橘氏の可能性がある前任の永算も、後に元興寺塔造営の功で僧綱入りしており、これら寺院復興に意欲的な僧らが補任されたとすれば、寺域の確保だけでなく、十一世紀中頃に赤染衛門が見た御堂をはじめ、ある程度の面目を保つ維持管理に努力した可能性も考えられる。前述した十一世紀後半代の軒丸瓦はこの時期と重なり、さらにこの瓦が法勝寺瓦の生産地の一つでもある森ケ東瓦窯という官営窯で作成された可能性があることは、後に厳済が法勝寺に関与した点からも興味深い。

なお檀林寺の寺域が記載されている伝存の「山城国葛野郡班田図」は、天長五年(八二八)作成の基図(「班水陸田図」)に基づいて、康和三年(一一〇一)に書写されたものである。この中に檀林寺の墨書文字と寺域を囲む朱線が書き込まれている。基図が作成された時はまだ檀林寺は建立されていないことから、この書き込みの時期については諸説がある。

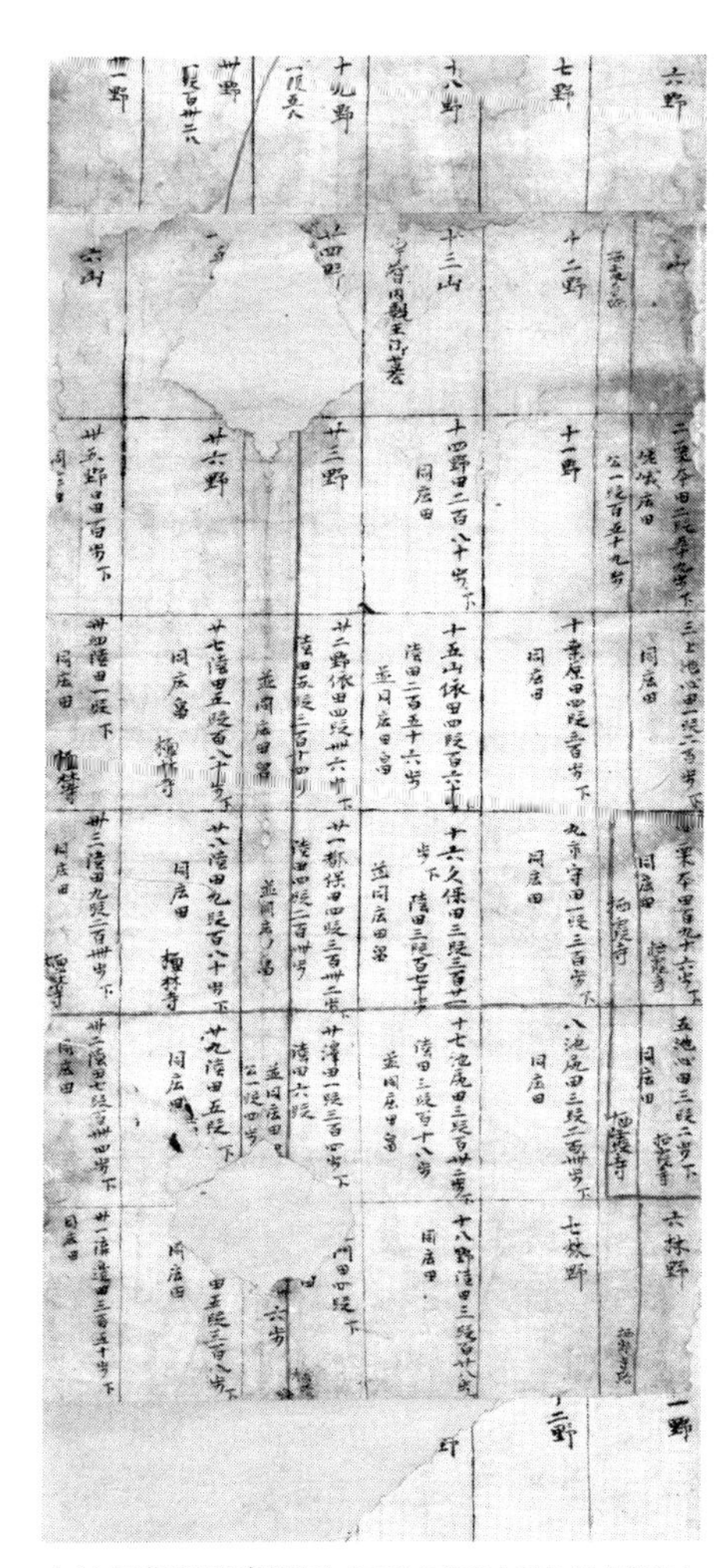

山城国葛野郡班田図（石川武美記念図書館成簣堂文庫蔵）中央左に「檀林寺」とある.

代表的なものの一つとして、延喜年間〜延長六年（九〇一〜九二八）以前加筆・康和三年伝写と、康和三年加筆・書写の二つの可能性を挙げ、衰微しつつも存続していることよりすれば不都合はないとし、断定はさけるが後者の可能性を指摘する説がある（宮本救「山城国葛野郡班田図」）。いっぽう檀林寺衰退説に基づき、墨書と朱線の加筆時に檀林寺は寺容を保つランドマークにならず、基図の桂川と加筆当時の桂川を同一視して加筆したために図上で南北方向に一坪のずれが生じたとし、「檀林寺」の墨書は朱線等の加筆時に既存していたとする説がある（渡邊秀一「山城国葛野郡班田図に描かれた古代景観—加筆内容をめぐって」）。

書写された康和三年の時期は公卿別当の史料を欠くが、厳済が僧別当だった可能性のある時期に当たり、檀林寺が四坪程度の寺域を保ち、一部の堂舎が維持されていた可能性もある（勝浦令子「檀林寺の変遷」）。

学館院の衰退

学館院は十世紀中頃に橘好古の申請によって大学別曹となり、また橘氏出身の文章博士は、以前は広相や直幹、また好古の父公材やその弟公統などを輩出していたが、その後はほとんどみられなくなり、学問的にも振るわなくなった。また勧学院、奨学院とならび、学生を無試験で諸国掾に推薦任官させる学館院年挙も認められていたが、『除目大成抄』の永久四年（一一一六）の年挙挙状によれば、この頃は学生の質が低下していたことがうかがえ、また十四世紀の『職原抄』によれば隔年推挙となっている。

学館院は十二世紀中頃にはすでに荒廃し、『台記』によれば久安三年（一一四七）五月に橘氏是定の藤原頼長が鳥羽法皇に奏して同院の再興を図り、七月に学館院の地形を調べさせた。この時にはみな耕田となり、築垣を残すだけであり、また転倒後数年を経て、堂舎の類、間数や配置などを知る者がいない状態だったので、勧学院を模して指図が作成された。しかしその後に学館院再建の情報はなく、荒廃に帰したままとなったと考えられる。ただし橘氏の氏長者が補任される学館院別当と、学館院領荘園のみは中世にも継続され、院領の知行は室町末期には薄氏（橘氏）が伝領した。

いっぽう檀林寺も、十二世紀中頃から十三世紀前半の公卿別当は、次第に有名無実化し、代始所宛を受けて一代一度仁王会などに奉仕した可能性はあるが、管理も次第に形骸化していき、十三世紀中頃には荒廃が常態化した可能性がある。建長年間（一二四九～五六）には、後嵯峨院造営の亀山殿境内となった檀林寺跡地に浄金剛院が建てられ、また亀山法皇が南禅寺僧二〇員を住まわせた亀山殿寿量院法堂の跡に、暦応二年（一三三九）になると、天龍寺が建立されていった。十四世紀後半の『増鏡』第六、おりゐる雲の「橘太后の昔建てられたりし檀林寺といひし、今は破壊して石ずへばかりになりたれば」、また『夢窓国師語録』の「皇后登霞の後、檀林精舎、漸漸に荒零して、或は郊蕪となり、或は民居となる」は、それぞれ浄金剛院や天龍寺建立の正当性を表現したものといえる。

第十一　嘉智子像の変遷

一　前世転生譚

「橘嘉智子伝」の前世転生譚

嘉智子の実像とは異なるさまざまな嘉智子像が伝えられているが、その最も早いのものが、「橘嘉智子伝」に記録された「故老相伝」にみえる前世転生譚の嘉智子像である。これは「橘嘉智子伝」の編纂者である都良香（みやこのよしか）が、民間の伝承を収録したものとされている。

その「故老相伝」によれば、伊予国神野（かみの）郡に昔高僧で名を灼然（しゃくぜん）という者がおり、聖人と称えられていた。弟子の上仙（じょうせん）は山の頂での精進練行が師よりも優れており、鬼神らを使役していた。上仙は親しい檀越（だんおつ）に「前世は人間で天子と同じ尊い身分であり、多くの快楽を受けていた。一念をなし来世は天子に生まれようと思い、今出家して禅病を治したが、少し気分がなお残っている。もし天子となったならば、必ず郡名を名字とする」と語り、その年に死去した。これより前、神野郡の橘里(たちばなのさと)に独り身の橘媼(たちばなのおうな)がおり、家産を尽くして上仙を供養していたが、来世もともに同じ場所で会い、近くにいたいと語り、にわかに死去した。

その後いくばくもなく、嵯峨(さが)天皇が生まれた。乳母で姓が神野というものがあり、先朝の制度では皇子が生まれると乳母の姓をもって名としており、神野をもって諱とした。後に神野郡は諱を避けて新居(にいい)郡とした。后はその時に夫人(ぶにん)となり橘夫人と号した。天皇の前身は上仙であり、橘媼の後身は橘夫人である。

このように「橘嘉智子伝」には嵯峨天皇と嘉智子の二人の前世転生譚が語られている。「橘嘉智子伝」の中でも、嵯峨天皇前世転生譚の部分については、『日本霊異記(にほんりょういき)』下巻第三十九縁に類似した伝承がみえる。この第三十九縁は、智と行が並びに具わった禅師が再び人身を得て、国皇の皇子として生まれ変わったとして、前段に善珠(ぜんじゅ)禅師が丹治比(たじひ)夫人の胎(たい)に宿り王子に生まれることを遺言し、桓武(かんむ)天皇皇子大徳(だいとく)親王に転生した話を載せ、後段に次のような嵯峨天皇の話を続けている。

伊予国神野郡の郷の内に山があり、名を石鎚(いしづち)山と号したが、これはその山におられる石槌神の御名である。その山は高く険しくて、凡夫は登り到ることができない。ただし浄行の人のみが登り到り居住できる。昔諾楽の宮に二十五年天下をお治めになった勝宝応真聖武太上天皇の御世、また同じ宮に九年天下をお治めになった帝姫阿倍（孝謙）天皇の御世、彼の山に浄行の禅師がいて修行していた。其の名は寂仙菩薩といった。その時の世の道俗が、彼の浄行を尊び、ほめて菩薩と称した。帝姫天皇の御世の九年の天平宝字二年戊戌に、寂仙禅師は命を終える日に臨んで、記録の文書を書き留めて、弟子に授け、「我は死後二十八年の間を歴て、国王の子に生まれて、名を神野とするであろう。これを以てまさに我が寂仙であることを知るように」と告げた。それから二十八年経過して、平安宮に天下をお治めになった山部（桓武）天皇の御世である延暦五年丙寅に、すなわち山部天皇の皇子に生まれ、その名を神野親王とした。今、平安の宮に天下をお治めになっている賀美能（嵯峨）天皇がこれである。

なおこの前世転生譚に続けて、嵯峨天皇が聖君であるか否かについての問答が記されている。

嘉智子前世転生譚

嵯峨天皇の前世の修行者は、「橘嘉智子伝」では高僧「灼然」の弟子「上仙」、『日本霊異記』では菩薩と称えられる「寂仙」とされ、人物比定に違いがあり、また『日本霊異記』の方が地名や年代がより詳しく記されている。

しかし「上仙」が坐禅の時に起こる妄想、左遷に伴う種々の病気などを指すとされている「禅病」を患っていたこと、嵯峨天皇の親王名が先朝からの制度であった乳母の姓に由来すること、郡名が神野郡から新居郡に変更されたことなどは、「橘嘉智子伝」にだけみえる内容となっている。そしてなによりも嘉智子の前世転生譚は、「橘嘉智子伝」を史料上の初見とする。

嵯峨天皇の親王名は、『続日本紀』や『日本後紀』など正史記事では「賀美能親王」と記し、「神野親王」と記すことは『日本霊異記』が初見で、また『日本霊異記』は賀美能を天皇名として記している。

嵯峨天皇の乳母

「橘嘉智子伝」にあるように、乳母の姓を皇子女の名とすることは、実際に大化前代から嵯峨天皇の頃まで行われていた。令制では親王の乳母の支給は三名で、乳母が死去した場合に、十三歳以下ならば補充が認められていた。延暦十年（七九一）正月十三日に大秦浜刀自女（うずまさのはまとじめ）が賀美能宿禰を賜姓された時、「賀美能親王の乳母なればなり」と記されている。この時の新姓に基づき親王名が定められた可能性もあるが（西本昌弘「嵯峨天皇」）、この時賀美能親王は六歳であり、浜刀自女が当初の乳母の姓を引き継いだ可能性もある。なお嵯峨天皇の乳母はこの他に笠道成（かさのみちなり）が確認でき、道成は天長（てんちょう）二年（八二五）正月十二日に没した時には尚闈従三位となっている。また前述したように藤原三守の母御井氏も乳母と推定されている。

郡名の変更

郡名については、即位直後の大同四年（八〇九）九月二日に、天皇の諱に触れるとして、実際に伊予国神野郡を新居郡に改めている。「橘嘉智子伝」では后がその時に夫人となって橘夫人と号したとあるが、この点も嘉智子が大同四年六月十三日に夫人となったこととおおむね符合している。

橘媼と橘里

「橘嘉智子伝」にみえる嘉智子の前世である「橘媼」は、橘里の地名を冠した老女を意味し、「上仙」のような人名そのものは伝えられていない。高山寺本『和名類聚抄』では、新居郡の郷名に「立花」がみえ、橘里は石鎚山の北側の山麓に位置する現西条市の橘地区の一部と氷見地区に比定されている。

この前世転生譚は、嵯峨天皇の諱と嘉智子の氏とが、揃って石鎚山麓の郡名と郷名とに一致することを種にして、付近の寺院に縁のある遊行僧たちが、天皇と夫人（皇后）の前生はそれぞれ当地の聖者寂仙（灼然・上仙）とその檀越の女人（橘媼）であった旨の、仏教転生譚として付会したところに成立したと考えられている。ただし同源から発したものの、伝承者ならびに伝承意図を異にしたもので、それぞれを採録した「橘嘉智子伝」と『日本霊異記』両話の構想や叙述の相違は、その間に生じたものと推測されている（小泉道「石鎚山の寂仙の話をめぐって—『霊異記』の伊予説話研究—」）。

前世転生譚の成立時期

景戒（けいかい）による『日本霊異記』の原撰本の成立は、延暦六年（七八七）とされているが、その後さらに改編増補され、この下巻第三十九縁は弘仁（こうにん）年間に成立したと推定されている。すなわち嵯峨天皇の生前に嵯峨天皇前世転生譚が成立していたことになる。『日本霊異記』に嘉智子の前世転生譚が一切ないのは、景戒が聖君問答を論じるうえで不要として削除したのか、あるいはそもそも景戒が採録したものにはなかったのかも不明である。このため嘉智子の前世転生譚が嘉智子の生前から語られていたかは不明である。

嘉智子前世転生譚の敷衍

嘉智子の前世転生譚は「橘嘉智子伝」以降もみられ、院政期の藤原仲実（なかざね）が原著者と推定されている『古今和歌集目録』では、橘清友（きよとも）の経歴を記した後に、「或書云」として次のように記されている。

伊予国神野郡に国王にならむと山ふかくをこなふひじりあり。ふもとに橘のさとに、このひじりをあさゆふ供養する老女あり。ひじり入奥（本ノマヽ）しにけり。この老女またわれもをくれじとねがひて、ほどなくうせにけり。さてひじりは、嵯峨天皇とむまれて神野と申す。老女は、皇后とむまれて橘の嘉智子と申す。各前生の住所を今生の名にあらはしにけり。

聖を朝夕供養する老女のイメージが共通し、「橘嘉智子伝」を踏まえたものと考えられる。

『神皇正統記』の前世転生譚

さらに南北朝期の北畠親房の『神皇正統記』では、嵯峨天皇の事績を記した後に、次のように記している。

> 又深く仏法をあがめ給。先世に美濃国神野と云所にたう(ふ)とき僧ありけり。橘太后の先世に懇に給仕しけるを感じて相共に再誕ありとぞ。御諱を神野と申けるも自然にかなへり。

ここでは神野が美濃国の地名に変化し、橘太后が前世から嵯峨天皇と仏縁で結ばれ、高僧に給仕する女性のイメージになっているが、老女とされてはいない点が特徴である。

二　檀林皇后像の誕生

嵯峨太皇太后・嵯峨太后

現在では嘉智子は「檀林皇后」と称されることが多い。しかし九世紀編纂の正史記事では、嘉智子の身位を示す表現は、『日本後紀』『続日本後紀』『日本文徳天皇実録』は

「嵯峨太皇大后(ママ)」、また『日本三代実録』は「嵯峨太后」と記しており、配偶者である嵯峨天皇の嵯峨を冠していた。十世紀の『後撰和歌集』でも「嵯峨后」としている。

太后橘氏・太皇太后橘氏

いっぽう『日本三代実録』の元慶三年(八七九)三月二十三日の正子内親王崩伝記事では、「太皇太后橘氏」、十一月六日の梅宮祭の停廃記事では、「太后橘氏」と記している。これに類似する表現として、『延喜式』諸陵寮の嘉智子の陵である「嵯峨陵」には「太皇太后橘氏」とある。これらは身位を冠して出身の橘氏を合わせた表現となっている。

橘太后・橘氏太后

これに対し十世紀以降になると、氏の橘を冠して身位を合わせた「橘太后」や「橘氏太后」という表現がみえるようになる。たとえば十巻本『伊呂波字類抄』「梅宮」は「橘太后」、『年中行事秘抄』や『尊卑分脈』も「橘太后」とする。

鎌倉期の禅宗関係では、曹洞宗の道元の語録を弟子義演が編集した巻にあたる『永平広録』巻五は「橘氏太后」、そして臨済宗の無象静照の『興禅記』は「橘太后」とする。また南北朝期では前述した『元亨釈書』巻六「義空伝」は「皇太后橘氏」「太后」「橘后」、同書巻十六「恵萼伝」は「橘太后」と記している。

正子内親王との混同

ただし十世紀から「橘太后」を正子内親王と混同する例がみえるようになっていった。たとえば『本朝文粋』巻八、山水の源順による「晩秋遊淳和院同賦波動水中山」に

「淳和院は、橘太后の別宮なり。太后落飾入道の日、一に椒庭の塵を掃ひ、長く蓮台の月に住む」とある。

源順は淳和院を「橘太后」の別宮とするが、淳和院は淳和太上天皇と正子内親王の院であり、正子内親王は淳和院皇太后・淳和太后とも称された。そして前述したように正子内親王は、承和の変に際し出家した後も淳和院に居住しており、崩御後に淳和院は西院とも称された尼寺になっていった。源順がなぜこのような混同をしたのかは不明であるが、淳和院は橘太后と称された嘉智子の別宮ではない。

嘉智子と正子内親王の母子を混同する例は近世にもみられる。『本朝高僧伝』五、江州延暦寺沙門円澄伝には、「かつて橘皇太后に勧めて、納袈裟数百襲を裁ち、唐国清寺の大衆に施す」とある。これは『唐決』の引用する開成五年（八四〇・承和七）六月一日の天台山僧維蠲の書状にみえる、「去年」（開成四年）に、僧円載が本国の命によって「太后」の納（衲）袈裟などを天台山に奉納していたことに相当する。この「太后」は、『元亨釈書』第二、釈円澄伝に「淳和大后製衲袈裟」とあるように、正子内親王とすることが正しい。なお嘉智子が真言宗の僧との結びつきが強いのに対し、正子内親王は円仁から受戒したように、天台宗との結びつきが強い。『本朝高僧伝』が「太后」を嘉智子に比定

院政期の嘉智子像

して橘太后としたのか、この頃も『本朝文粋』のように正子内親王と橘太后の混同があったのかは不明である。

なお院政期の歌人源俊頼（としより）の歌学書である『俊頼髄脳（ずいのう）』に記された「芹（せり）摘みし」説話にも嘉智子像がみえる。それによれば、風に吹き上げられた御簾（みす）から芹を召す后を垣間見た庭掃きの男が、恋の思いに悩んだ末に死んだが、死ぬ間際に、芹を摘んで功徳にせよといい置き、その後芹を仏や僧に捧げるようになった。そして女官となった男の娘を介して、この話が后にも伝わり「あはれがらせ給（たも）」うたが、その后は嵯峨の后であるとする。

そして「芹摘みし」の歌は、『枕草子』にも「御簾のもと」からの連想で引き合いに出されるほど、平安期に広く知られた歌であったが、院政期以降には高貴な女性への恋心が仏道の機縁となるという文脈で、享受するようになっていったとされる。そしてここでは延喜天暦（えんぎてんりゃく）の聖帝と並びたち、仏教の興隆に心を尽くした古の賢后という嘉智子のイメージと結びつけられているとされている。

ただし『俊頼髄脳』ではこれに続けて、この后は「みそかごと」を好む后で、長櫃に隠れ入って外出することがあったが、これを察した担ぎ手がさかさまに担いだので顔に血がたまり、これに懲りて、外出をやめるようになったという話も付け加えられている。これは『後撰和歌集』巻第十六、雑二に掲載された「みそか男したる女を」に始まる詞書のある一一五二番の歌、一一五五番の「事このむ」に始まる高津内親王の歌、一一五六番の嵯峨后の歌という配列に喚起された連想から語られた、他に類をみない俊頼独自のものとされている（岡﨑真紀子「説話の展開と歌学」）。

平安中期には前述した『赤染衛門集』のように、檀林寺を建立した后として、そして院政期には仏道の機縁となる后として、さらに鎌倉期以降は義空との結びつきで理解されていくに従って、嘉智子像は禅との関係を強めていった。

「檀林皇后」の出現

人口に膾炙する「檀林皇后」の呼称は、十四世紀中頃からみられるようになったものである。『夢窓国師語録』に「檀林寺の内に十二院あり、皇后その一院に居す。因りて檀林皇后と称す」とあり、これ以前の「檀林皇后」の例は現在のところ知られていない。この一節は康永四年（一三四五）八月晦日に、夢窓疎石が檀林寺跡に建立された天龍寺の開堂法会で行った陞座で語った、禅宗の日本初伝譚の中にある。夢窓疎石はこの禅宗日本初伝譚の根拠を、東寺にあった「日本（国）首伝禅宗記」という表題の「石碑」としている。しかし前述したように、十四世紀前半の『元亨釈書』の編纂者虎関師錬が、この碑文は破砕されていて、ほとんど判読不能としており、内容は伝聞をもとに推測していた。夢窓疎石自身が碑文を検証した可能性は低く、やはり伝聞を記している可能性が高い。檀林寺に「十二院」があったとすることも、『夢窓国師語録』以前にはみえず、どの程度信憑性があるかは疑問であり、必ずしも九世紀前半の実態を示しているとはいえない。また一院に皇后が居したとあるが、前述したように嘉智子の恒常的な檀林寺止住は実態と考えられない。その点でも碑文に「檀林皇后」と記されていた可能性は低いといえる。

鎌倉期でも禅宗の日本初伝に関して、嘉智子に言及する例はあったが、前述したように「橘氏太后」とされていた。檀林寺の跡地が天龍寺となり、嘉智子が檀林寺の開基として顕彰されるようになった頃から、「檀林皇后」と称されるようになったと考えられる。そしてこれ以降は「檀林皇后」が禅僧たちの語録にみられるようになり、さらに一般にも広がり、たとえば十五世紀では『親長卿記』長享二年（一四八八）七月二日条に、「薬師三尊檀林皇后宸筆云々」と記された例がある。そして十七世紀の『皇年代略記』の仁明天皇の項でも「母皇后嘉智子。号檀林皇后」と記している。

三　檀林皇后像の変遷

夢窓疎石の檀林皇后像

仮名混じり文印刷物として日本で初めて出版された夢窓疎石の『夢中問答集』は、女性たちに見せて教化することを念頭においたものとされている。夢窓疎石は、冒頭の第一問答に、天竺最初の仏教寺院とされる祇園精舎を寄進した須達長者の妻を取り上げ、そして最後の第九一問答に、日本最初の禅寺を建立したとして、嘉智子に関連する禅宗の日本初伝譚を取り上げ、これらを重ねあわせることによって、在家女性のあるべき姿を示したとされている（西山美香「檀林皇后の〈生〉と〈死〉をめぐる説話—禅の日本初伝譚・女人開悟譚として—」）。

その第九一問答にみえる禅宗の日本初伝譚は、漢文で記された『夢窓国師語録』にみえるものよりも詳しい内容になっている。しかし恵蕚を派遣した時に在位した天皇を、仁明天皇ではなく嵯峨天皇とすること、承和十四年（八四七）と推定されている義空の来日時に、承和二年に没していた空海が奏聞したとすること、崩御後であった嵯峨天皇が義空に対面したとすること、義空来日後に嘉智子が檀林寺を建立して義空を住まわせたと

春屋妙葩の檀林皇后像

すること、義空が三年しか滞在しなかったとすることなど、史実とはかなりの齟齬がある。そしてなによりも檀林寺は、古代では禅寺ではなかった。

このような誤解に基づきつつも、夢窓疎石は「皇后宿習開発して、教外の宗旨を悟りましましき」と、皇后だけが前世での習いがあらわれ働きはじめて、教外の宗旨の存在を理解し、悟りを開いたことを積極的に評価している。『元亨釈書』に嘉智子が義空に道を問うたことの言及はあっても、悟りにかかわるこのような評価は、『夢中問答集』以前にはなかった。しかしその後は、近世の『本朝高僧伝』巻十九、「義空伝」などにも引き継がれ、師蛮は賛に「然るに、実参、実悟せし者、橘后一人のみ、空公、時未だ熟せざるを知り、これを辞して唐に帰す」と記すようになり、当時禅を実践し、禅の何たるかを悟ったのは嘉智子だけとする認識が強くなっていった。

さらに夢窓疎石の弟子の春屋妙葩は、『智覚普明国師語録』巻三にみえる貞治二年（一三六三）の広義門院の七回忌における追悼の法語で、広義門院が伏見の大光明院を創建したことを、「檀林皇后」の後身と称賛している。広義門院が禅宗寺院の創建に寄与したことだけでなく、光厳天皇と光明天皇の母であることを、母后としての嘉智子と重ね合わせたものといえる。

このように中世の檀林皇后像は、禅宗との結びつきを強調するものが多く流布し、檀林寺が日本初の禅寺と理解されていった。そして室町期の永享八年（一四三六）七月に成立した京尼五山の一寺として復興され、翌年に住持関係記事がみえるようになっていくことに結びついていった（高島穣「檀林寺研究ノート―「尼五山」研究の端緒として―」）。

檀林皇后九相説話

しかし近世になると檀林皇后像は大きく変貌していき、檀林皇后九相説話が数多くの文献に散見し、さまざまに語られ流布していった（西山美香「檀林皇后九相説話と九相図―禅の女人開悟譚として―」）。この九相説話は、檀林皇后が遺詔して屍を放置させ、朽ちていく姿をみせることによって、人々に世の色欲の迷いを断たせることを教え示したとされるものである。

ただし前述したように、正史記事では嘉智子が薄葬を遺令し山陵を造営させなかったとあったが、実際には『延喜式』に嵯峨陵として兆域が設定され、守戸も置かれて管理されていた。しかし時代を経るに従いその地が不明となったらしく、明治になって現在地に治定されるまでの間に、このような説話が流布するようになっていったと考えられる。

檀林皇后九相説話の初見は、元和七年（一六二一）成立の林羅山『徒然草野槌』とされている。これによれば、后の遺詔によってその屍を西郊に捨てると、鳥獣が取り散らかして、手の拳だけが残ったので、捨て葬った場所を「一拳」と称した。容貌が美しかったが、世の人に色欲の迷いを絶たせようと、ぬけ殻を野外に捨てよと仰せられたとある。

なお貞享元年（一六八四）開版の黒川道祐『雍州府志』巻三には、上嵯峨の「拳宮」の他に、乱髪を納めた場所とされる「裏柳宮」が記されている。また安永九年（一七八〇）刊の秋里籬島『都名所図会』巻四にみえる「帷子辻」は、檀林皇后の骸骨が嵯峨野に捨てられた時に帷子が落ちた場所とされ、檀林皇后九相説話に因む土地の伝承が語られていった。

このような檀林皇后九相説話は、十七世紀の多くの女訓物にもみられ、「美談」として女性教化のために語られてもいた。

なお延宝七年（一六七九）刊の釈丈愚撰『京師巡覧集』巻十一の梅宮には、嘉智子の和歌として、万葉仮名で「もろこしのやまのあなたにたつくもはここにたくひのけふりなりけり」をあげ、杭州の斉安師がこれを聞いて、大丈夫の質があると称したとみえる。また屍を捨てる遺言にも言及している。

天保四年（一八三三）刊の無染居士『道歌心の策』には、「もろこしの」の和歌に加えて、御歌として「われ死なば焼な埋むな野に捨てやせたる犬の腹を肥せよ」を載せている。このように、近世の嘉智子像はさらに脚色されていったことがわかる。

これを視覚的に表現した九相図も描かれていった。九相図は諸経典に広く説かれた九相観を表現した図像であり、現存作例は鎌倉期の六道絵「人道不浄相図」（聖衆来迎寺蔵）を嚆矢として多くの図像が残されている。日本の九相図は、死の直前まで美しかった女性の肉体が除々に腐乱して白骨となっていく姿として描かれ、女性の不浄な姿をみることによって、女性への色欲を抑制する男性の禅定的修行を想定したものが多いことが特徴とされる。近世初頭以降には、檀林皇后、光明皇后、小野小町など、貴女や美女のイメージと結合して、掛幅形式の九相図が多く作成され、絵解きにも利用されていった（山本聡美「日本における九相図の成立と展開」）。

これらのうち画中に檀林皇后の九相図であることが明記されている、寛政九年（一七九七）の「檀林皇后廿七歳命終九想之図」（狩野文庫、東北大学付属図書館蔵）は、最後の場面で尼僧が画かれていることから、生前だけでなく、死後も九相によって色欲を抑制させ、無常の世を悟らせることによって、他者を仏道へと導いた檀林皇后こそが「あるべき理想的な女性」であると、女性に示したものと解釈されている。

九　相　図

（「檀林皇后廿七歳命終九想之図」寛政９年銘，狩野文庫，東北大学附属図書館蔵）

また文化二年（一八〇五）刊の山東京伝『桜姫全伝曙草紙』では、「檀林皇后は九相を観念して素懐を遂げ」とあり、九相と結びついた人物として語られており、中将姫説話と並ぶような、著名な仏教における女性説話となっていたとされている（西山美香「檀林皇后九相説話と九相図」）。

いずれにしても、前掲の九相図の嘉智子が二十七歳で没したとされているように、嘉智子がうら若い美貌の女性のままで死去したとするイメージが流布していった。

子授け祈願と安産伝説

なお『雍州府志』の「梅宮」には、嘉智子が皇后になったが太子がないことから、酒解二座神に祈り、梅宮社の白砂を御座の下に敷き、その上で児を生み、これが仁明天皇となったとし、さらに仁明天皇誕生の地は梅宮の西にあり、土地の人が「御産所」というとしている。そして世の人は臨月に至ると、必ず当社の砂を取り帯襟に佩びるのはこの遺風であるとみえる。このような嘉智子の子授け祈願の伝承はすでに『京師巡覧集』にみえており、またその後は『都名所図会』にも子授け祈願と安産の砂の伝承がみえ、近世の檀林皇后像の一端となっていった。

天皇家略系図（光仁天皇以降）

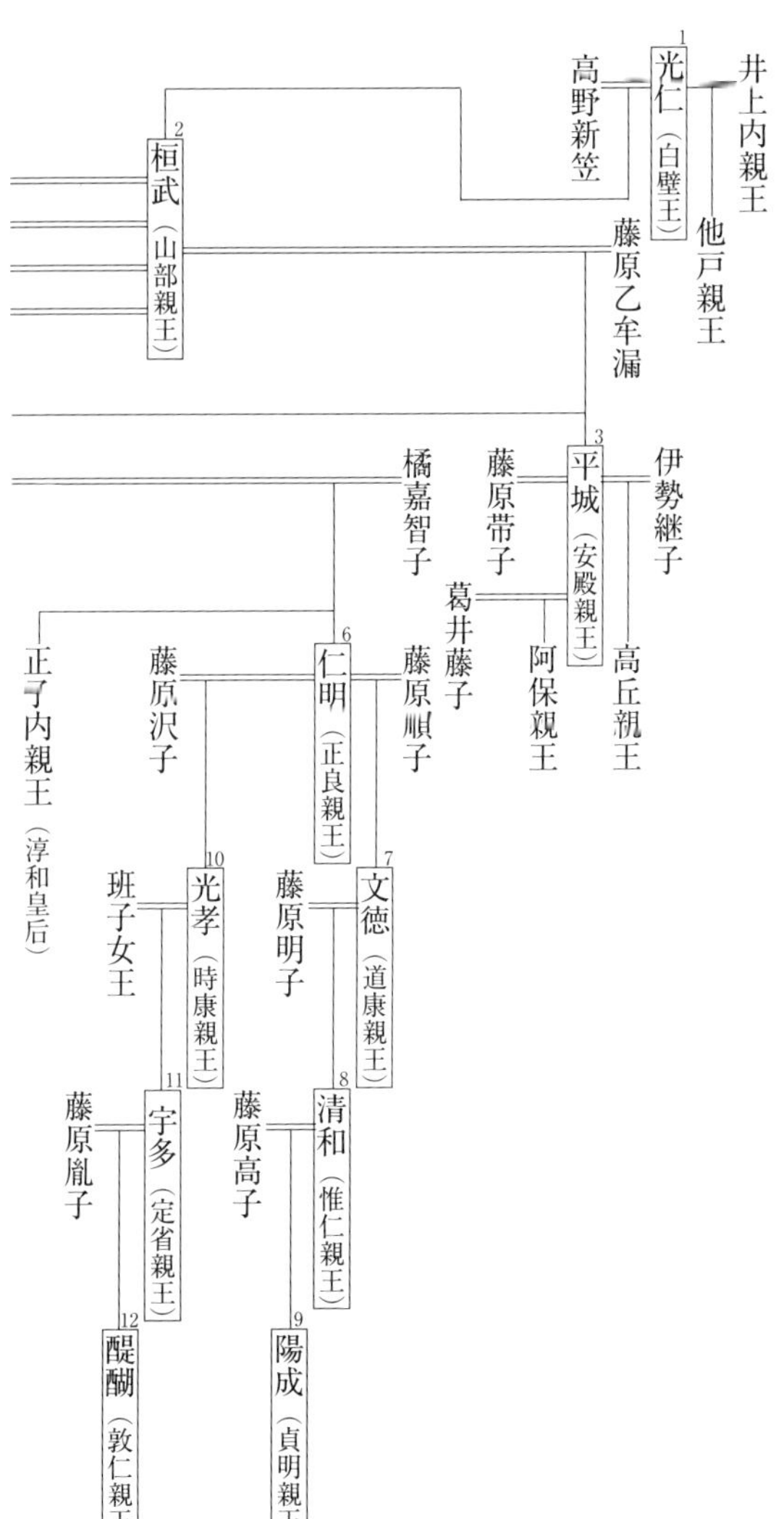

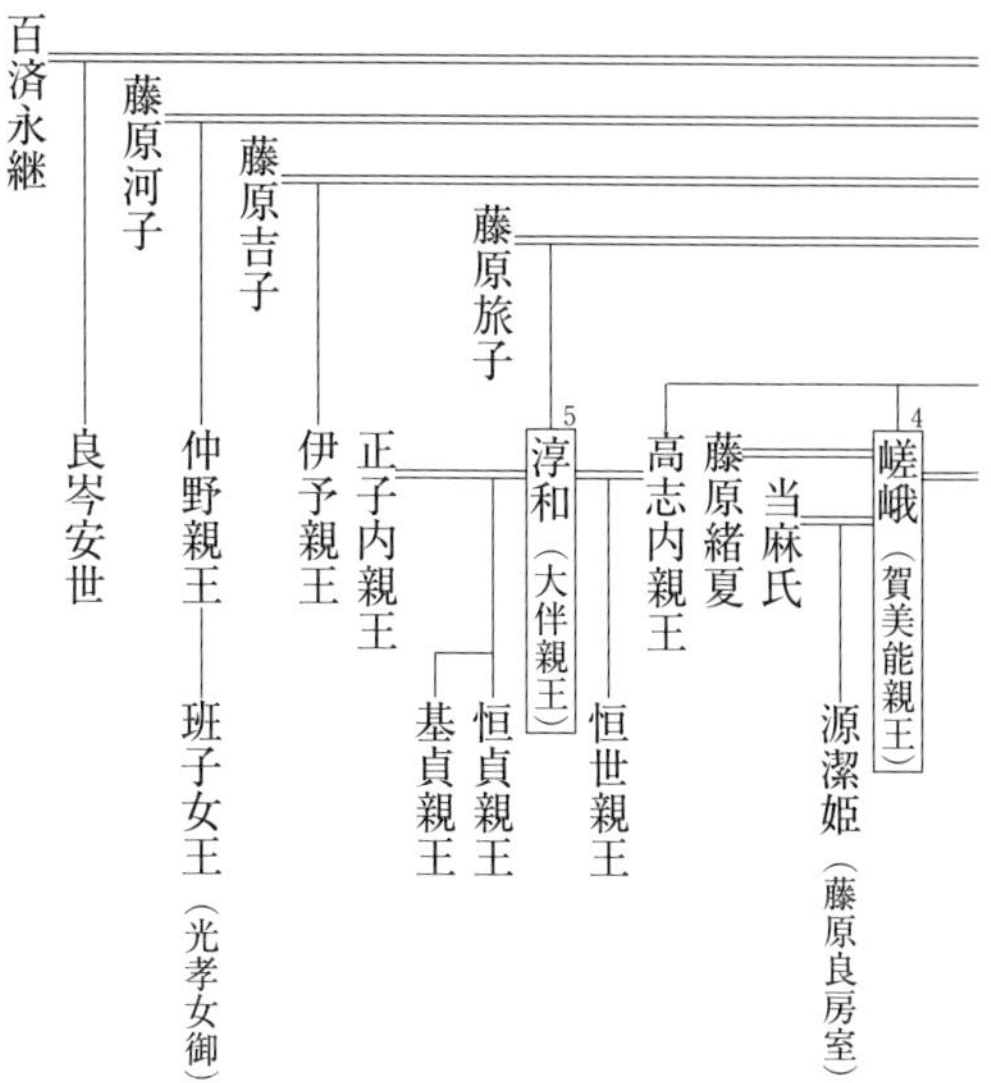
百済永継
良岑安世
藤原河子
仲野親王
班子女王（光孝女御）
藤原吉子
伊予親王
藤原旅子
正子内親王
5
淳和（大伴親王）
恒貞親王
基貞親王
恒世親王
高志内親王
藤原緒夏
当麻氏
4
嵯峨（賀美能親王）
源潔姫（藤原良房室）

橘嘉智子関係略系図

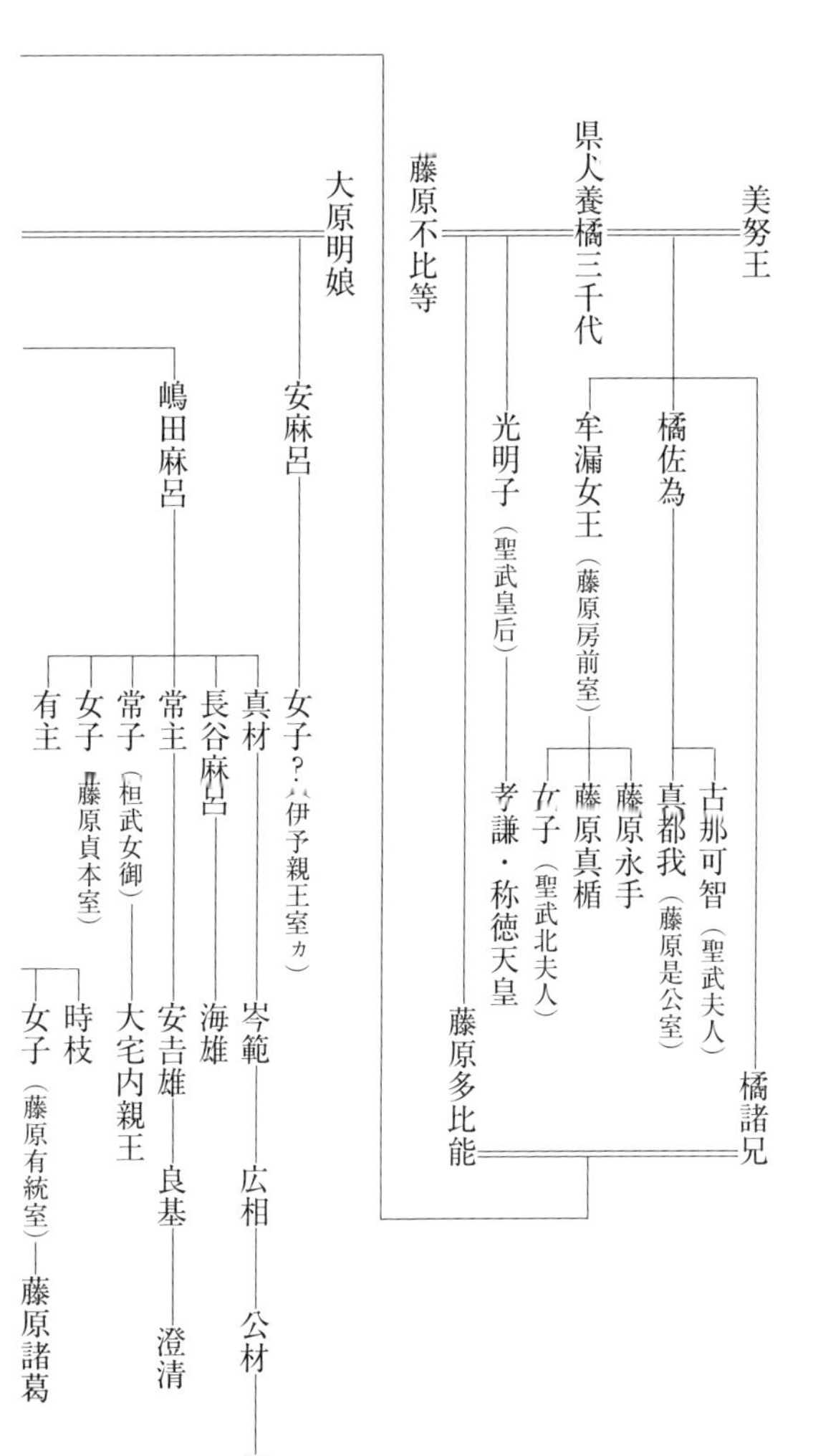
美努王
県犬養橘三千代
藤原不比等
大原明娘
橘佐為
牟漏女王（藤原房前室）
光明子（聖武皇后）
安麻呂
嶋田麻呂
古那可智（聖武夫人）
真都我（藤原是公室）
藤原永手
藤原真楯
女子（聖武北夫人）
孝謙・称徳天皇
橘諸兄
藤原多比能
女子？（伊予親王室カ）
真材
長谷麻呂
常主
常子（桓武女御）
女子（藤原貞本室）
有主
岑範
海雄
安吉雄
大宅内親王
時枝
女子（藤原有統室）
広相
良基
公材
澄清
藤原諸葛
好古

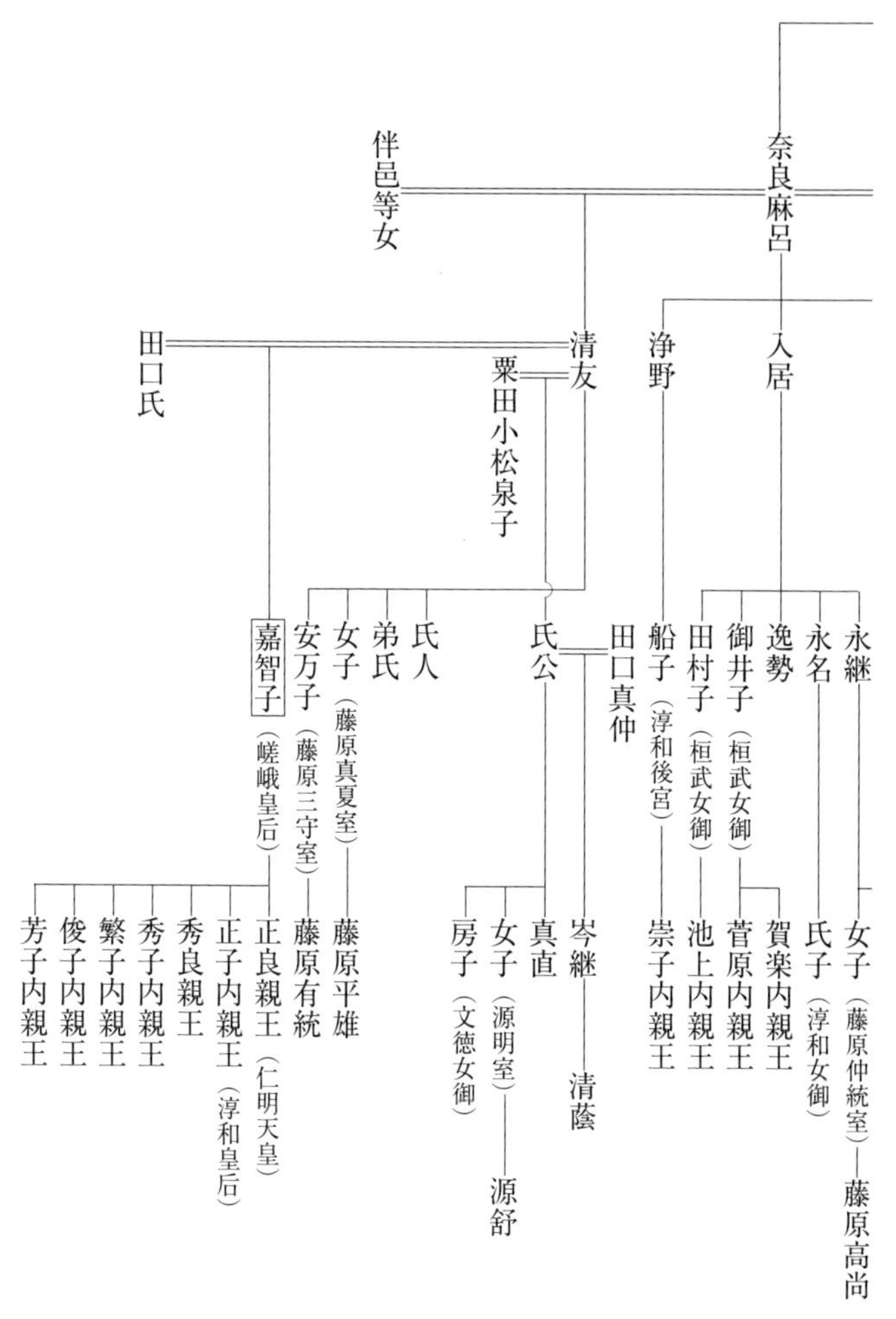
奈良麻呂
伴邑等女
清友
田口氏
粟田小松泉子
浄野
入居
永継
永名
逸勢
御井子（桓武女御）
田村子（桓武女御）
船子（淳和後宮）
田口真仲
氏公
氏人
弟氏
女子（藤原真夏室）
安万子（藤原三守室）
嘉智子（嵯峨皇后）
女子（藤原仲統室）
藤原高尚
氏子（淳和女御）
賀楽内親王
菅原内親王
池上内親王
崇子内親王
岑継
清蔭
真直
女子（源明室）
源舒
房子（文徳女御）
藤原平雄
藤原有統
正良親王（仁明天皇）
正子内親王（淳和皇后）
秀良親王
秀子内親王
繁子内親王
俊子内親王
芳子内親王

藤原氏略系図

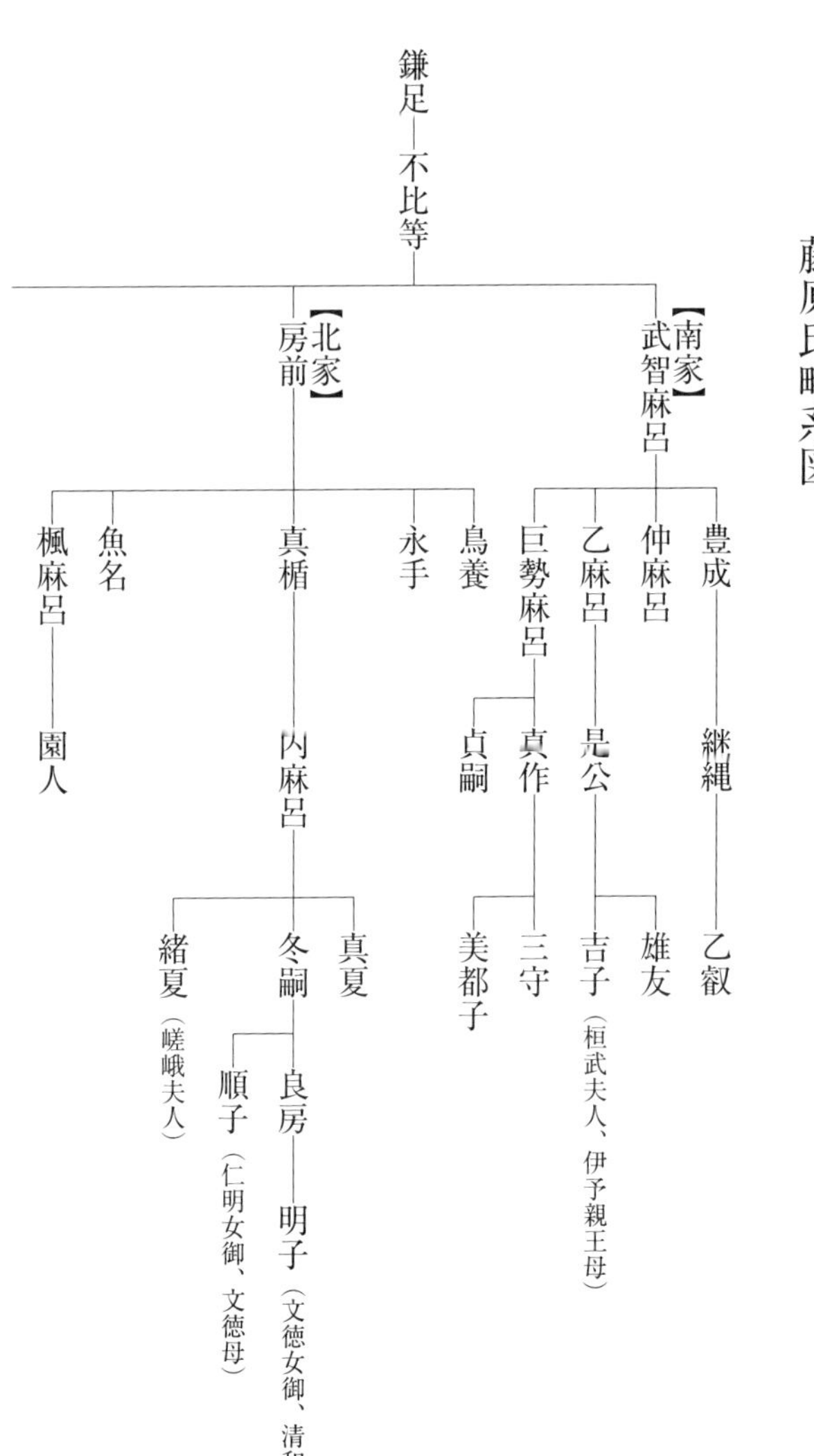
鎌足
不比等
【南家】武智麻呂
豊成
継縄
乙叡
仲麻呂
乙麻呂
是公
雄友
吉子（桓武夫人、伊予親王母）
巨勢麻呂
真作
三守
美都子
貞嗣
【北家】房前
鳥養
永手
真楯
内麻呂
真夏
冬嗣
良房
明子（文徳女御、清和母）
順子（仁明女御、文徳母）
緒夏（嵯峨夫人）
魚名
楓麻呂
園人

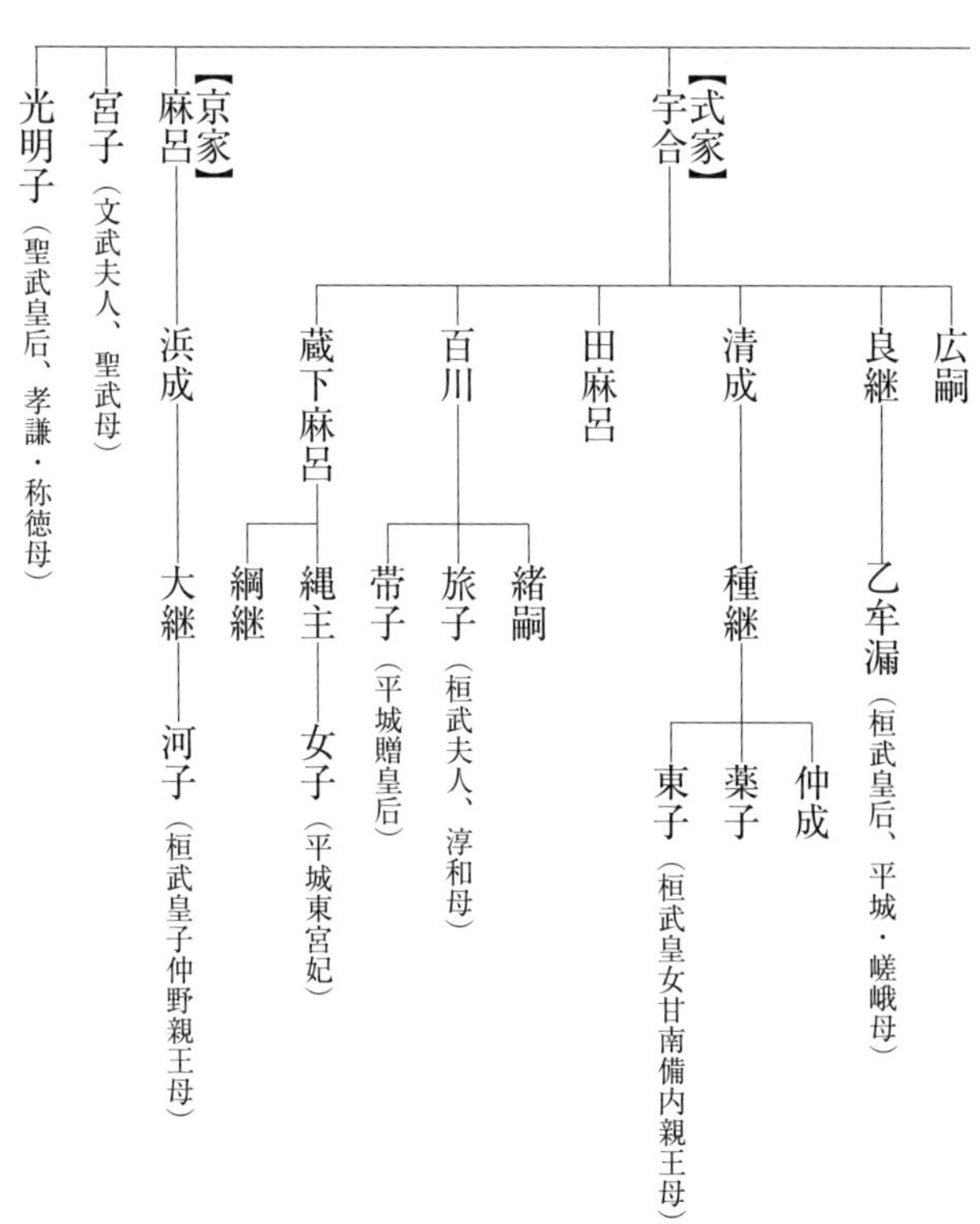
【式家】宇合
広嗣
良継
乙牟漏（桓武皇后、平城・嵯峨母）
清成
種継
仲成
薬子
東子（桓武皇女甘南備内親王母）
田麻呂
百川
緒嗣
旅子（桓武夫人、淳和母）
帯子（平城贈皇后）
蔵下麻呂
縄主
女子（平城東宮妃）
綱継
【京家】麻呂
浜成
大継
河子（桓武皇子仲野親王母）
宮子（文武夫人、聖武母）
光明子（聖武皇后、孝謙・称徳母）

略年譜

年次	西暦	年齢	嘉智子関係事項	参考事項
延暦五	七八六	一	この年、嘉智子誕生、父橘清友、母田口氏○橘清友、内舎人に任用される○九月七日、賀美能親王（嵯峨天皇）、誕生	正月七日、坂上苅田麻呂、没○この年、葛原親王、大伴親王（淳和天皇）、誕生
七	七八八	三		正月一五日、安殿皇太子、元服○この年、多治比高子、誕生
八	七八九	四	この年、橘清友、没	九月一九日、藤原是公、没
九	七九〇	五		閏三月一〇日、藤原乙牟漏、没
一〇	七九一	六		正月一三日、賀美能親王乳母、大秦浜刀自女に、賀美能姓を賜与
一二	七九三	八		二月三日、高津内親王、父桓武天皇に奉献
一三	七九四	九		一〇月二二日、平安京遷都
一四	七九五	一〇		五月、藤原冬嗣、東西市に市姫を奉祭との伝承あり
一六	七九七	一二		二月二日、法華寺、勅許以外の入

一七	七九八	一三	この年前後頃に、嘉智子、髪上げか○これ以前に法華寺参詣か	寺を禁止○六月九日、橘入居ら奏撰の删定令格四五条を施行 四月一七日、大伴親王、葛原親王、元服
一八	七九九	一四	二月七日、賀美能親王、元服	
一九	八〇〇	一五		二月一〇日、橘入居、没
二〇	八〇一	一六		一一月九日、高志内親王、高津内親王、大宅内親王、加笄
二一	八〇二	一七	この年前後頃に、嘉智子、賀美能親王と婚姻か	
二三	八〇四	一九		この年、橘氏公長子、岑継、誕生
大同 元	八〇六	二一	五月一九日、賀美能親王、皇太弟となる	二月一七日、安殿皇太子、高志内親王、恒世王を出産により、奉献○三月一七日、桓武天皇、没○五月一八日、平城天皇、即位、大同改元
二	八〇七	二二		一〇月二八日、伊予親王事件○一一月一二日、伊予親王、母藤原吉子、没○この年、有智子内親王、誕生
三	八〇八	二三		六月一三日、禁中の橘が生気を取り戻し、葉や花が咲き、宴を行う

大同 四	八〇九	二四	四月一三日、嵯峨天皇、大極殿で即位○六月、嘉智子、針の孔から出て、左市の中に立つ夢を見る○一三日、嘉智子、夫人となる○一四日、橘清友、贈正五位下○一二月二三日、嘉智子、封戸一〇〇戸を賜わる	四月一日、平城天皇、譲位○一四日、高丘親王、立太子○六月一三日、高津内親王、三品昇叙、妃となる○同日、多治比高子、夫人となる○九月二日、伊予国神野郡、郡名を新居郡に変更○一二月二三日、多治比高子、封戸一〇〇戸を賜わる
弘仁 元	八一〇	二五	一一月二三日、嘉智子、正四位下から従三位に昇叙○この年、嘉智子、自らが円座を積み重ね、円座一つを加え重ねるごとに、三十三天を称える夢を見る○正良親王（仁明天皇）・正子内親王を出産	三月、橘氏公、昇殿○九月六日、平城太上天皇、平城遷都を擬す○一〇日、平城太上天皇・薬子の変が起こる○一二日、平城太上天皇、出家、藤原薬子、自殺○一三日、高丘親王、廃太子、大伴親王、立太子○一九日、弘仁改元○一一月一九日、大嘗祭○この年、源信、誕生
二	八一一	二六		五月二三日、坂上田村麻呂、没
三	八一二	二七	一二月四日、正良親王、河内国河辺郡空地四〇町を賜わる	この年、源弘、源常、誕生
四	八一三	二八	二月二二日、正良親王、大和国平群郡田三二町	この年、源寛、誕生

			を賜わる	
五	八一四	二九	七月六日、嘉智子、尾張国丹羽郡田二四町を賜わる	五月八日、源信ら、臣籍降下○この年、源明、誕生
六	八一五	三〇	七月七日、嘉智子、仏の瓔珞を着る夢を見る○一三日、嘉智子、立后の儀○同日、橘清友、贈従三位○同日、藤原貞嗣、初代皇后宮大夫に補任○八月七日、皇后宮供御器の作手、内膳司に所属変更○一〇月七日、皇后宮職舎人の補任法を改正○一三日、皇后宮御服染縫の今良と染手、縫殿寮に所属変更○一一月一三日、嘉智子、新嘗祭に皇后として斎院に行啓	五月二九日、業良親王、備前国津高郡荒廃田一九町を賜わる○六月一六日、源信ら左京貫附○二四日、業子内親王、没○七月一三日、多治比高子、妃となる○同日、藤原緒夏、夫人となる○この年、源定、誕生
七	八一六	三一	六月八日、造酒司酒部、平城宮、皇后宮の繁忙により、削減されていた四〇人から六〇人に戻す○九月二三日、主水司水部、皇后宮に一三人増加し、直接奉仕させる○この年、正良親王、腹結の病を罹患	
八	八一七	三二	この年、嘉智子、秀良親王を出産○正良親王、臍下絞痛・頭痛症状が始まる	七月一六日、橘安万子、没○八月一日、橘常子、没○この年頃、基良親王、誕生
九	八一八	三三	三月二八日、皇后宮職の職掌二人を置く	四月二七日、殿門名を唐風に改号
一〇	八一九	三四		この年、忠良親王、誕生

年号	西暦	年齢	事項	関連事項
弘仁一一	八二〇	三五	二月一日、天皇、皇后、皇太子の衣服、唐制を参照して整備	
一二	八二一	三六	正月一〇日、小野岑守、二代目皇后宮大夫に補任	七月一一日、橘安麻呂、没○この年、源生、誕生
一三	八二二	三七	三月二〇日、藤原三守、三代目皇后宮大夫に補任	この年、源融、源安、誕生
一四	八二三	三八	四月一〇日、嵯峨天皇、冷然院へ遷御○一六日、嵯峨天皇、譲位○一八日、正良親王、立太子○二三日、嘉智子、皇太后となる○六月二日、嘉智子に、皇太后の封一〇〇〇戸、奉充○八月一日、正良親王、元服○一〇月一三日、空海、皇后院で三日三夜の息災之法を行う	四月一六日、淳和天皇、即位
天長元	八二四	三九		七月七日、平城太上天皇、没○一〇月頃、正子内親王、淳和天皇に入内か○この年、源勤、誕生
二	八二五	四〇	正月四日、正子内親王、冷然院で、嵯峨太上天皇と嘉智子に拝謁○一一月二八日、嵯峨太上天皇、四十賀祝宴	この年、恒貞親王、誕生
三	八二六	四一	六月八日、嘉智子所生、俊子内親王、没○この頃から、正良親王、胸病始まる。	三月二日、多治比高子、没○五月一日、恒世親王、没○七月二四日、藤原冬嗣、没

四	八二七	四二	この年、嘉智子孫、道康王（文徳天皇）誕生	二月二八日、正子内親王、立后○五月一四日、恒統親王、誕生
五	八二八	四三		この年、山城国葛野郡班田図（基図）作成
六	八二九	四四		一二月一九日、橘浄野、没○この年、源啓、誕生
七	八三〇	四五	正月五日、皇后正子内親王、冷然院で賀正謁見	
八	八三一	四六	正月三日、皇后正子内親王、冷然院で謁見○四日、皇后、還宮	三月二〇日、基子内親王、没○一二月一〇日、正子内親王所生第三子、誕生○二九日、第三子、没
九	八三二	四七	二月一一日、嘉智子所生、秀良親王、元服○五月二九日、秀良親王に没書一六九三巻を賜わる	一二月、基貞親王、誕生
一〇	八三三	四八	二月二八日、仁明天皇、即位○三月二日、嘉智子、太皇太后となる○六日、仁明天皇、大極殿で即位儀○二八日、橘清友、田口氏、贈正一位、各墓に墓守を置く	二月二八日、淳和天皇、譲位○二月三〇日、恒貞親王、立太子○四月二一日、嵯峨院がある葛野郡貧民の借金救済の詔○六月八日、橘氏公、参議に補任
承和元	八三四	四九	正月四日、仁明天皇、冷然院に行幸し、嵯峨太上天皇と嘉智子に朝覲○八月三日、嵯峨新院遷御に伴い、仁明天皇、冷然院で嵯峨太上天皇と嘉智子の送別の宴を催す○九日、嵯峨太上天皇、	正月三日、承和改元○二月一七日、冷然院に武蔵国幡羅郡荒廃田一二八町、奉充

			嵯峨院へ遷御○一〇月四日、秀良親王、没官されていた奈良麻呂家書四八〇余巻を賜わる○七日、嵯峨院寝殿新築完成	
承和 二	八三五	五〇	正月三日、仁明天皇、嵯峨院に行幸し、嵯峨太上天皇と嘉智子に朝覲	正月二三日、橘清友の名を避けるため、清友宿禰を笠品宿禰に改姓○三月一五日、冷然院の印鋳○二一日、空海、没
三	八三六	五一	正月三日、仁明天皇、嵯峨院に行幸し、嵯峨太上天皇と嘉智子に朝覲○五月五日、実恵ら、遣唐真言僧派遣に関する書状において、仁明天皇と嘉智子を「外護大檀主」と記す○二五日、平城京内空閑地二三〇町、嘉智子後院の朱雀院の所領とする○閏五月一四日、造檀林寺使の存在あり○これ以前に、尼寺の檀林寺造営が開始され、仁明天皇、封五〇〇戸を施入か○一一月七日、梅宮社酒解神に従五位上、大若子神・小若子神に従五位下、奉授	三月一三日、観心寺寺地、真紹に賜与○閏五月一四日、皇后宮職に仮設した染作遣唐料雑物処から帛一匹がつむじ風で飛ばされる○一二月一三日、正子内親王所生第五子、誕生
四	八三七	五二	正月三日、仁明天皇、嵯峨院に行幸し、嵯峨太上天皇と嘉智子に朝覲○七月三〇日、近江国荒田六四町、嘉智子後院に充てる	正月四日、正子内親王所生第五子、没
五	八三八	五三	正月三日、仁明天皇、嵯峨院に行幸し、嵯峨太	一〇月一三日、冷然院、写経○一

			上天皇と嘉智子に朝覲○一一月二九日、嵯峨太上天皇、冷然院、神泉苑行幸○三〇日、嘉智子、朱雀院に御し、宴を催し、五位以上に賜禄○一二月二六日、嘉智子所生、芳子内親王、没、嘉智子、監督・警護の任に当たる朝使の派遣を取りやめる指示を出す	一月二七日、恒貞皇太子、源融、元服
六	八三九	五四	閏正月二日、仁明天皇、嵯峨院に行幸し、嵯峨太上天皇に朝覲○六月五日、橘清友、贈太政大臣○八月一日、嵯峨太上天皇、不予のため、仁明天皇、嵯峨院に行幸し、朝覲	
七	八四〇	五五	二月二日、仁明天皇、嵯峨院に行幸し、嵯峨太上天皇と嘉智子に朝覲○この年または翌年、嘉智子、恵蕚を五臺山や神異僧などへの供物奉納のために派遣か	四月五日、橘弟氏、没○五月八日、淳和太上天皇、没○この頃、観心寺ほぼ完成か○七月七日、藤原三守、没
八	八四一	五六	二月八日、山城国相楽郡山四町、橘清友の墓地とする○この年、嘉智子、実恵より灌頂と戒を受ける	三月二五日、大原浄子、没○四月一七日、高津内親王、没○この年、恵蕚、斉安を訪ねる
九	八四二	五七	正月三日、仁明天皇、嵯峨院に行幸し、嵯峨太上天皇と嘉智子に朝覲○二月一六日、道康親王、元服○七月一〇日頃、阿保親王密書を嘉智子に上呈する、嘉智子、藤原良房に渡し、仁明天皇	この年春、恵蕚、帰国○三月一六日、恒統親王、没○八月一三日、恒貞親王、淳和院に戻る○同日、橘逸勢、没○一二月五日、正子内

			が知る○一五日、嵯峨太上天皇、崩御○一六日、葬送○一七日、承和の変、発覚○九月四日、嵯峨太上天皇四十九日法要を、檀林寺で行う○一一月一七日、仁明天皇、仮御所の冷然院から本宮還御○一二月五日、嘉智子、冷然院へ遷御	親王、出家
承和一〇	八四三	五八	四月一日、梅宮社酒解神ら三神、従四位下、名神とする○七月一四日、嵯峨太上天皇、一周忌、嘉智子、仁明天皇の本命の寅を避けて前日に行う○八月一五日、橘奈良麻呂、無位から従三位に贈位○一〇月一七日、従四位下梅宮社酒解子神、名神とする○この年、嘉智子御願観心寺講堂の造営を開始し、本尊如意輪観音像を造像か	一一月、真紹、内供奉十禅師、補任○一四日、河内国守、観心寺俗別当、補任○一六日、安倍安仁、校畿内田使河内和泉長官、補任
一一	八四四	五九	正月三日、仁明天皇、冷然院に行幸し、嘉智子に朝覲、終日宴あり○三月二六日、仁明天皇、冷然院に行幸し、嘉智子に朝覲○八月二〇日、嘉智子、不予、仁明天皇、使者を派遣して状況を問う○この頃に、学館院創設か	この年頃、恵蕚再び入唐、会昌の廃仏で還俗、白氏文集を書写し、帰国者に託して、奉呈○七月二日、橘氏公、右大臣に補任○八月五日、嵯峨遺詔を再検討
一二	八四五	六〇	正月、朝覲行幸なし	正月二七日、橘氏公、食封一〇〇〇戸返納○七月四日、橘氏人、没
一三	八四六	六一	正月三日、仁明天皇、冷然院に行幸し、嘉智子に朝観	

一四	八四七	六二	正月三日、仁明天皇、冷然院に行幸し、嘉智子に朝覲	閏三月二三日、外戚、田口佐波主、没○七月八日、恵蕚ら帰国、義空、来日○一〇月以降、実恵、没○一二月一九日、橘氏公、没○一二月、氏公室、田口真仲、没か
嘉祥元	八四八	六三	正月、朝覲行幸なし	正月一〇日、藤原良房、右大臣に補任○六月一三日、嘉祥改元
二	八四九	六四	正月、朝覲行幸なし○三月二一日、仁明天皇、冷然院に行幸○一〇月二三日、嘉智子、仁明天皇四十歳の宝算の奉賀として使者を派遣し、諸品を献物○同日、銭五〇万による京中飢民に賑給、新銭四〇貫文による七大寺、梵釈寺、崇福寺、延暦寺等で誦経を行う	正月二二日、百済王慶命、没
三	八五〇	六五	正月四日、仁明天皇、冷然院に行幸し、嘉智子に朝覲、嘉智子、所望して、北面し御輦に乗る仁明天皇の姿を見る○二月一九日、嘉智子、仁明天皇を憂い念じてしばしば悶絶○二五日、嘉智子所生、秀子内親王、没○三月二一日、仁明天皇、没○二三日、嘉智子、病により入道○五月四日、嘉智子、没○五日、葬送	

参考文献

一　史　料

赤染衛門集（関根慶子他『赤染衛門集全注釈』）　風間書房
意見十二箇条（日本思想大系『古代政治社会思想』）　岩波書店
一代要記（続神道大系　朝儀祭祀編）　神道大系編纂会
異本公卿補任（土田直鎮『奈良平安時代史研究』）　吉川弘文館
伊呂波字類抄（十巻本　大東急記念文庫善本叢刊）　汲古書院
永平広録（増補改訂日本大蔵経　曹洞宗章疏1）　鈴木学術財団
延喜式（訳注日本史料）　集英社
延暦僧録（蔵中しのぶ『「延暦僧録」注釈』）　大東文化大学東洋研究所
懐風藻（日本古典文学大系）　岩波書店
観心寺縁起実録帳写（『河内長野市史』史料編一）　河内長野市
観心寺勘録縁起資財帳（『河内長野市史』史料編一）　河内長野市
儀式（神道大系　朝儀祭祀編）　神道大系編纂会

公卿補任（新訂増補国史大系）　吉川弘文館
経国集（群書類従　文筆部）　続群書類従完成会
京師巡覧集（新修京都叢書）　臨川書店
荊楚歳時記（中村裕一『訳注　荊楚歳時記』）　汲古書院
景徳伝燈録（大正新脩大蔵経）　大蔵出版
元亨釈書（新訂増補国史大系）　吉川弘文館
興禅記（五山文学新集　第6巻）　東京大学出版会
皇年代略記（群書類従　帝王部）　続群書類従完成会
弘法大師年譜（『真言宗全書』）　高野山大学出版部
高野雑筆集「唐人書簡」（「恵蕚関係史料集」田中史生編『入唐僧恵蕚と東アジア』）　勉誠出版
後漢書　中華書局
古今和歌集（新日本古典文学大系）　岩波書店
古今和歌集目録（群書類従　和歌部）　続群書類従完成会
後撰和歌集（新日本古典文学大系）　岩波書店
金光寺縁起（神道大系　神社編4）　神道大系編纂会
西宮記（新訂増補故実叢書）　明治図書出版
坂上系図（続群書類従　系譜部）　続群書類従完成会

桜姫全伝曙草紙（近代日本文学大系）　国民図書
更科日記（日本古典文学全集）　小学館
三宝絵（新日本古典文学大系）　岩波書店
四種護摩口決檜尾（増補改訂日本大蔵経　宗典部　真言宗事相章疏2）　鈴木学術財団
周礼（周礼注疏）　北京大学出版社
諸阿闍梨真言密教部類総録（大正新脩大蔵経）　大蔵出版
椒庭譜略（内閣文庫　国立公文書館デジタルアーカイブ）　内務省
職原抄（群書類従　官職部）　続群書類従完成会
続日本紀（新日本古典文学大系）　岩波書店
続日本後紀（新訂増補国史大系）　吉川弘文館
新撰姓氏録（佐伯有清『新撰姓氏録の研究』本文編）　吉川弘文館
神皇正統記（岩波文庫）　岩波書店
石氏星経（『大唐開元占経』巻六十五）　恒徳堂（蔵板）
宋高僧伝（大正新脩大蔵経）　大蔵出版
僧綱申文（大東急記念文庫所蔵　東京大学史料編纂所影写本『僧綱申文』第二十一丁）
（大日本史料　第三編五冊）　東京大学出版会
尊卑分脈（新訂増補国史大系）　吉川弘文館

台記（増補史料大成） 臨川書店
大唐開元礼 汲古書院
大智度論（大正新脩大蔵経） 大蔵出版
大日本史 吉川弘文館
大般涅槃経（大正新脩大蔵経） 大蔵出版
太上天皇灌頂文（『定本　弘法大師全集』） 高野山大学密教文化研究所
智覚普明国師語録（大正新脩大蔵経） 大蔵出版
親長卿記（増補史料大成） 臨川書店
朝野群載（新訂増補国史大系） 吉川弘文館
追懐文藻（長谷寶秀編『弘法大師全集』第五輯） 密教文化研究所
筑紫国観世音寺資財帳（『太宰府市史　古代資料編』） 太宰府市
徒然草野槌（日本文学古注釈大成） 日本図書センター
帝王編年記（新訂増補国史大系） 吉川弘文館
道歌心の策（国立国会図書館デジタルコレクション） とめぎ屋宗八
唐決集（『天台霞標』大日本仏教全書） 鈴木学術財団
東大寺要録（筒井英俊編『東大寺要録』） 国書刊行会
東宝記（『国宝東宝記原本影印』） 東京美術

都氏文集（中村璋八・大塚雅司編著『都氏文集全釈』）　汲古書院
俊頼髄脳（日本歌学大系）　風間書房
都表如意摩尼転輪聖王次第念誦秘密最要略法（大正新脩大蔵経）　大蔵出版
入唐求法巡礼行記（小野勝年『入唐求法巡礼行記の研究』）　法蔵館
日本紀略（新訂増補国史大系）　吉川弘文館
日本後紀（訳注日本史料）　集英社
日本三代実録（新訂増補国史大系）　吉川弘文館
日本書紀（日本古典文学大系）　岩波書店
日本文徳天皇実録（新訂増補国史大系）　吉川弘文館
日本霊異記（新日本古典文学大系）　岩波書店
年中行事秘抄（群書類従　公事部）　続群書類従完成会
檜尾護摩法略抄（増補改訂日本大蔵経　宗典部　真言宗事相章疏2）　鈴木学術財団
扶桑略記（新訂増補国史大系）　吉川弘文館
仏祖統紀（大正新脩大蔵経）　大蔵出版
文華秀麗集（日本古典文学大系）　岩波書店
弁官補任（板倉晴武・田島公編『新訂増補　弁官補任』）　八木書店
奉為嵯峨太上太后灌頂文（『弘法大師諸弟子全集』上）　六大新報社

宝慶四明志（「恵萼関係史料集」田中史生編『入唐僧恵萼と東アジア』）　勉誠出版
本朝皇胤紹運録（群書類従　系譜部）　続群書類従完成会
本朝高僧伝（大日本仏教全書）　鈴木学術財団
本朝文粋（新日本古典文学大系）　岩波書店
枕草子（新日本古典文学大系）　岩波書店
万葉集（新日本古典文学大系）　岩波書店
増鏡（新訂増補国史大系）　吉川弘文館
都名所図会（新修京都叢書）　臨川書店
夢窓国師語録（大正新修大蔵経）　大蔵出版
夢中問答集（川瀬一馬校注・現代語訳『夢中問答集』）　講談社
薬師寺縁起（校刊美術史料）　中央公論美術出版
山城国高田郷長解（『平安遺文』第一巻）　東京堂出版
山城国葛野郡班田図（東京大学史料編纂所編『日本荘園絵図聚影』近畿）　東京大学出版会
雍州府志（新修京都叢書）　臨川書店
凌雲集（群書類従　文筆部）　続群書類従完成会
陵墓要覧　宮内庁書陵部
類聚国史（新訂増補国史大系）　吉川弘文館

類聚三代格（新訂増補国史大系）　吉川弘文館
和名類聚抄（『諸本集成倭名類聚抄』本文編）　臨川書店

二　著書・論文（再録されたものを基本とした）

阿部龍一「平安初期天皇の政権交替と灌頂儀礼」（サムエル・C・モース他編『奈良・南都仏教の伝統と革新』）　勉誠出版　二〇一〇年
池田友美「『奉為嵯峨太上太后灌頂文』について」（『智山学報』六五）　二〇一六年
池田友美「『奉為嵯峨太上太后灌頂文』について（二）―典拠の考察―」（『智山学報』六六）　二〇一七年
石井公成「漢詩から和歌へ（一）―良岑安世・僧正遍照・素性法師―」（『駒澤大学文学部論集』四八）　二〇一七年
伊東史朗「聖僧像に関する考察―観心寺像を中心に―」（『国華』一〇一八）　一九七八年
井上一稔「観心寺如意輪観音像と檀林皇后の夢」（笠井昌昭編『文化史学の挑戦』）　思文閣出版　二〇〇五年
井上一稔「観心寺如意輪観音坐像追考―観音の女性性という観点から―」（『文化学年報』六三）　二〇一四年
井上辰雄「檀林皇后」（『嵯峨天皇と文人貴族』）　塙書房　二〇一一年

井上辰雄「小野岑守」(『嵯峨天皇と文人貴族』)塙書房 二〇一一年
井上辰雄「藤原三守」(『嵯峨天皇と文人貴族』)塙書房 二〇一一年
今井啓一「橘氏の獄とその後」(瀧川博士還暦記念論文集刊行委員会編『瀧川博士還暦記念論集(二)日本篇』)中沢印刷 一九五七年
今井啓一「橘氏と梅宮神について」(『神道史研究』六―二) 一九五八年
伊野近富「橘氏の女性たち」(京都府埋蔵文化財調査研究センター編『天平びとの華と祈り―謎の神雄寺』)柳原出版 二〇一〇年
彌永信美「如意輪観音と女性性」(『インド哲学仏教学研究』八) 二〇〇一年
岩佐光晴「観心寺観音立像について 上・下」(『MUZEUM』五三一・五三二) 一九九五年
上村正裕「しりへの政と皇后―八・九世紀を中心に―」(『日本歴史』八四四) 二〇一八年
江川式部「唐朝祭祀における三献」(『駿台史学』一二九) 二〇〇六年
榎本渉『僧侶と海商たちの東シナ海』講談社 二〇二〇年
遠藤慶太「『続日本後紀』と承和の変」(『平安勅撰史書研究』)皇學館大学出版部 二〇〇六年
遠藤慶太「市と稲荷の母神と―神大市比売にかかわって―」(『朱』五一) 二〇〇八年
遠藤慶太「仁明天皇」(吉川真司編『古代の人物4 平安の新京』)清文堂出版 二〇一五年
太田静六「延喜天暦時代における代表的宮殿「朱雀院」の考察」(古代学協会編『延喜天暦時代の研究』)吉川弘文館 一九六九年

大槻暢子　「唐僧義空についての初歩的考察」（『東アジア文化交渉研究』一）　二〇〇八年
大槻暢子　「唐僧義空の招聘とその背景」（『ヒストリア』二二七）　二〇一一年
大谷敏之　「橘嘉智子神聖化とその背景―霊験譚による仁明皇統始祖神聖化―」（『大谷大学史学論究』一三）　二〇〇七年
岡崎真紀子　「説話の展開と歌学―『俊頼髄脳』における「芹摘みし」説話―」（『成城国文学』二一）　二〇〇五年
岡崎裕子　「橘氏公考」（『国史学』八七）　一九七二年
岡村幸子　「皇后制の変質―皇嗣決定と関連して―」（『古代文化』四八―九）　一九九六年
岡村幸子　「天皇親祭祭祀と皇后」（『ヒストリア』一五七）　一九九七年
小塩慶　「九世紀前半における医療の転換―『続日本後紀』嘉祥三年三月癸卯条再考―」（『日本歴史』八六一）　二〇二〇年
音代節雄　「万葉歌人田口益人の本貫」（『上方文化』三）　一九六一年
勝浦令子　『女の信心―妻が出家した時代―』　平凡社　一九九五年
勝浦令子　『孝謙・称徳天皇―出家しても政を行ふに豈障らず―』　ミネルヴァ書房　二〇一四年
勝浦令子　「平安期皇后・皇太后の〈漢〉文化受容―信仰を中心に―」（『中古文学』一〇〇）　二〇一七年
勝浦令子　「『日本文徳天皇実録』「橘嘉智子伝」の特質と編纂者」（『史論』七二）　二〇一九年

勝浦令子「檀林寺の変遷―公卿別当と僧別当をめぐって―」(『日本歴史』八六七) 二〇二〇年
神谷正昌「承和の変と応天門の変」(『史学雑誌』一一一―一一) 二〇〇二年
鬼頭清明「皇后宮職論」(『古代木簡と都城の研究』) 塙書房 二〇〇〇年
木村茂光「光孝朝の成立と承和の変」(十世紀研究会編『中世成立期の政治文化』) 東京堂出版 一九九九年
木本好信「皇后　橘嘉智子―仏教を敬い橘氏再興に執念を燃やした異貌の皇后―」(『歴史読本』五〇―一二) 二〇〇五年
京都府埋蔵文化財調査研究センター編『天平びとの華と祈り―謎の神雄寺』柳原出版 二〇一〇年
栗林茂「皇后受賀儀礼の成立と展開」(『延喜式研究』八) 一九九三年
栗林茂「平安期における三后儀礼について―饗宴・大饗儀礼と朝覲行幸―」(『延喜式研究』一一) 一九九五年
小南一郎『西王母と七夕伝承』平凡社 一九九一年
小泉道「石鎚山の寂仙の話をめぐって―『霊異記』の伊予説話研究―」(『愛媛大学法文学部論集』文学科編一) 一九六九年
胡口靖夫「橘氏の氏神梅宮神社の創祀者と遷座地」(『國學院雑誌』七八―八) 一九七七年
胡口靖夫「橘氏の氏寺について―伝橘諸兄建立の井手寺を中心として―」(『古代文化』三二―八) 一九八〇年

小島憲之『懐風藻　文華秀麗集　本朝文粋』　岩波書店　一九六四年
今　正秀『藤原良房』　山川出版社　二〇一二年
近藤敏喬『宮廷公家系図集覧』　東京堂出版　一九九四年
紺野敏文「観心寺如意輪観音像の風景」
（『日本彫刻史の視座』）　中央公論美術出版　二〇〇四年
斎藤圓眞「入唐入宋僧が伝える泗州大師僧伽信仰―中国仏教における現世利益の一断面―」（『渡海天台僧の史的研究』）　山喜房佛書林　二〇一〇年
佐伯有清『新撰姓氏録の研究』考証篇第一　吉川弘文館　一九八一年
佐伯有清「円珍と円覚と唐僧義空」（『最澄とその門流』）　吉川弘文館　一九九三年
佐伯有義『増補六国史』　朝日新聞社　一九四一年
鷺森浩幸「八世紀の法華寺とそれをめぐる人々」（『正倉院文書研究』四）　一九九六年
櫻木　潤「伊予親王事件の背景―親王の子女と文学を手がかりに―」
（『古代文化』五六―三）　二〇〇四年
佐々木守俊「出現するほとけ―密教経軌の記載を中心に―」
（『岡山大学文学部プロジェクト研究報告書』一二三）　二〇一六年
佐藤宗諄「藤原種継暗殺事件以後―桓武朝における官人構成の基礎的考察―」
（『滋賀大学教育学部紀要』人文科学・社会科学・教育科学一九）　一九七〇年

佐藤長門「承和の変前夜の春宮坊―「藩邸の旧臣」をめぐって―」
(鈴木靖民編『日本古代の王権と東アジア』) 吉川弘文館 二〇一二年
佐藤信「摂関制成立期の王権」(『古代の遺跡と文字資料』) 名著刊行会 一九九九年
佐藤全敏「観心寺如意輪観音像 再考」(『美術研究』四一三) 二〇一四年
佐野真人「皇后拝賀儀礼と二宮大饗」
(『古代天皇祭祀・儀礼の史的研究』) 思文閣出版 二〇一九年
佐野真人「正月朝覲行幸成立の背景―東宮学士滋野貞主の学問的影響―」
(『古代天皇祭祀・儀礼の史的研究』) 思文閣出版 二〇一九年
東海林亜矢子「母后の内裏居住と王権―平安時代前期・中期を中心に―」
(『平安時代の后と王権』) 吉川弘文館 二〇一八年
鈴木景二「日本古代の行幸」(『ヒストリア』一二五) 一九八九年
鈴木眞年『百家系図』(『諸家系図史料集』) 雄松堂フィルム出版 一九九三年
鈴木亘「平安宮常寧殿の復元」(『平安宮内裏の研究』) 中央公論美術出版 一九九〇年
高木訷元「唐僧義空の来朝をめぐる諸問題」
(『空海思想の書誌的研究』高木訷元著作集四) 法藏館 一九九〇年
高島穣「檀林寺研究ノート―「尼寺五山」研究の端緒として―」
(『文化史学』五三) 一九九七年

高橋早紀子「観心寺如意輪観音像と敬愛法―観心寺の寺院構想と橘嘉智子の御願をめぐって―」(『仏教芸術』三三)　中央公論美術出版　二〇一九年
竹内理三「氏長者」(『竹内理三著作集』五)　角川書店　一九九九年
田中史生「入唐僧恵萼に関する基礎的考察」(田中史生編『入唐僧恵萼と東アジア』)　勉誠出版　二〇一四年
田中恵「観心寺草創期の造仏と真紹」(『岩手大学教育学部研究年報』四一―一)　一九八二年
玉井力「承和の変について」(『歴史学研究』二八六)　一九六四年
玉井力「女御・更衣制度の成立」(『名古屋大学文学部研究論集』〈史学〉五六)　一九七二年
田村葉子「立后儀式と后権」(『日本歴史』六四五)　二〇〇二年
土田可奈「祭祀における皇后の役割とその変化」(『現代社会文化研究』二五)　二〇〇二年
角田文衞「藤原朝臣産子」(『王朝の明暗』)　東京堂出版　一九七七年
寺升初代「檀林寺跡周辺採集の古瓦について」(『古代文化』四一―八)　一九八九年
所京子「平安前期の冷然院と朱雀院―「御院」から「後院」へ―」(『平安朝「所・後院・俗別当」の研究』)　勉誠出版　二〇〇四年
虎尾達哉『藤原冬嗣』(人物叢書)　吉川弘文館　二〇二〇年
長岡龍作「仏像表現における「型」とその伝播(下)―平安初期菩薩形彫刻に関する一考察―」(『美術研究』三五二)　一九九二年

中川収「檀林皇后　橘嘉智子」(『別冊歴史読本、歴代皇后人物系譜総覧』二七—二九)　二〇〇二年

中野聰「法華寺十一面観音菩薩像の性格」(『奈良時代の阿弥陀如来像と浄土信仰』)　勉誠出版　二〇一三年

中野渡俊治「朝覲行幸と父子の礼・兄弟の礼」(『国史談話会雑誌』五六)　二〇一五年

中林隆之「嵯峨王権論—婚姻政策と橘嘉智子の立后を手がかりに—」(『市大日本史』一〇)　二〇〇七年

中村順昭『橘諸兄』(人物叢書)　吉川弘文館　二〇一九年

西川新次「観心寺の仏像」(上)(下)(『仏教芸術』一一九・一二二)　一九七八年

西川杏太郎「法華寺十一面観音菩薩立像」(『大和古寺大観』第五巻)　岩波書店　一九七八年

西田直二郎「檀林寺遺址」(『京都史蹟の研究』)　吉川弘文館　一九六一年

西野猛「檀林皇后関係文献目録稿」(『大阪府立図書館紀要』二六)　一九九〇年

西野悠紀子「母后と皇后—九世紀を中心に—」(前近代女性史研究会編『家・社会・女性—古代から中世へ—』)　吉川弘文館　一九九七年

西野悠紀子「九世紀の天皇と母后」(『古代史研究』一六)　一九九九年

西本昌弘「冊命皇后式所引の内裏式と近衛陣日記」(『日本歴史』五三〇)　一九九二年

西本昌弘「嵯峨天皇の灌頂と空海」(『空海と弘仁皇帝の時代』)　塙書房　二〇二〇年

西本昌弘「平城上皇の灌頂と空海」（『空海と弘仁皇帝の時代』）　塙書房　二〇二〇年
西本昌弘「九条家本『神今食次第』所引の「内裏式」逸文について―神今食祭の意義と皇后助祭の内実―」（『日本古代の年中行事書と新史料』）　吉川弘文館　二〇一二年
西本昌弘「嵯峨天皇」（吉川真司編『古代の人物4　平安の新京』）　清文堂出版　二〇一五年
西山美香「檀林皇后の〈生〉と〈死〉をめぐる説話―禅の初伝譚・女人開悟譚として―」（『仏教文学』二五）　二〇〇一年
西山美香「檀林皇后九想説話をめぐる図像―版本の挿絵紹介―」（『絵解き研究』一六）　二〇〇二年
西山美香「九相図の展開―小野小町と檀林皇后の〈死の物語〉―」（『国文学　解釈と鑑賞』七三―一二）　二〇〇八年
西山美香「檀林皇后九相説話と九相図―禅の女人開悟譚として―」（山本聡美・西山美香編『九相図資料集成―死体の美術と文学』）　岩田書院　二〇〇九年
西山良平「〈陵寺〉の誕生―嘉祥寺再考―」（大山喬平教授退官記念会編『日本国家の史的特質　古代・中世』）　思文閣出版　一九九七年
仁藤智子「「都市王権」の成立と展開」（『歴史学研究』七六八）　二〇〇二年
仁藤智子「平安初期における后位の変質過程をめぐって―王権内の序列化とその可

視化—」（『国士舘人文学』六）　二〇一六年

橋本義則「平安宮内裏の成立過程」（『平安宮成立史の研究』）　塙書房　一九九五年

橋本義則「「後宮」の成立—皇后の変貌と後宮の再編—」（『古代宮都の内裏構造』）　吉川弘文館　二〇一一年

橋本義則「史料から見た嵯峨院と大覚寺」（旧嵯峨御所大覚寺『史跡大覚寺御所跡発掘調査報告—大沢池北岸域復原整備事業に伴う調査—』）　旧嵯峨御所大覚寺　一九九七年

長谷部寿彦「九世紀の天皇と正月朝覲行幸の成立」（『国史学研究』〈龍谷大学〉三一）　二〇〇八年

林屋辰三郎「後院の創設—嵯峨上皇と檀林寺をめぐって—」（『古代の環境　日本史論纂二』）　岩波書店　一九八八年

春名宏昭「「院」について—平安期天皇・太上天皇の私有財産形成—」（『日本歴史』五三八）　一九九三年

春名宏昭「平安時代の后位」（『東京大学日本史学研究室紀要』四）　二〇〇〇年

春名宏昭『平城天皇』（人物叢書）　吉川弘文館　二〇〇九年

肥田路美「四川省夾江千仏岩の僧伽・宝誌・萬廻三聖龕について」（『早稲田大学大学院文学研究科紀要』第三分冊、五八）　二〇一二年

福井俊彦「承和の変についての一考察」（『日本歴史』二六〇）　一九七〇年

布施浄慧　「弘法大師と灌頂」（『智山学報』二二）　一九七三年
久木幸男　「大学寮の衛星的諸機関―別曹・国学・私学」
（『日本古代学校の研究』）　玉川大学出版部　一九九〇年
枚方市役所編　『枚方市史』第二巻　枚方市　一九五一年
枚方市役所編　『枚方市史』第二巻　枚方市　一九七二年
服藤早苗　「平安王朝社会の成女式―加笄から着裳へ―」
（『平安王朝の子どもたち―王権と家・童―』）　吉川弘文館　二〇〇四年
服藤早苗　「王権の父母子秩序の成立―朝覲・朝拝を中心に―」
（『平安王朝の子どもたち―王権と家・童―』）　吉川弘文館　二〇〇四年
服藤早苗　「九世紀の天皇と国母―女帝から国母へ―」
（『平安王朝社会のジェンダー―家・王権・性愛―』）　校倉書房　二〇〇五年
古谷紋子　「橘奈良麻呂獄死説の再検討」（夏目琢史・竹田進吾編『人物史　阿部猛
―享受者たちの足跡―』日本中史料研究会研究史アーカイブズ1）
日本史史料研究会企画部　二〇一六年
宝賀寿男　『古代氏族系譜集成』　古代氏族研究会　一九八六年
保立道久　『平安王朝』　岩波書店　一九九六年
保立道久　『黄金国家―東アジアと平安日本』　青木書店　二〇〇四年

牧田諦亮　「中国に於ける民俗仏教成立の一過程」
（『中国仏教史研究』第二巻）　大東出版社　一九八四年
真下美弥子　「『梅津長者物語』と檀林皇后伝説」（『説話・伝承学』五）　一九九七年
松浦友久　「「文華秀麗集」考」（『漢文学研究』一〇）　一九六二年
松浦正昭　「法華寺本尊像と紫微中台十一面観音悔過」（『近畿文化』六五二）　二〇〇四年
松尾　光　「檀林皇后・橘嘉智子の決断―承和の変の疑惑」
（『古代の社会と人物』）　笠間書院　二〇一二年
松原瑞枝　「観心寺僧形坐像の平安仏教美術史上の意義について―禅宗文脈を手がかりに―」（『美学芸術学』三二）　二〇一六年
松原瑞枝　「観心寺僧形坐像再論―唐代禅宗史の立場から」
（美術史学会西支部十一月例会発表要旨）　二〇一七年
真保龍敞　「三十帖策子流伝軌跡考―山城・伊賀・大和―」（『『三十帖策子』と真言密教教化の基礎的研究』）　大毗盧遮那殿影光山善養寺　二〇一四年
丸山士郎　「東寺講堂諸像と承和前期の作風」（『MUZEUM』五三二）　一九九五年
丸山裕美子　「有智子内親王」（吉川真司編『古代の人物4　平安の新京』）
清文堂出版　二〇一五年
三﨑裕子　「キサキの宮の存在形態について」（『史論』四一）　一九八八年

三橋由吾「観心寺如意輪観音像についての一考察」〈美術史学〉優秀修士論文概要（『早稲田大学大学院研究科紀要』六六）　二〇二一年
宮本救「山城国葛野郡班田図」（『律令田制と班田図』）　吉川弘文館　一九九八年
目崎徳衛「政治史上の嵯峨上皇」（『貴族社会と古典文化』）　吉川弘文館　一九九五年
目崎徳衛「文徳・清和両天皇の御在所をめぐって」（『貴族社会と古典文化』）　吉川弘文館　一九九五年
桃裕行『上代学制の研究　修訂版』（桃裕行著作集第一巻）　思文閣出版　一九九四年
森田悌『日本後紀』上・中・下（全現代語訳）　講談社　二〇〇六・七年
森田悌『続日本後紀』上・下（全現代語訳）　講談社　二〇一〇年
安田政彦「九世紀の橘氏―嘉智子立后の前後を中心として―」（『帝塚山学院大学研究論集』二八）　一九九三年
山田邦和「淳和・嵯峨両天皇の薄葬」（『花園史学』二〇）　一九九九年
山田邦和「平安時代前期の陵墓選地」（財団法人古代学協会編『仁明朝史の研究』）　思文閣出版　二〇一一年
大和典子「嵯峨朝における皇后冊立に関する考察」（『政治経済史学』三四四）　一九九五年
山名伸生「観心寺僧形坐像と三体の新出類例」（『仏教芸術』一七六）　一九八八年
山本一也「日本古代の皇后とキサキの序列―皇位継承に関連して―」

（『日本史研究』四七〇）　二〇〇一年
山本聡美「日本における九相図の成立と展開」（山本聡美・西山美香編『九相図資料集成―死体の美術と文学』）　岩田書院　二〇〇九年
山本大介「嵯峨・淳和上皇遺詔―祟る山陵と王の身体を巡って―」（『文化継承学論集』〈明大〉一）　二〇〇四年
義江明子「橘氏の成立と氏神の形成」（『日本古代の氏の構造』）　吉川弘文館　一九八六年
義江明子『県犬養橘三千代』（人物叢書）　吉川弘文館　二〇〇九年
吉川真司「藤原良房・基経」（『古代の人物4　平安の新京』）　清文堂出版　二〇一五年
吉村武彦「大伴宿禰村上と橘奈良麻呂の変」（『古代史の新展開』）　新人物往来社　二〇〇五年
米田雄介「光明皇后」（ＧＢＳ実行委員会編『論集光明皇后―奈良時代の福祉と文化』）　法蔵館　二〇一一年
李侑珍「新羅の禅宗受容と梵日」（田中史生編『入唐僧恵蕚と東アジア』）　勉誠出版　二〇一四年
渡邊秀一「山城国葛野郡班田図に描かれた古代景観―加筆内容をめぐって―」（『文学部論集』〈佛教大学〉八六）　二〇〇二年
渡辺三男「檀林皇后―嵯峨天皇皇后橘嘉智子―」（『駒沢国文』二五）　一九八八年
渡辺三男「嵯峨天皇の唐風謳歌（10）長孫皇后と嵯峨・檀林の薄葬」（渡辺三男博士

渡里恒信　「藤原三守についての一考察—嵯峨天皇との関係—」（古稀記念論文集刊行会編『日中語文交渉史論叢』）　桜楓社　一九七九年

渡里恒信　「橘嘉智子の立后について」（『日本古代の伝承と歴史』）　思文閣出版　二〇〇八年

（『日本古代の歴史空間』）　清文堂出版　二〇一九年

渡邉義浩他　『全譯後漢書』第二冊　汲古書院　二〇〇四年

著者略歴

一九五一年　京都府生まれ
一九八一年　東京大学大学院人文科学研究科博士課程単位取得退学
高知女子大学専任講師・助教授、東京女子大学助教授・教授を経て
現在　東京女子大学名誉教授　博士（文学）

主要著書
『女の信心―妻が出家した時代―』（平凡社選書、平凡社、一九九五年）
『日本古代の僧尼と社会』（吉川弘文館、二〇〇〇年）
『孝謙・称徳天皇―出家しても政を行ふに豈障ず―』（ミネルヴァ日本評伝選、ミネルヴァ書房、二〇一四年）

人物叢書　新装版

橘　嘉智子

二〇二二年（令和四）十月十日　第一版第一刷発行

著　者　勝浦令子（かつうらのりこ）
編集者　日本歴史学会
代表者　藤田　覚
発行者　吉川道郎
発行所　株式会社　吉川弘文館
東京都文京区本郷七丁目二番八号
郵便番号一一三―〇〇三三
電話〇三―三八一三―九一五一〈代表〉
振替口座〇〇一〇〇―五―二四四
http://www.yoshikawa-k.co.jp/
印刷＝株式会社 平文社
製本＝ナショナル製本協同組合

ISBN978-4-642-05309-9

『人物叢書』（新装版）刊行のことば

人物叢書は、個人が埋没された歴史書が盛行した時代に、「歴史を動かすものは人間である。個人の伝記が明らかにされないで、歴史の叙述は完全であり得ない」という信念のもとに、専門学者に執筆を依頼し、日本歴史学会が編集し、吉川弘文館が刊行した一大伝記集である。

幸いに読書界の支持を得て、百冊刊行の折には菊池寛賞を授けられる栄誉に浴した。

しかし発行以来すでに四半世紀を経過し、長期品切れ本が増加し、読書界の要望にそい得ない状態にもなったので、この際既刊本の体裁を一新して再編成し、定期的に配本できるような方策をとることにした。既刊本は一八四冊であるが、まだ未刊である重要人物の伝記についても鋭意刊行を進める方針であり、その体裁も新形式をとることとした。

こうして刊行当初の精神に思いを致し、人物叢書を蘇らせようとするのが、今回の企図である。大方のご支援を得ることができれば幸せである。

昭和六十年五月

日本歴史学会

代表者　坂本太郎